第1章 春友さんたちの「春活」の軌跡

三浦春馬 死を超えて生きる人 Part 4

月刊『創』編集部編

海扉（カイト）アラジン作「切り絵」

表2　「美しき2人のローラに乾杯!」／創作物語「もしもあの日に戻れるならば」三浦春馬さんのイメージ

表3　キンキー開幕、春馬さんを想う振付師ラスティさん／晴れ姿ローラ新年のご挨拶

第2章 春馬さんを想う春友さんたちの声

海扉（カイト）アラジン作「切り絵」

第3章 三浦春馬さんへの想い

空羽ファティマ

念願の大型バイクでツーリングするローラ（切り絵：海扉アラジン）

秋の香りに囲まれ微笑むローラ（切り絵：海扉アラジン）

第1章

春友さんたちの「春活」の軌跡

今も春馬さんを支える温かなみんなの手（海扉アラジン・作

海扉アラジンさんの切り絵はどう作られるのか
「2人のローラ」切り絵メイキング

月刊『創』の表紙を飾っている海扉アラジンさんによる切り絵だが、いったいどんなふうにして作られているのか。ここでは本書表紙2に掲載した「2人のローラ」のメイキングを紹介する。最初が右ページの右下だ。そこから右ページの上→中→下、さらにこのページ左の上→中→下と色がついていく。

切り絵は、色の濃淡が出せず、曖昧な線がないので、一本の線がはっきりと出る。その分、切る線が少しずれていると、輪郭も顔のパーツも全く違うものになってしまうのが難しい。どの線を切るかを選択し、ナイフを入れていく緊張感。その研ぎ澄まされた感覚が切り絵に命を吹き込む。

色付けした紙を後ろから当て、切り抜いた黒い紙とピタッと重なる瞬間もまた、切り絵が輝く。2人を際立たせる為に、茶色の紙を選び、カサブランカを切り抜いた。そのままでは、背景の鮮やかな色合いの紙に負けてしまうので、花と葉には、薄いトレーシングペーパーを貼り付けている。

何度見てもすごい…

春友さんたちの自宅の「我が家の春馬コーナー」

「我が家の春馬コーナー」を写真に撮って送って下さいと春友さんたちに声をかけたところ、たくさんの写真が送られてきた。『三浦春馬　死を超えて生きる人Part3』に14人の写真を掲載したが、その時載せきれなかった人を中心に改めて紹介しよう。

とは言っても調布市の菅恵子さんの写真は重複はするが敢えて左に2枚掲載しよう。家じゅう春馬さんで埋め尽くされているという圧巻の光景だからだ。春馬コーナーに「おはよう、春馬！」と声をかけることから1日が始まるのだという。

右の写真は別の春友さん、左ページ中段写真と同じ方の春馬コーナーだ。左ページは今回初めて紹介する春友さんたち5人のものだ。真ん中の写真に写っている

食事は、大切な人を想う「陰膳」。送ってくれた春友さんのメッセージを紹介しよう。「陰膳は一日一回は最低やってます。だいたい朝か昼。夜はダンナがいるからやりにくい（えへへ）。あとはおやつ食べる時とか、気が向いたらお供えしています」

その他の春友さんたちの春馬コーナーも「春馬愛」にあふれた素晴らしいものだ。

きえさんのイラストほか素晴らしい作品

春友さんたちから毎月届くたくさんの作品

毎月、春友さんたちから「春活」の写真、春馬さんをイメージした作品の写真が届く。それらをできるだけ掲載していこう。

まず上のイラストは「ほっこりカフェ」の堀内圭三さんが送ってきたもの。

《西尾市在住の「きらら鈴」さんが、同じく西尾市の似顔絵師のきえさんに依頼して、「ほっこりカフェ」で私と春馬さんが楽しそうに話している、こんなに素敵な似顔絵を送って下さいました。本当に幸せな気持ちになる素敵な作品だと思います》

その後、同じくきらら鈴さんがきえさんに依頼したイラストが左ページ上段。春馬さんが念願のニューヨークの舞台に立っているのだが、なんと手には『創』を持っている。

右下は、その「ほっこりカフェ」に参加している「ほっこりファン」さんが堀内さんに送ってきたステンドグラスのお馬さん。これもすばらしい作品だ。

下中と左、左ページは「我が家の春馬コーナー」として送ってきた春友さんからの写真で、前ページに載せきれなかったものだ。

堀内さんはほっこりカフェ参加メンバーから春馬さんへの４・５誕生カードを募っていた。左中は、それに参加したtomoさんが作ったカードだ。

《創との出会いは『死を超えて生きる人』でした。いつも気がつくと夢中になって読んでいます。ほっこりカフェ企画の春馬さんへのBirthdayカードに参加しました。春馬さんに届くよう願い心を込めて作りました》

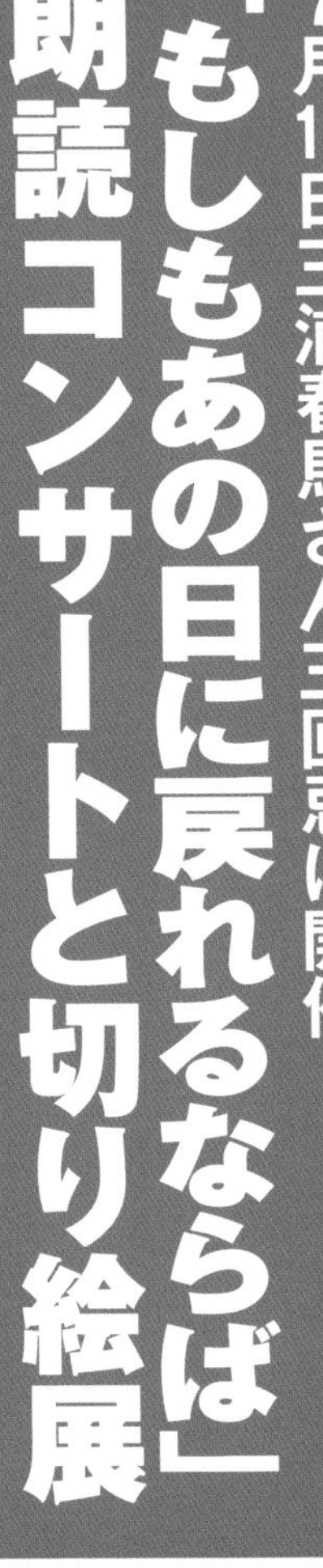

7月18日三浦春馬さん三回忌に開催
「もしもあの日に戻れるならば」朗読コンサートと切り絵展

2022年7月18日、前橋市のアメイジンググレイスにて「三浦春馬創作ものがたり朗読コンサート&切り絵展」が開催され、全国

から春友さんたちが集まった。上は本物のブルーマンのターバンをひるがえし踊る近野彩さん。前ページの右下は朗読する空羽ファティマさん。中段右はデザート付きの三浦春馬さんの席と、物語の基盤になった砂漠生活を描き教科書に載った体験記、それとサハラでの写真と砂&砂漠のバラ。

このページの中段右は3回衣装替えをした楽屋でのファティマさん。左はカーテンコール・ゴールデンコンビのハグ。笑顔が見えるのは海扉アラジンさん。左下は左からもっこ、アラジン、編集長・篠田、ファティマの仲良し4人組とキャメルンたち。

写真撮影：シンクロモード長谷川裕/Shinobu

右上は物語をブラボーに彩る演奏隊４人、物語を表現した30曲を演奏した。その下は会場の春友さんたち、さらに下はファティマさんともっこさん。右下はイベント終了後に篠田編集長を囲むアメイジンググレイス萩原社長、江頭さん、演奏者と協力者とキャメルンスタッフなど。また左上の３枚は切り絵展の会場風景だ。春馬さんの好きな向日葵を飾ったり、工夫を凝らした。左下は会場で販売したキャメルンシリーズと月刊『創』だ。

その朗読&コンサートで踊りを披露した春友さん、愛知県の美蓮さんの写真が上だ。美蓮さんは友人であるRikosaramamaさんの鉛筆画をいつも紹介してくれるのだが、7月18日も右下の春馬さんの鉛筆画を途中で掲げながら踊った。その様子については美蓮さんの投稿をP70に載せたのでご覧いただきたい。

後日、美蓮さん経由で送られてきたRikosaramamaさんのパステル画が左上と左下だ。一緒にRikosaramamaさんのメッセージも送ってきたので紹介しよう。

《三回忌を迎え、ようやく納骨されたとのニュース。嘘か誠か知る由もないことがこれまで語られてきましたが、そんなことなどどこ吹く風で、そちらで幸せでありますように。2年間、映像を観ることができませんでしたが、少しずつ観ていけそうな気がします。》

美蓮さんのコメントも紹介する。

《ローラの作品は、当初顔のアップでしたが、作者がサプライズで全身のローラを初チャレンジされ、何度も書き直した作品です。衣装のスパンコール、ブーツにかなり苦戦されたそうです。》

かんなおさんの詩に堀内圭三さんが曲をつけた
7月18日の取り組みと楽曲「み・う・ら・は・る・ま」

さらに7月18日の様々な取り組みを紹介していこう。YouTube配信「ほっこりカフェ」が7月18日に公開したのは、春友さん55人のメッセージを堀内圭三さんが、映画『森の学校』のシンボルツリー「マト桜」の下で読み上げた動画だ（左写真）。詳しくは堀内さん自身の説明をP67に掲載したのでご覧いただきたい。

また左のイラストは、P12～13掲載のイラストを描かれた似顔絵師きえさんが、春馬さんを想って描かれた作品だ。

圧巻なのが右下の写真。7月13～16日の靖国神社みたままつりでYouTubeでの呼びかけに応じて春馬さんを偲ぶ「日本製普及会」「春友会」などの提灯が飾られた。1個1万2千円を出して飾られる提灯が何と240個。春友さんたちのパワーを見せつけられる。

左下は大阪のマレイ明美さんが7月18日に参加した「愛を届けよう!!ありがとうツアー」の琵琶湖畔での追悼セレモニーのボードだ（詳細はP69参照）。

●奇跡の楽曲「み・う・ら・は・る・ま」

春友さんたちの交流が深まる中で生まれた驚きのエピソードも披露しよう。「奇跡のようだ」と、かんなおさんが感激していた。

『創』22年10月号に、彼女が送ってきた詩を載せたところ、「ほっこりカフェ」を主宰するミュージシャン、堀内圭三さんが曲をつけ、「み・う・ら・は・る・ま」という歌ができあがったのだ。YouTubeで「ほっこりカフェ」と検索し、曲名で探せばわかるので、春友さんたちにぜひ聞いて欲しい。すばらしい楽曲だ。左の写真はその動画だが、堀内さんの歌が流れるバックは春馬さんがサーフィンに通った鉾田の海岸だ。

左下は京都在住のノコノコさんが送ってきた手製の陶磁器の写真だ。斉藤かおるさんの新刊表紙に着想を得て「春馬さんがキンキーブーツにあこがれてKの文字を表しているポーズに見えたのでサーフィン型に描いてみました」とのことだ。

右下の「五代友厚プロジェクト」のプレートの写真は本誌P81で墓前祭に参加したと投稿している春友さんが送ってきたものだ。

春馬さんへの想いは、いろいろな人によりいろいろな形で今も伝えられている。

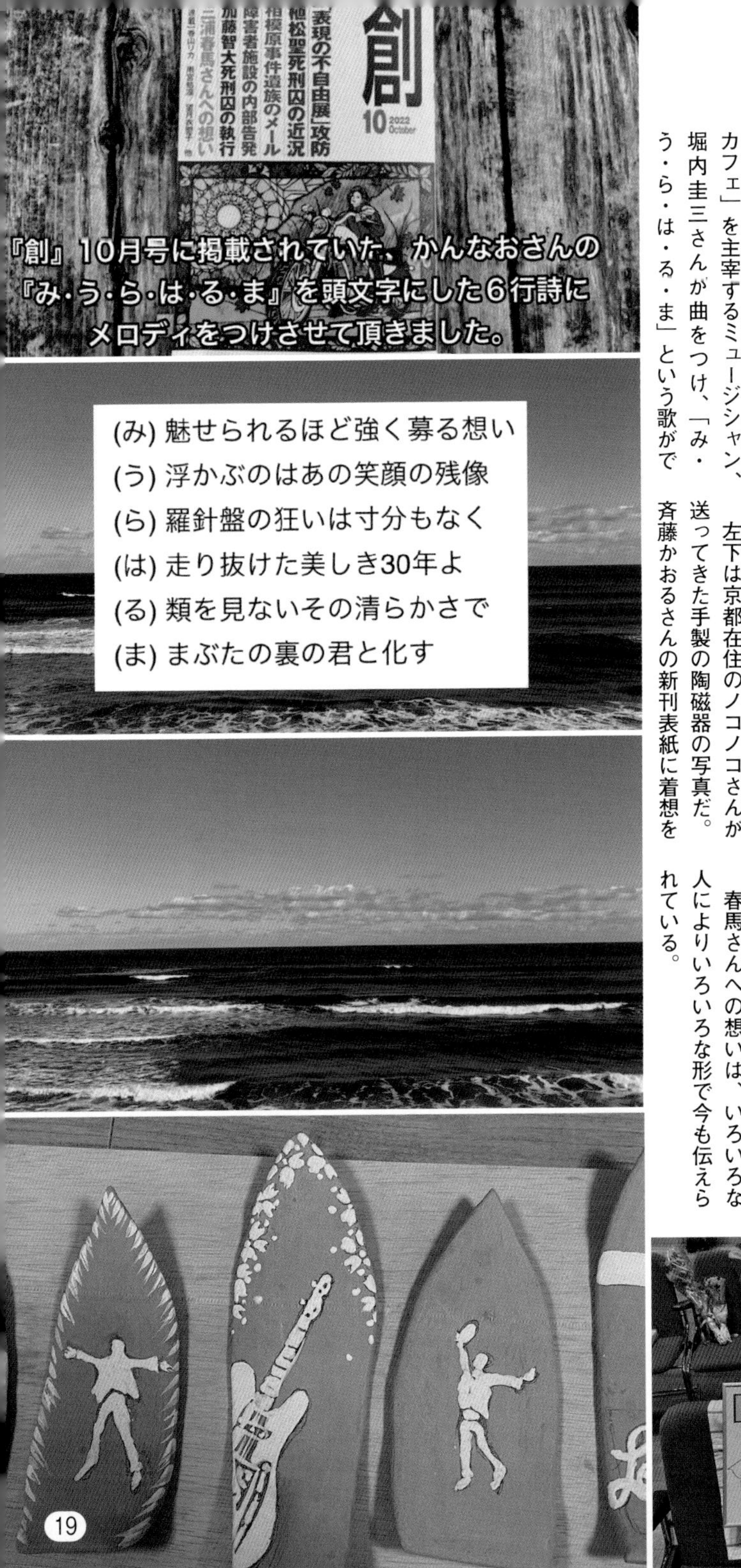
創
10 2022 October
表現の不自由展」攻防
植松聖死刑囚の近況
相模原事件遺族のメール
障害者施設の内部告発
加藤智大死刑囚の執行
三浦春馬さんへの想い
『創』10月号に掲載されていた、かんなおさんの
『み・う・ら・は・る・ま』を頭文字にした6行詩に
メロディをつけさせて頂きました。
(み) 魅せられるほど強く募る想い
(う) 浮かぶのはあの笑顔の残像
(ら) 羅針盤の狂いは寸分もなく
(は) 走り抜けた美しき30年よ
(る) 類を見ないその清らかさで
(ま) まぶたの裏の君と化す
五代友厚
プロジェクト

『キンキーブーツ』が様々な意味で話題に
『キンキーブーツ』開幕！そして春友さんたちの春活

2022年10月1日、『キンキーブーツ』の公演が幕を開けた。空羽ファティマさんや海扉アラジンさんらキャメルングループと本誌編集長・篠田は10月6日に東京渋谷で鑑賞。

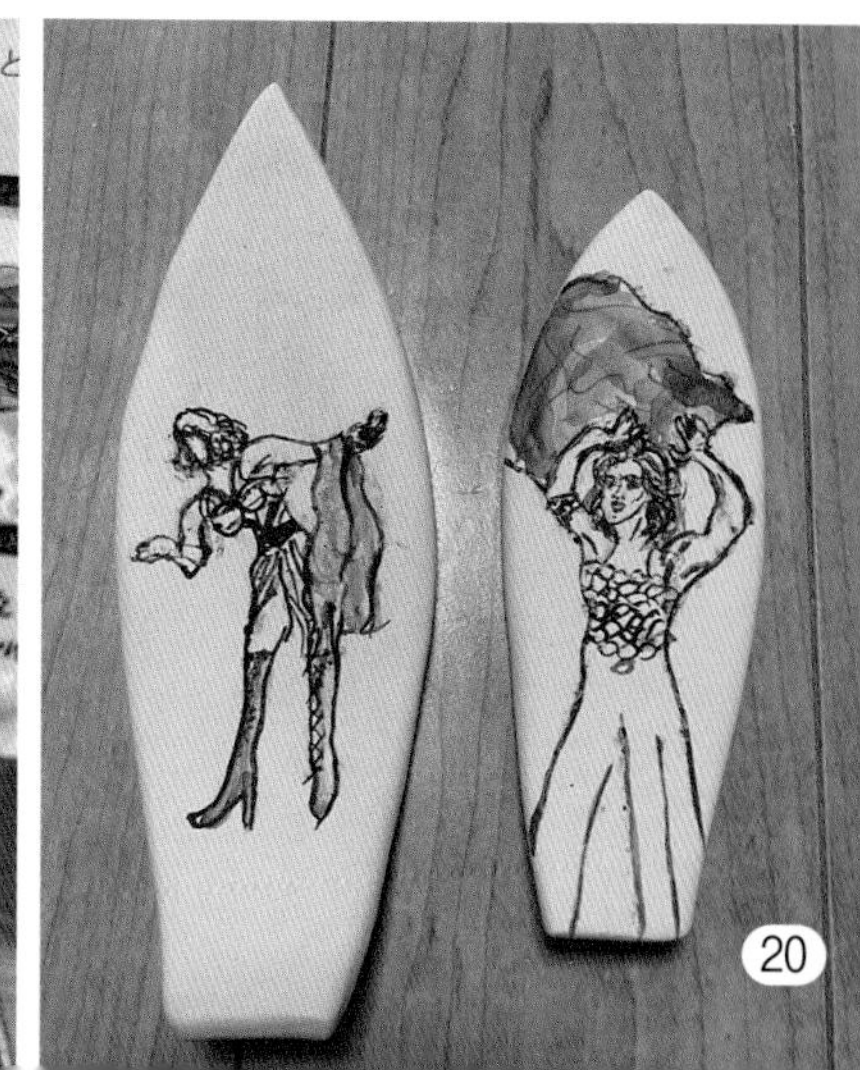

上の写真はその時のものだ。

今回の公演をめぐっては、春友さんたちの間でも賛否両論が渦巻いた。春友さんたちの感想は本文をご覧いただきたい。中写真はその公演の宣伝を兼ねて渋谷の駅がジャックされた時の光景。これも話題になった。

　そして右下は、京都在住ノコノコさんがキンキーブーツのローラを絵柄にして焼いた陶磁器。三浦春馬さんが好きだったサーフィンボードの形をしている。

　その隣は、春友さんがキャメルン スタッフに送ってくれたもの。ローラ色のリンゴで焼いたローラケーキをニコライバーグマンの花畑に置いて、花畑に寝転ぶローラを配したものだという。バックに『三浦春馬　死を超えて生きる人』を添えてキャメルンスタッフが撮影。ニコライバーグマンは、女性に大人気のフラワーアーティストだ。

　さてこちらの左ページの上は、ユーチューブ配信「ほっこりカフェ」を主宰するミュージシャン堀内圭三さんが10月1日に銀座で行ったライブの写真だ。春友さんが大勢参加し、「み・う・ら・は・る・ま」を合唱。歌いながら涙ぐむ人もいた。中段の写真は、そのライブで行われた脇屋恵子さんとの「ふたり天外者」の熱演だ。

　そして左は、ロサンゼルス在住の春友さんが送ってきた写真。ロスではメキシコの風習にあわせて10月末を「死者の日」として祈るのだそうで、この春友さんは２０２０年以来、春馬さんの祭壇を飾っているという。「死者の日」は、日本で言うところのお盆で、魂が帰ってきて家族や愛する人と一緒に過ごす日なのだという。飾りにも全て意味があるそうだ。
　春友さんたちの想いは国境を超えて広がっているようだ。

春友さんたちの様々な「春活」を続けて紹介していこう。

「キンキーブーツのメンバーが集う東京新宿の焼肉ダイニングiccocaさんに行って参りました」。脇屋恵子さんがそう言って送ってきたのが右上の写真だ。「同じく新宿にある「LOVE」モニュメントにも足を運びました。ここはドラマ『ラスト♡シンデレラ』の聖地です」とのことだ。

中段の右の写真は11月5日に行われた土浦全国花火競技大会。撮影したブンさんから感想が送られてきた。

《『日本製』茨城県最後のページの春馬さんの言葉「まだ土浦全国花火競技大会を見たことがない方は絶対に足を運んでほしいですし、『茨城の誇り』を見に来てほしいです!!」

その言葉に惹かれて、絶対観に行くと決めました。こんなに迫力の花火、人生で初めてです。本当に感動して、涙しながら観ました》

右は鹿児島在住五月さんのローラと春馬さんをイメージした刺繍だ。

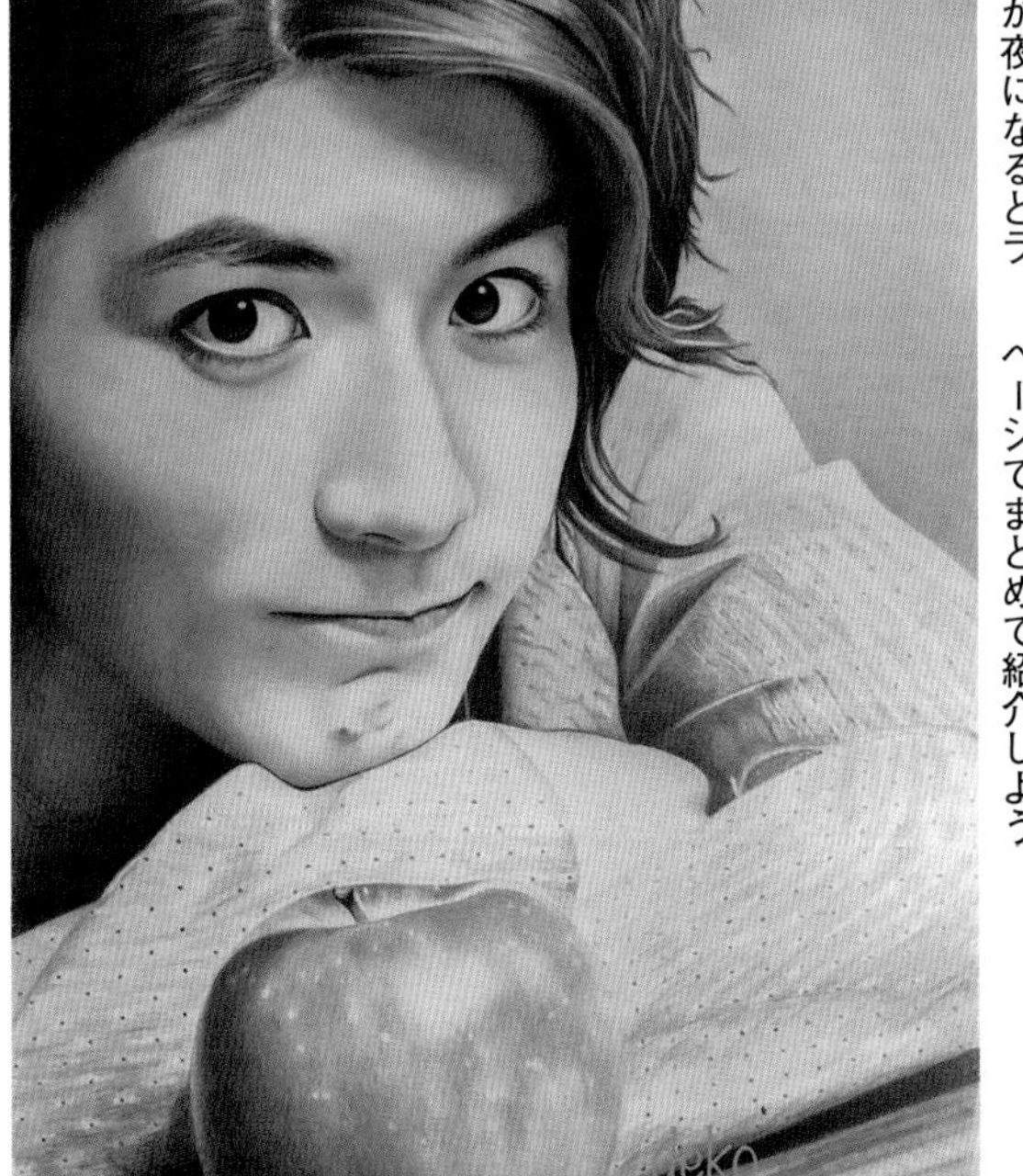

さらに「これはすごい」と空羽ファティマさんがある春友さんから届いた写真を送ってくれた。上がそれだが、何と自宅の庭の桜の木の下に春馬さんを偲ぶ馬の像を建立したというのだ。しかも馬が夜になるとライトアップするという（左上）。

次ページよりdekoさん、月乃光さん、三早希さん、ノコノコさんがこの間、寄せてくれた作品をまとめて紹介していこう。この人たちの作品が、この半年ほど、『創』の誌面を飾ってくれた。

まず最初、左はdekoさんが描いた鉛筆画だ。dekoさんはこういう鉛筆画をインスタグラムにたくさんアップしているのだが、この作品、春馬さんの手前のリンゴの質感が素晴らしい。そのdekoさんの作品を次のページでまとめて紹介しよう。

クオリティの高さは圧倒的

「日本製届け隊」続ける dekoさんの鉛筆画

ここに掲げたのはdekoさんこと銀屋純子さんの鉛筆画だ。クオリティの高さには定評があり、2022年7月には『天外者』ロケ地となった五箇荘の近江商人屋敷で鉛筆画40点が展示された（左写真）。

全国の図書館に春馬さんの『日本製』を寄贈し蔵書にしてもらう「日本製届け隊」の活動も自主的に続けている（詳細は本書P101参照）。dekoさんの鉛筆画はインスタグラムで見ることができる。

deko

deko

まさにアートと呼べる数々

人形作家・月乃光さんの「星空を見上げる少年」

人形作家・月乃光さんの春馬ドールこと「星空を見上げる少年」が春友さんたちの間で反響を呼んでいる。２０２３年４月に東京都美術館で開催されたベラドンナ・アート展にも「星空を見上げる少年」を出品、たくさんの春友さんが会場を訪れた。

月乃光さんは「星を見上げる少年」以外にも春馬さんモチーフの小さな人形を作り、イベントなどで販売もしている（右下写真）。

月乃光さんはどういう経緯で春馬ドールを作るようになったのか。本人に伺った。

——春馬さんについてはいつからのファンなのですか？

《ＮＨＫ朝ドラ「ファイト」の「岡部君」の時から春馬君のファンです》

——人形はどんな気持ちで作っているのでしょうか。

《人形を作る時は、写真を見ながら顔の輪郭や目や鼻の位置を参考にしながら作ることが多いです。「すごく似せて作ろう」というよりも、男の子の人形をどうやって粘土で作ればいいのかなと、ちょうど春馬君の写真を見ながら試行錯誤していたところで、あの7月18日を迎えてしまいました。

光り輝いていた星が消えてしまったことが耐え難く、何カ月も喪失感を抱えたまま過ごしていました。いつまでもこのままではいけないと、粘土の作業を再開した頃は、なんとかしてあの美しい姿を形に残したいという気持ちに変わっていました。粘土の造形技術も足りなかったので時間もかかりました。

２０２２年1月、コンクールに出展させて頂いた時は不安しかありませんでしたが、多くの春友さんから温かい言葉を頂いたり、Ｓ

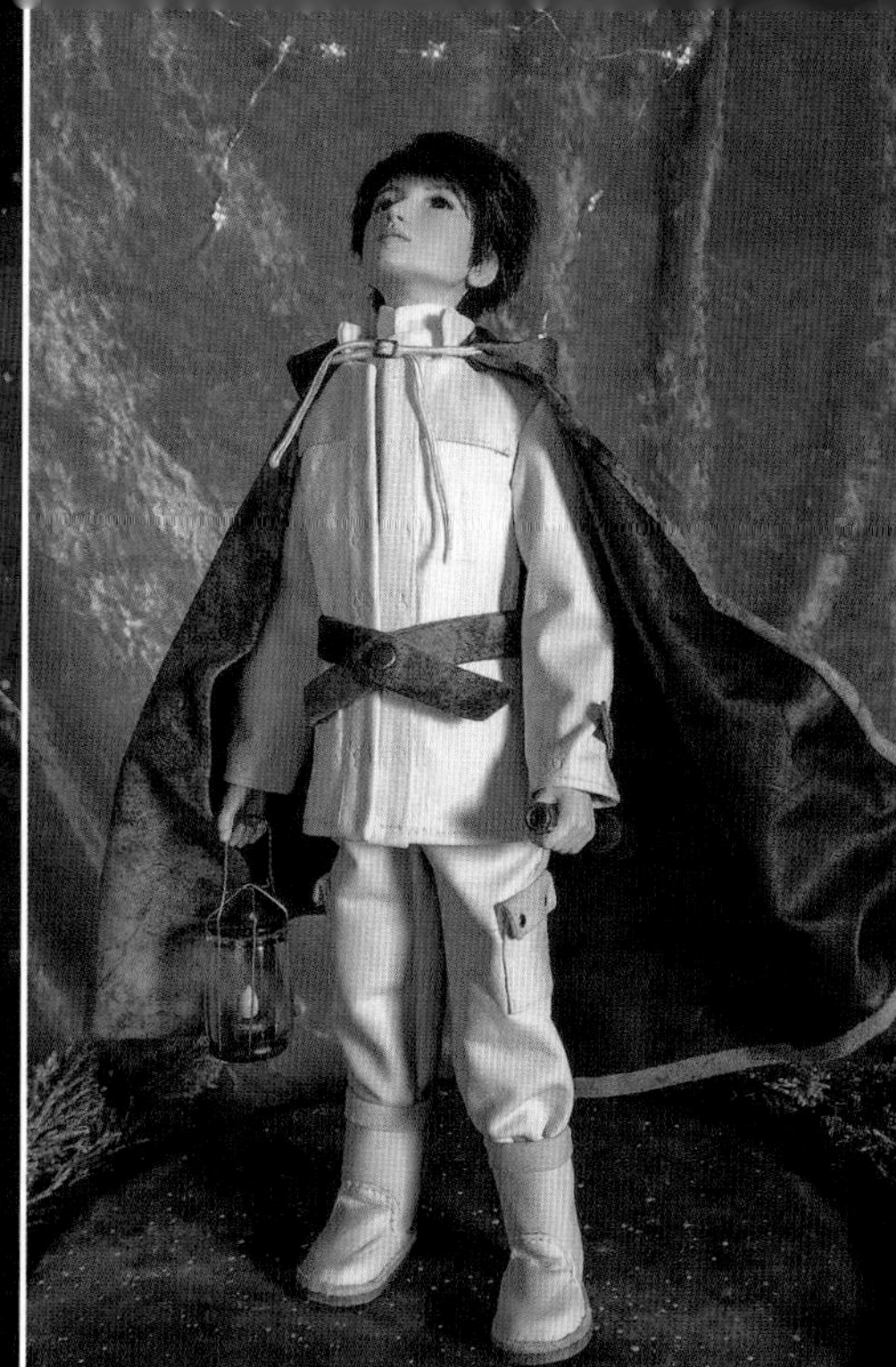

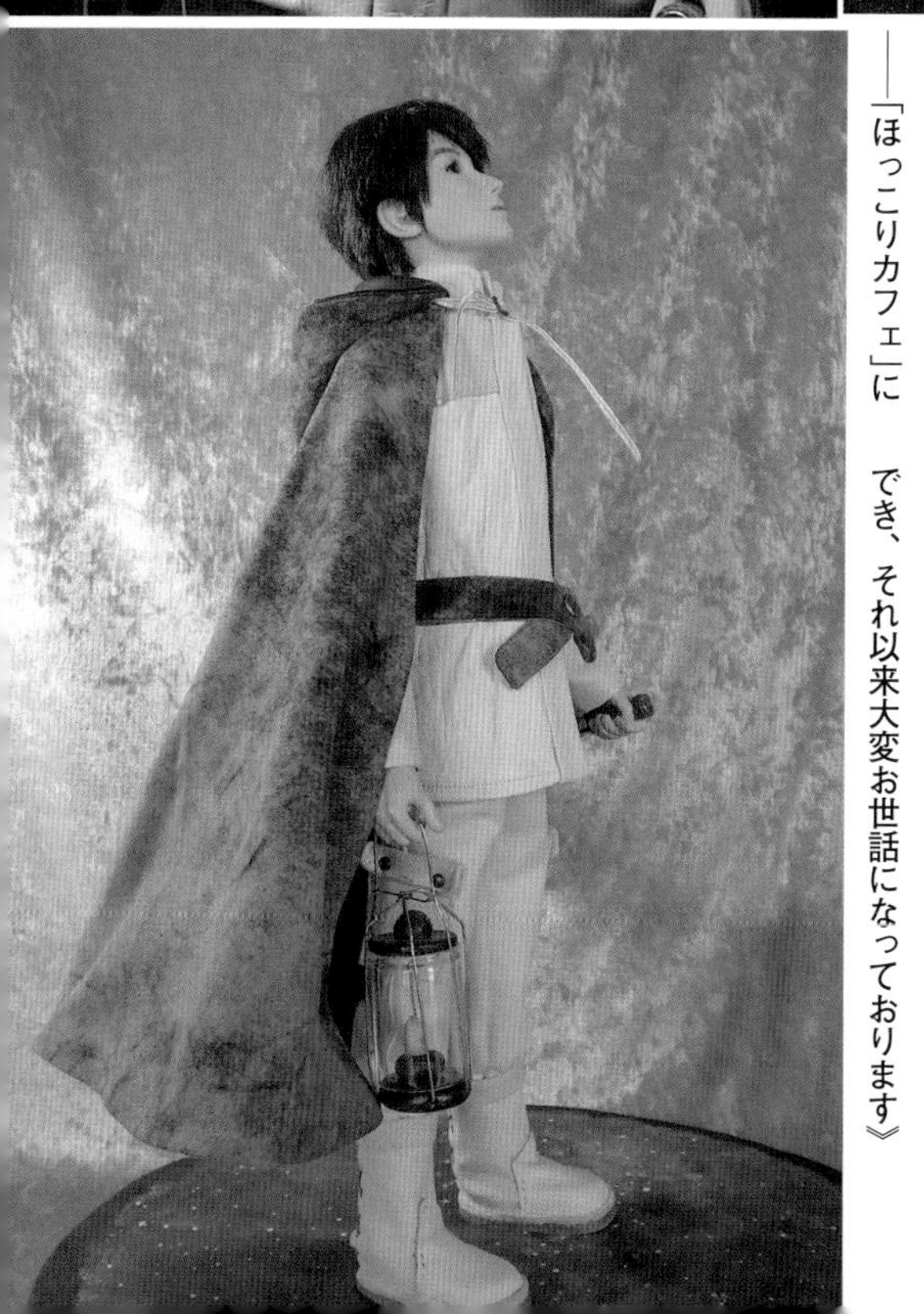

NSで発信して下さったりして、もう感謝しかありません》

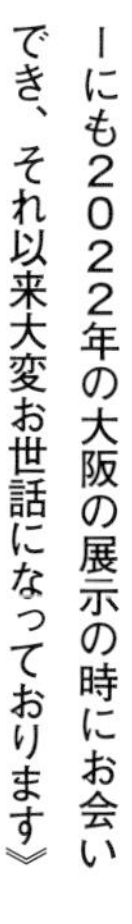

――「ほっこりカフェ」にはどうやって参加するようになったのですか。

《facebookの友人が「春馬ドール」と名付けてくれたことで、春友さんとお知り合いになり、その中にほっこりカフェの常連さん達がいらっしゃったことで私も来店するようになりました。堀内圭三マスターにも2022年の大阪の展示の時にお会いでき、それ以来大変お世話になっております》

卒業制作展には春友さんたちが訪れた

10代の春友さん 三早希さんの作品

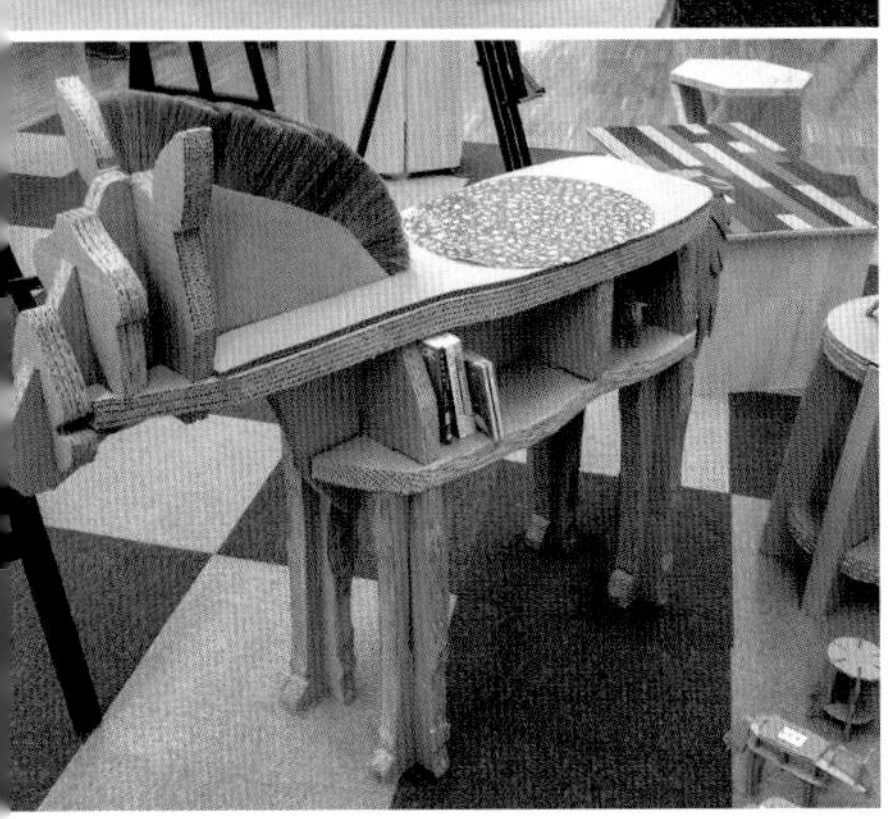

春友さんの中では異例の10代、2023年3月に高校を卒業したのが三早希（みさき）さんだ。卒業制作展が1月24～29日に岐阜県立美術館で行われ、春友さんたちも会場に足を運んだ。その作品は写真左と左ページ上だ。最終日の夜に届いた彼女のメールを紹介しよう。

《きょう無事に卒展が終了しました。会場にお見えになった春友さん、そして応援のメッセージを送って下さった春友さん…たくさんの春友さん方と出会うことができ、本当に幸せで温かい気持ちでいっぱいです。

今回の作品はエコデザインをテーマとして学校内で廃材となった段ボールで馬形の棚と机の機能を併せ持つ家具を作りました。実物を作る前に段ボールで模型を作る際に完成順に並べた時に5番目を「五代」と表現し『天外者』を連想させてみたり、作品のタイトル〈Dambo-rua Horse〉を反対からスペルに注目すると、Harumaの文字が見えてきたり…》。

《背中の部分には手作りの桜をモチーフとしたクロスをひいて春を表現しました。棚の機能を表すため、春馬さんのCDや関連する本も展示し、春馬さんへの気持ちがたくさん詰まった作品になりました。家に持ち帰ったあとは、春馬さんの作品で溢れた家具として使いたいです。》

三早希さんの作品は左ページ下にも掲載したが、これは2022年秋のコンテストで優秀賞を受賞した。この作品については、三早希さん本人の説明を本書P98に載せた。

このほか彼女はフィギュアも作っており、その一つを右に掲げた。

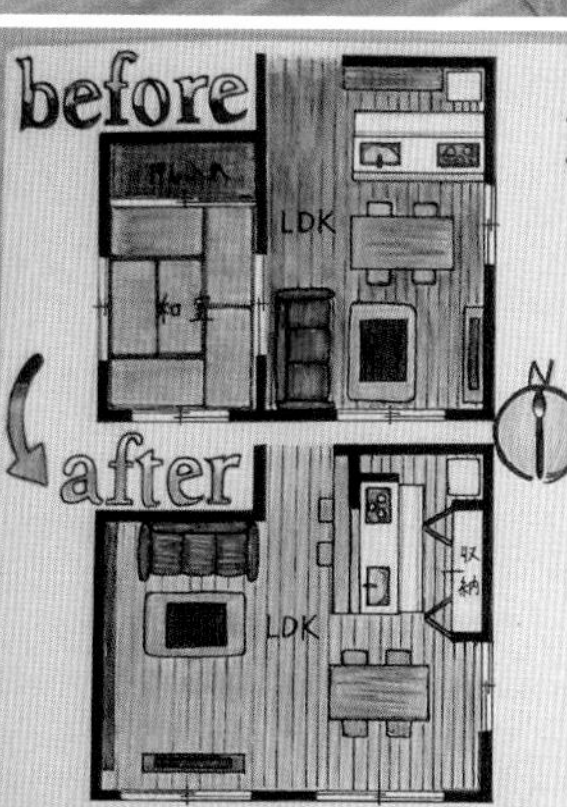

芸術品を楽しむ憩いのLDK

コンセプト

使われなくなった隣接する和室と押し入れを
LDKに取り込むことで広さにゆとりをもった空間が得
ゆったりとした家具配置が可能になりました。
キッチンの向きを変えたことで収納や配膳など
家事動線が改善されました。
キッチンで調理をしながら、食卓で食事をしな
ソファでくつろぎながら…どこからでも目が届く場
造作棚を置き、お気に入りの芸術品があることで、自
と目が向き、関心が湧くことで家族や遊びに来た
との会話が弾み、交流の場となります。家族やあ
との仲もより深まるのではないでしょうか。
芸術品を見て触れることでさらに心の癒しが
され、憩いの場にもなります。

芸術品を魅せるインテリア

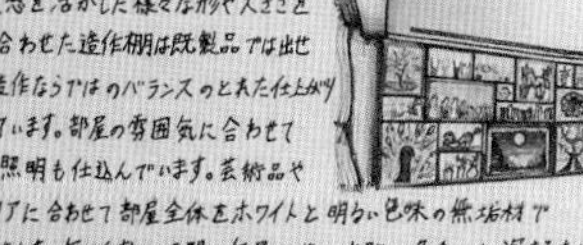

木の質感を活かした様々な形や大きさを組み合わせた造作棚は既製品では出せない造作ならではのバランスのとれた仕上がりになっています。部屋の雰囲気に合わせて間接照明も仕込んでいます。芸術品やインテリアに合わせて部屋全体をホワイトと明るい色味の無垢材でまとめました。無垢材は時間の経過と共に木肌の色合いが深まるため、家族と共に成長していく質感や素材感を感じることができます。

臨場感が味わえるホームシアター

造作棚の手前に収納式スクリーン、天井にスピーカー搭載のプロジェクターを設置することで自宅に居ながらにして映画館で見るような迫力ある映像と音響を家族で楽しむことができます。

圧迫感を作らない収納スペース

キッチン背面にクローゼット式の収納スペースを設けたことで小物が多くなりがちなキッチン周りもすっきりと保つことができ、効率よく調理をすることができます。

また、キッチングッズの収納場所を固定で決めておくとモノの増え過ぎやストックのため過ぎ防止に役立ちます。

みんなで使える「おうちCafe」

向かいあって会話ができるように考えたキッチン前面のカウンターはお茶を楽しむためのちょっとしたくつろぎの場や、子どもの勉強コーナーにもなるので、子どもを見守りながら安心して調理をすることができます。
また、造作棚に収納してある本を読むための読書コーナーなど、色々な使い方をすることができます。

絵画窓・ブラックボードで遊び心ある空間

絵画窓

大切な芸術品やインテリアなどが日焼けしてしまうことを防ぐため、窓ガラスを紫外線カット効果のある素材に変更し窓枠を額縁風にすることで、移りゆく景色も立派な絵画に変身します。

窓越しの景色にタイトルを話し合ってつけてみるのはいかがでしょうか？あなたならこの景色にどんなタイトルをつけ

ブラックボード

チョークで自由に描き消しができる黒板
壁をダイニングスペースに設けることで空
を自由に変えられ、唯一無二の空間をつく
簡単に壁に磁石が引っ付くため家族間
兼連絡板としても機能させることがで
豊かな感性や表現力を育み、コミュニケ
を生み出してくれます。

京都で作られた手製の作品
春馬さんをイメージしたノコノコさんの陶磁器

京都のノコノコさんもたくさんの陶磁器の写真を寄せてくれている。陶磁器製造が家の本業らしいのだが、その傍らで春馬さんを描いた陶磁器を作り続けてきた。この3年間でいろいろなものに挑戦し、作品もどんどん素晴らしいものになっている。

上の写真のネズミについて本人の説明はこうだ。

「中央にあるネズミさんは『世界はほしいモノにあふれてる』で春馬さんが手にとっていたもの。小さいネズミさんは『徹子の部屋』で春馬さんがゲストで出されていたエクレアを陶器でつくって見ました」

中段は、2022年大阪で「キンキーブーツ」

の公演を観た後作ったもので、「とてもきれいな衣装が照明に当たった色を表現しました」とのこと。サーフィンの形をしているのももちろん春馬さんをイメージしたものだ。

　右ページの右下は、春馬さんの誕生日4月5日へ向けた2023年春の作品だ。「4月5日の誕生花が勿忘草ということで抹茶碗に絵付けしてみました」という。

　こちら左のページは2022年の作品で、上は映画『森の学校』のシンボルツリーに春馬さん扮するマトくんが隠れているのを描いた大皿だ。構図が見事というほかない。

　その下は春馬さん最後のドラマ『おカネの切れ目が恋のはじまり』に登場したサルの豆皿をイメージしたものだ。作者曰く

「春馬さんが『カネ恋』で描いた猿と春馬さんが写真集で撮ったポーズが似ているので、その猿と春馬さんがカゴメ柄の浴衣を着たポーズの三種類を作ってみました」

　左下は「カネ恋」のサルの豆皿。そして右下はキンキーブーツのローラをイメージしたものだ。

春馬さんを訪ねて　その1

『アイネクライネ～』仙台ロケ地めぐり

脇屋恵子

ここでは『創』で2023年1月号から連載しているシリーズ「春馬さんを訪ねて」。3人の方のレポートを掲載する。

●『アイネクライネナハトムジーク』仙台ロケ地めぐり　脇屋恵子

2022年9月、連休を利用して私は春友さん5名を〝『アイネクライネナハトムジーク』ロケ地巡り〟の旅に誘った。

映画『アイネクライネナハトムジーク』は、三浦春馬さんと多部未華子さん主演で2019年9月に公開された。DVDや配信で今も観ることができる。オール仙台ロケで撮影されているのだが、実際にロケ地を訪ねてみると、映画の中での春馬さんの演じたシーンがよみがえってきて、春馬さんを訪ねる旅となった。

仙台ロケ地マップ

幹事となった私だが、仙台は初めての地だ。頼りになるのはインターネットで見つけた「アイネクライネナハトムジーク仙台ロケ地マップ」。映画の撮影場所を示したマップだった。そこには〈錦町公園〉から〈青葉通〉まで、仙台駅周辺エリア9カ所のロケ地が紹介されている。そのマップに掲載されているロケ地のほかに、春友さんのリクエストで、春馬さんと多部さんが仙台滞在時に訪れたお店もロケ地巡りのコースに加えた。

巡る場所は決まった。ロケ地巡りの1カ月以上前から私は、何とか1日で巡れないものかと地図とにらめっこしていた。最短距離で無駄なく徒歩で巡ることが出来るコースを考えていた。

当日のタイムスケジュールも細かく設定した。錦町公園から「彦いち」まで○分…、ウェスティンホテルから「お茶の井ヶ田」まで○分…、井ヶ田での休憩時間は○分…。通勤途中にも繰り返し頭の中でシミュレートした。

ロケ地巡り中にスケジュール表を見ること

仙台ロケ地マップ

はなかった。当日は道中、春馬さんの話題で盛り上がり、時間など忘れてしまったからだ。

「BUDDY BUDDY」にて。出演者のサインが書かれた壁を背に食事

まあ、頭の中にはタイムスケジュールがしっかりと入っていたので、ほぼスケジュール通りロケ地を一日で巡ることができた。

そして…訪問先としてはマップに掲載のロケ地と春友さんリクエストのお店のほかに、私がこだわった場所があった。それは、春馬さん扮する佐藤が仙台駅からバスに乗った多部さん扮する紗季ちゃんを錦町公園まで追いかけるシーンで、実際に佐藤が走る姿が撮影された場所だ。

その場所を探す方法はGoogleのストリートビュー。佐藤が走るシーンを一時停止しながらストリートビューを目で追う。そしてその場所を探し出して特定する。結果、特定できたのは3カ所だった（ほかにも候補はあったのだが実際に行ってみると違っていたりした）。

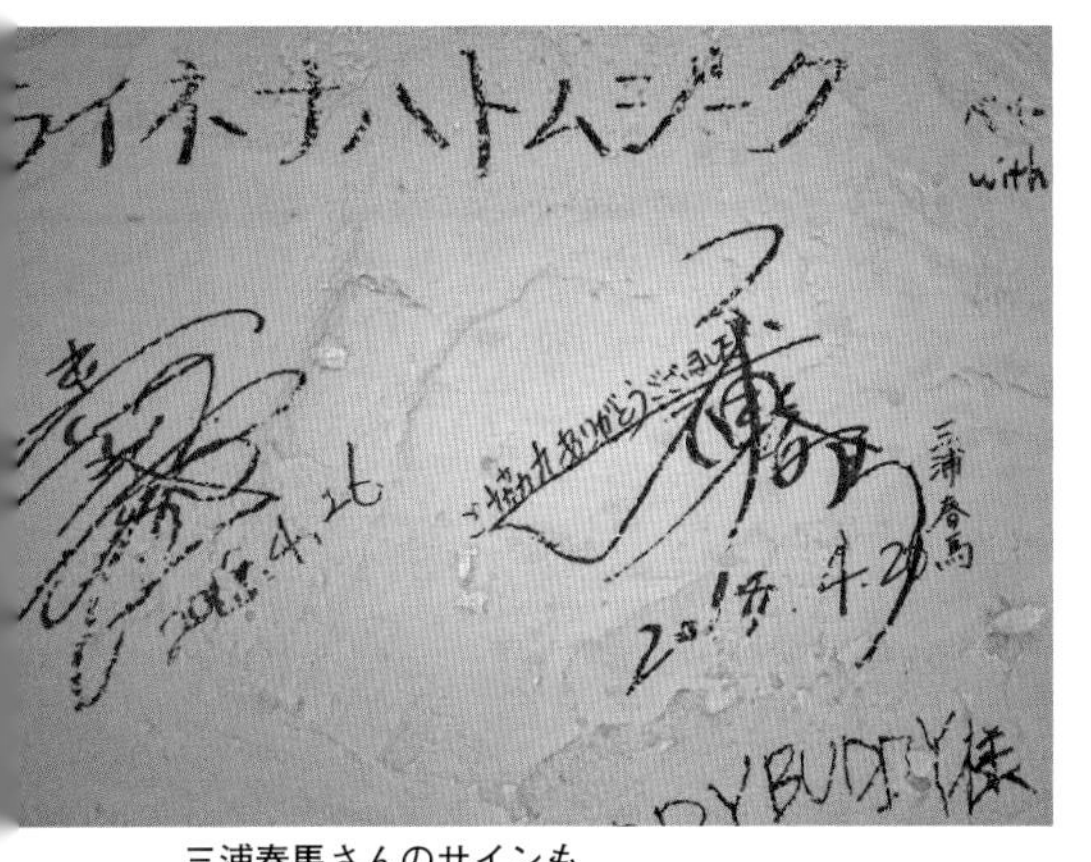

三浦春馬さんのサインも

ロケ地マップとスケジュール表は、仙台駅西口に10時45分に集合したときに春友さんに配った。春友さんたちはとても喜んでくれた。50代以上の春友さんが多かったが、皆、「修学旅行みたいだね」と女学生のようにキャッキャとはしゃいでいた。春友さんたちに喜んでもらえて、私も嬉しかった。

そうそう、非常に驚いたことがあった。

それは「BUDDY BUDDY」さん入店時のこと（私は予約席を確認するために先に1人でお店に入ろうとしていた）…。オープンテラスの女性2人組から「春友さんですか？」と声をかけられたのだ！

私は春馬さんを連想させる服装でもなかったし、馬のアクセサリーを身に付けていたわけでもない。びっくりしたなあ。でも嬉しい驚き。急いで後ろの方にいたお仲間を呼ぶ。

「なんで（脇屋さんが）春友だとわかったんだろう？」

「春馬さんファンのオーラが出ていたんじゃないの？」

皆でお店に入る前から盛り上がった。

レストラン「シンフォニー」

「BUDDY BUDDY」は映画出演者の控室や夜食提供がなされたお店で、出演者のサインが書かれた壁をバックにした席を予約。壁にある監督・出演者のサインは必見！。

　そしてここからはまた別のストーリーとなるのだが、実は私、ロケ地巡りをご一緒した春友さんたちとは仙台往復の新幹線も宿泊先も別々だった。気を使わせては申し訳ないと思い、春友さんたちには黙っていたのだが、今回の仙台旅行は主人も一緒だったのだ。

　10時45分の春友さんたちとの待ち合わせの前に主人と2人、始発で仙台入りし8時からロケ地を下見して回っていた。自分からロケ地巡りの案内役を買って出た以上、道中、地図を片手にオロオロするわけにはいかないのだ（私たちがロケ地巡りの間、主人は仙台自由行動である）。

　そして翌日夕刻、仙台旅行の締めくくり。春馬さんお気に入り、「玄孫」さんの「定義山三角油揚げ」を皆で楽しみ、私はその後仙台駅でお土産を見てから新幹線に乗るという春友さんたちと別れた。

　私が向かう先は（秋保温泉帰りの）主人が待つ、ウェスティンホテル仙台のレストラン「シンフォニー」（上写真）。佐藤が紗季ちゃんにプロポーズをする予定だった夜景が素晴らしいレストランだ。

　レストランにはインターネット予約時に佐藤と紗季ちゃんが座った同じ席を希望した。しかし模様替えなどでもう同じ席が存在していなかったら…との心配も頭をよぎった。果たして望みは叶えられた。佐藤と紗季ちゃんが見た景色を私は心に刻んだ。

　そのほか撮影した写真を幾つか紹介しよう。佐藤がバスに乗った紗季ちゃんを錦町公園まで追いかける各シーンの実際の場所はたくさん撮影したが、スペースの都合でカット。

　春馬さんが「美味しゅうございました」とツイートした〝ずんだ餅〟が食べられる甘味処「彦いち」。私たちはそこに立ち寄って、春馬さんと同じ〝ずんだ餅〟をオーダーした。

　次に春馬さんと多部さんが訪れた「お茶の井ヶ田」（春馬さんと多部さんが実際に訪れた、なまこ壁の店構えのみ残る井ヶ田跡地と、現「お茶の井ヶ田」仙台中央本店）。

　壱弐参横丁、ヘアサロン「Lai-la」（現在の店名は「Gypso」）へも足を運んだ。イタリアン「ヴァルニコ」は、建物はそのままだが現在は「おさかなセンターイチノイチ」になっていた。

　「居酒屋つるかめ」は、佐藤と藤間が飲んだ店で、二人が座ったカウンター席に一番近いテーブル席を予約した。

「お茶の井ヶ田」仙台中央本店

「居酒屋つるかめ」店内

春馬さんを訪ねて　その２

『こんな夜更けにバナナかよ』春馬さんがキスした木を探した

黒猫

ある情報から、春馬くんは『こんな夜更けにバナナかよ』の撮影がとても楽しかったこと、そして、また北海道に行きたいと思っていたということを知りました。私もどうしても行きたくなり、２０２２年５月29日から２泊３日で札幌へ家族旅行をしました。

宿泊は全日空ホテルです。偶然、あの悲しい事件のあったホテルの隣でした。この旅行はずうずうしくも「春馬くんと４人で家族旅行」のコンセプトで行っていたので、ホテルモントレーの前を通る時は、春馬くんも辛いだろうと、何とも言えない気持ちになりました。

①探し回ったハルニレの木にて黒猫さんの娘

翌朝、いよいよロケ地巡りスタートです。

ロケ地巡りといっても短い時間のため、北海道大学と宮田屋珈琲豊平店の２カ所のみ。

正直な話、『こんな夜更けにバナナかよ』は春馬くん主演ではないので、『天外者』のように何十回とは観ていません。うろ覚えで行ってしまったのですが、北海道大学は思った以上に広く、ワー、これで見つけられるのか?と途方に暮れました。が、何とかここらへんだろうという場所は見つかりました。中央ローンという場所でした。

そしてキスした木です。これまた途方に暮れるほど同じ種類の同じような木が何十本も植えてあります。こんなにたくさんの木から１本を探すなんて無理だ…と、絶望的な気持ちを奮い立たせ、30分探し続けました。主人は呆れて遠くのベンチに座っていました。「もう行こうよ」の声が聞こえ、焦りながら

③北大のイチョウ並木

②クラーク食堂

④宮田屋珈琲豊平店。2階席から

⑤ここに来たらバナナでしょ

もついに見つけました！　というか、多分これだろう、もう無理だ、これでいいや、が本音です。とりあえず娘を美咲ちゃんに見立てて撮影。図々しく私も同じポーズで撮影。旅の一番の目的は何とか果たせました（写真③）。

次はクラーク食堂です。ボランティア募集のシーンですね。コロナのせいか、一般人はあまり入れる雰囲気ではなかったのですが、何食わぬ顔で入り、そして写真撮影②。食堂は閉まっていて暗く、映画の時の雰囲気はありませんでした。

最後に鹿野さんが春馬くんを説得に行くシーン。イチョウ並木方向に行こうとしたら主人が「ポプラ並木に行きたい」と言い出し、そんな時間ないよ～と思いながらも、全部春馬くん春馬くんでは機嫌を損ねるだろうと、主人の意見に従いポプラ並木を目指しました。

北海道大学の中は、フワフワと白い綿毛が飛んでいたのですが、それはポプラの綿毛でした。ポプラ並木に近づくと綿毛の数も増えて、それは美しい風景でした。キスシーンの撮影は6月23日だったので、もう綿毛は飛んでいなかったのですね。

その後、生協でおみやげを買い、イチョウ並木を通り、大学をあとにしました③。

最後は宮田屋珈琲豊平店です。美咲ちゃんがアルバイトしていた喫茶店です④。市場で海鮮丼を食べてお腹いっぱいでしたが、やはりバナナ関連の物が食べたいと、選んだのがチョコバナナパフェでした⑤。「昼飯食った直後にチョコバナナパフェかよ」です。

⑥豊平店のトイレに貼ってあったポスター。ずっと貼っておいてほしい

主人が「トイレにポスターが貼ってある」というので行ってみると、「ここで撮影がありました」の文字とともにポスターが貼ってありました⑥。「だからここに来たのか」と主人に言われ、意味もなくこんな遠くの喫茶店にわざわざ来るかよと思ったのでした。

これで「こんな夜更けにバナナかよ」のロケ地巡りは終了です。

弾丸ツアーでしたが、一家4人（春馬くん含む）の楽しい家族旅行になりました。生協で買った北海道大学の名前入り湯呑（ゆのみ）は、春馬くんへのプレゼントです。

うちに戻ってから『こんな夜更けにバナナかよ』を見直しました。がんばって探し続けて、最後は諦めてこれでいいや！　えい！　と決めた木が、本当にキスした木だったことも、ご報告しておきます。

春馬さんを訪ねて　その3
『ブレイブ』『キンキーブーツ』『五右衛門ロック』そして『天外者』

tunam・i

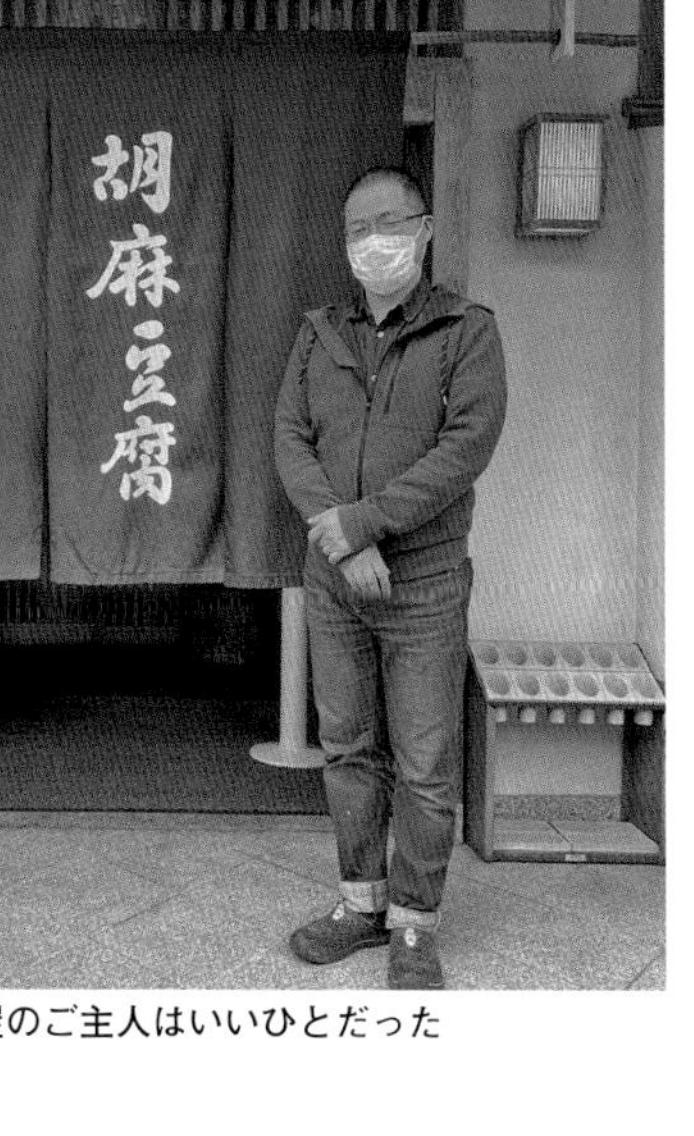

①濱田屋のご主人はいいひとだった

②「やしま」に飾られた春馬さんのサイン

●22年10月29日『日本製』和歌山・濱田屋さん

大阪難波から南海電車で2時間かかるのですが、この日は春馬君が立ち寄った道の駅でランチしたいので、春友さんが車を出してくれました。

いざ高野山へ。道の駅がリューアルしていたので、残念ながら春馬君の食べたカレー蕎麦はなく、カレーうどんとウメソーダを頂きました。春馬君が「高野槙って何？」って言ってた高野槙もありましたよ。実家が真言宗なので高野槙は幼い頃から知ってました。

濱田屋のご主人はいい人で春馬君の話聞かせて下さいとお願いしたら、たくさん話して下さいました（写真①）。

店内で胡麻豆腐、和三盆をかけて、スイーツ風で頂きました。店先にあるお水も頂きました。ご主人に工房をみせて欲しいと言うと、快く見せて下さいました。お土産に胡麻豆腐を購入しました。充実した1日でした。

●11月3日　京都の映画祭『ブレイブ』

アクション監督のトークショーに行って来ました。アクション監督？　怖い人かと思ったのですが、優しく、お話も聞きやすく、ジャパンアクションクラブに所属されてて、まっけんと小さい時から面識があったそうです。春馬君のアクションは駐車場で少しつけただけで、あとはカッコよくやってと言っただけだとか。

トークショー終了後、聞きたいことがある人だけ監督を囲み、お話を伺いました。サインも頂きました。この日も充実した日になりました。

●11月5日　東京&土浦

東京「キャッスル」さんへ11時40分位に到着。お目当てのシナモンロールの焼きたてをゲットできました。残念ながらお父さんお母さんは忙しいので春馬君のお話は伺えませんでしたが、前日に『キンキーブーツ』観劇されたとか。

キャッスルさんを後に、渋谷・やしまさんでランチ。わかめうどんを頂きました。店内にはサインが沢山。もちろん春馬君のサインも（写真②）

東京を後に土浦へ。土浦花火大会。17時半

③上野のとん八亭で春馬君紹介のロースかつ定食を

④切り絵材料を分けてもらい自宅で制作

⑤キンキーブーツ観劇

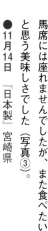

から20時迄、お腹に響く、圧巻の花火でした。花火大会後、土浦駅は沢山の人。幸い土浦泊でしたので、翌日、土浦を後に東京春活。

●11月6日『ラスト♡シンデレラ』ロケ地

春友さんに教えて頂き、晴海埠頭公園へ。『ラスト♡シンデレラ』のロケ地。公園から春馬君のマンションも見えます。

公園を後に、上野のとん八亭でランチ。春馬君が「人生最高のレストラン」で紹介したロースカツ定食を頂きました。もちろんソースではなく醤油で頂きました。残念ながら春馬席には座れませんでしたが、また食べたいと思う美味しさでした（写真③）。

●11月14日『日本製』宮崎県

神楽面職人の工藤省吾さんにお会いしました。３日間、切り絵のワークショップを開催されていて最終日は50件以上の問い合わせが。残念ながらワークショップに参加することは出来ませんでしたが、材料をわけてもらい、自宅で制作しました（写真④）。

●11月18日『キンキーブーツ』観劇

春馬君の月命日に『キンキーブーツ』観劇しました（写真⑤）。３F席でしたが通路の前の中央だったので観やすかったです。遠かったので優ローラが春馬君にみえて…観劇して良かったです。５Fのサインコーナーに春馬君のサインありました。

観劇後、春友さんと春馬君お勧め店ととろさんへ。アンコウ鍋と春馬丼（写真⑥）。春馬君が呑んでた芋焼酎も頂きました。オリックス劇場近くなので店内半分は春友さん。素敵な時間を過ごせました。春馬君は何回も来店されてるので、お店のお母さんお父さんに春馬君の話が聞けます。

●11月24日　鶴橋。焼肉吉田で娘とランチ。

こちらは春馬君が地球ゴージャスの舞台の打ち上げに訪れたお店です（写真⑦）。

●11月26日　能勢　秋鹿酒造へ

こちらは『鶴瓶の家族に乾杯』で春馬君がリクエストして訪れた造り酒屋（写真⑧）。私も日本酒が好きなので毎年買いに行ってます。以前、『天外者』のフライヤーを持って行ったら飾ってくれてました。

●12月1日　京都　リノホテル

春友さんと京都リノホテル地下の天壇でラ

⑦春馬さんが「地球ゴージャス」舞台後行かれた店のサイン

⑥新鮮処ととろの春馬丼

ンチ。リノホテルは『天外者』撮影の時、春馬君が滞在してたホテルです。

その後、瑠璃光院へ。瑠璃光院も春馬君が春と秋に訪れてます。その時、日本では入手困難なbuーyのマウスウォッシュをパリの春友さんが購入して送ってくれたのを春友さんから頂きました。『日本製』写真集に映り込んでます。「せかほし」でも紹介されてます。

残念ながら12月11日『天外者』特別上映は観ることが出来ませんでしたが、五代塾に入ってるのでまた観る機会があると思います。

⑧春馬君がリクエストして訪れた造り酒屋

●12月14日　同志社大学クラーク記念館

春友さんと京都へプチ春活。同志社大学クラーク記念館へ（写真⑨）。以前、行った時は閉まっていたので入れませんでしたが、春友さんが「午前中なら開いてますよ」と教えてくれたので、午前中に行きました。『天外者』のロケで使われたイギリス留学の時、はるらしき女性をみかけて駆け降りた階段。春馬君を感じられる階段（写真⑩）。

残念ながら手紙を書いた部屋は使用中で入れませんでした。

⑨同志社大学クラーク記念館

⑩『天外者』登場の階段

●12月17日　神戸税関

こちらも『天外者』のロケに使われました。税関なので普段は入ることはできないのですが、ライトアップ期間は入ることができます。

春馬君がロケに使われた部屋も入ることはできませんでしたが、11月に一般開放があり、その日なら入ることができるとのことなので、リベンジしたいと思います。

少しでも春馬君を感じれたらと。

●12月27日　阪急梅田本店

月乃光さんの「星を見上げる少年」の展示を観に行きました。

月乃光さんにもお逢いすることができ、お話を伺うことができました。

春馬愛を感じられる作品でした。一点物で非売品。手作りなので同じ物を作るのは難しいとか。観られただけで、満足でした。

●23年1月11日 東京　日帰り春活

伊丹発　7時10分

羽田着　8時20分

セントグレース大聖堂に行く予定でしたが、Instagramで靖国神社を投稿されている方がいらっしゃったので、急遽、靖国神社に変更。9時過ぎに到着。初詣の時期が過ぎているので静かにお参りができました。春馬君が以前、参拝されている写真をみつけたので、同じ構図で写真を撮影。

春活オンリーではなかったので、靖国神社から六本木ヒルズに向かい、用事を済ませ、渋谷ヒカリエへ。キンキーブーツをやっていたシアターオーブ。ここに春馬君がいたんだなと思い、ヒカリエにあるスランジェへ。

ここは『五右衛門ロック』の時、打ち上げに使われたお店で、パンフレットにキャストのサインが。もちろん春馬君のサインも店員さんに言うとみせて頂けます。韓国料理店でお料理もおいしく頂きました。

ヒカリエを後に、広尾へ。春馬君の親友・江幡睦君が経営しているキックボクシングジムで、パーソナルトレーニング、体験レッスンを受けました。

スポーツクラブでボクササイズはしていますが本格的なボクシングは初めてだったのでハードでしたが、キックが決まったら楽しくなりました。はじめはうまくできなかったのですが最後は褒められる位に。

広尾を後に羽田へ。羽田から伊丹。伊丹から自宅。行きたいところは行けたので満足でした。

●1月21日　近江八幡　プチ春活

主人と近江八幡へランチに。

時間があったので彦根城に行きました。お城に興味がなかったので琵琶湖には、よく行っていたのですが、初めて訪れました。『天外者』のロケ地です（写真⑪⑫）。

天守閣自体は大きくないのですが、敷地が広く、天守閣に到達するのに息が上がる位歩きました。

彦根城は『レジェンド&バタフライ』のロケ地でもあるみたいで、チラシがありました。私はもちろん春馬君推しなので、『レジェンド&バタフライ』には興味がなく、春馬君の撮影が行われた場所を探しました。

行かれた方はおわかりと思いますが、春馬

⑫彦根城の敷地は広い

⑪『天外者』舞台の彦根城

君を感じることができました。

●23年2月16日

春友さんと京都プチ春活。

春馬君が『天外者』撮影時、差し入れを購入された「さいき家」さんへ（写真⑬）。厚焼き卵とおいなりさんのお弁当を頂きました。ちなみにＪＲ京都駅でも購入できます。春馬君が購入されたのは本店なので、春友さんに連れて行って頂きました。

その後、写真集『ふれる』ロケ地・高台寺へ（写真⑭）。以前訪れたことがあるのですが、１カ所わからない所があったので、春友さんに連れて行って頂きました。撮影は早朝に行われたそうです。

以前、高台寺を訪れた時、お寺の方が出勤の途中、春馬君とすれ違ったという階段もありました（写真⑮）。

⑬春馬君が差し入れを購入した「さいき家」

⑭『ふれる』ロケ地・高台寺

⑮春馬君とすれ違った階段

春友さんたちの「連帯」と「行動」

『キンキーブーツ』公演など春友さんたちの半年余

篠田博之【『創』編集長】

築地本願寺への納骨、秋の『キンキーブーツ』第3回公演など、この半年余も様々な出来事があった。2020年7月18日以降続く活動によって春友さんたちの間にもいろいろな変化があった。

強固になっている春友さんたちの「輪」

2020年7月18日の出来事から間もなく3年になる。その日、三浦春馬さんが突然亡くなった衝撃は社会的に広がり、その喪失感から脱け出せないという人がたくさん現れた。ちょうどコロナ禍で生活が一変した60~70代の女性たちにとっては、子どもたちも自立し、自分の人生を振り返る時期でもあることなど、いろいろな要因が重なったのだろう。女性の自殺が急増したのもその時期だった。

その後、その人たちは「春友さん」と呼ばれ、SNSを通じて互いに交流していくことになる。さすがに3年経つと茫然自失という状態から少しずつ回復を遂げる人が増え、春友人口自体は減っているように見えるが、一方でコアな春友さんたちの連携は深まっていったようにも見える。

月刊『創（つくる）』がそうした春友さんたちの声を誌面で毎号紹介するようになったのは2020年11月号からだ。同年9月にヤフーニュースに書いた記事が大きな反響を呼び、春友さんたちの声が編集部に寄せられるようになったのがきっかけだった。それから毎月、『創』は春友さんたちの声を誌面で紹介し、それがまた「苦しんでいるのは自分だけでないことを知って救われた」という反響を呼んだ。

ひとつの社会現象と言うべきこの流れは、春馬さんが所属していた事務所アミユーズがお別れの会のようなものを開催しなかったこともあって、広がり続けた。7月18日の命日や4月5日の春馬さんの誕生日には多くの春友さんたちが行動を起こした。春馬さんゆかりの地を訪れたり、クラウドファンディングで費用を集めて新聞に意見広告を掲載したり、花火大会が催された。春馬さんの出演した映画も、春友さんたちの要望を受けて各地で特別上映された。

特に最後の主演映画となった『天外者（てんがらもん）』は4月5日に、300館前後の大規模な特別上映が行われた。また春馬さんのデビュー作ともいえる『森の学校』も公開から約20年経っているにもかかわらず再上映されるという異例の事態に至った。その他の春馬さん出演の作品もいろいろな形で話題になっている。

納骨された築地本願寺

春友さんたちの「連帯」と「行動」

そうした春友さんたちの投稿や「春活」と呼ばれる活動の報告を半年ごとに1冊にまとめてきた『三浦春馬　死を超えて生きる人』は、本書で第4弾となる。春馬さんが過去2回にわたって主役を務めたミュージカル『キンキーブーツ』の第3回公演が行われるなど、この半年間にも様々な動きがあった。

『キンキーブーツ』第3回公演が発表された時の春友さんたちの反応の多くは「号泣した」「膝から崩れ落ちた」などというものだった（本書Part3に収録）。春馬さんの代表作が他のキャストで演じられることで、春馬さんの記憶が上書きされてしまうという反発だった。

そして2022年秋から第3回公演が始まり、どうなったかというのは、本書に掲載した投稿を仔細に見ればよくわかる。反応は複雑だった。最初は反発した春友さんが多かったのだが、実際の公演を観た人たちの感想も流れ始めて、当初は観に行くつもりはないと言っていた人たちの間にも変化が広がっていった。

そのほか2022年7月18日に春馬さんの遺骨が東京の築地本願寺に納骨されたことや、9月に春馬さんのボイストレーナーだった斉藤かおるさんが『春馬くんとの〝未来の雑談〟』を出版したことなども春友さんたちの間で反響を呼んだ。

かんなおさんの詩に曲がついた

春友さんたちの連携が深まったと前述したが、それを象徴するいろいろな動きもあった。2022年7月18日に空羽ファティマさんや海扉アラジンさんらキャメルングループが、切り絵展&朗読会を開いたり、いつも『創』に投稿している北海道のかんなおさんが10月号に投稿した詩に、YouTube配信「ほっこりカ

(み) 魅せられるほど強く募る想い
(う) 浮かぶのはあの笑顔の残像
(ら) 羅針盤の狂いは寸分もなく
(は) 走り抜けた美しき30年よ
(る) 類を見ないその清らかさで
(ま) まぶたの裏の君と化す

YouTubeで公開「み・う・ら・は・る・ま」

フェ」の主宰者である京都のミュージシャン堀内圭三さんが曲をつけて、「み・う・ら・は・る・ま」という歌が生まれるという出来事もあった。

　そもそもかんなおさんは、いつも良い文章を投稿してくれる女性だが、北海道在住で周囲に春友さんがいないと言っていた人だ。それが『創』への投稿を通じて多くの春友さんとつながりができた。そして、ついには歌まで生まれたとあって、これを「奇跡だ」と語っていた。

　春友さんたちの輪の広がりはほかにもいろいろあって、例えば2023年3月まで高校生だった三早希（みさき）さんが卒業制作展のお知らせをしたところ、会場を何人もの春友さんが訪れた。また人形作家の月乃光さんの春馬ドールこと「星空を見上げる少年」が都美術館で展示されると告知したところ、春友さんが数多く会場を訪れ、月乃光さんと交流した。

　前述した堀内圭三さんは、「この1年間、春友さんたちに感じたのは『連帯』と『行動』です」と語っていた。春友さんたちの間では、春活の過程で互いに初対面でも声をかけ合い一歩踏み出してみるという行動が広がっている。しかもそうした行動を通して、春友さんたちの想いが、『天外者』の特別上映を始め、様々な形で結実しつつあるのがすごいところだ。

築地本願寺への納骨と母親のメッセージ

　2022年6月26日、アミューズの株主総会が開かれた。ネットにはその総会で三浦春馬さんに関して質問している人の音声が公開されていた。密かに録音してアップしたらしい。質問は、2020年7月18日の春馬さんが亡くなった時の詳細を教えてほしいという内容だった。会社側は、発表している以上のことは把握していないといった回答をした。

　株主総会会場前ではSNSを通じて呼びかけられたデモが行われていたようで、「きょうも三浦春馬さんの件でデモが行われているようですが…」と質問で触れた株主もいた。総会会場前は厳重な警備が行われていたようで、デモは別の場所でも行われたという。

　その日、朝日新聞と読売新聞の朝刊にアミューズは見開き2ページの大きな企業広告を掲載した。「感動だけが、人の心を撃ち抜ける」という特大の文字が躍っていた。アミューズにとっては、山梨県に本社を移し、新たな出発を告げる株主総会だったのだろうが、そこでもやはり春馬さんについてのことは避けて通れなかったようだ。

　春馬さんの突然の死に疑問を呈し、再調査や真相解明を求める声は、2021年秋からリアルデモとなり、さらに各地

「キンキーブーツ」公演会場で写真を撮る人たち

に拡散していた。

そして三回忌の7月18日、三浦春馬さんの納骨が築地本願寺になされたことが発表された。ニュースを見て、すぐに築地本願寺を訪れた春友さんもいたようだ。

納骨をめぐる発表とともに春馬さんの母親のメッセージもアミューズのホームページで公開された。

《いつも春馬のことを愛してくださりありがとうございます。

あの日から二年という月日が経ちました。この間、多くのファンの皆様からの大きな愛を感じながら、春馬のそばで少しずつ前を向きながら過ごしてまいりました。

今まで、皆様に気持ちをお寄せいただける場所をご用意できなかったことを心苦しく思っておりました。そして、三回忌となる7月18日を迎えるにあたり、事務所の方々にたくさん相談し、このたび築地本願寺に納骨させていただくことを決めました。これが皆様のことを何よりも大切に思っていた彼のために、今私ができることだと思っております。

これからはこの場所が、春馬を愛してくださる皆様にとって温かな場になることを心から願っています。

私自身、まだまだ不安定な気持ちの中で日々を過ごしております。ファンの皆様の、春馬を想ってくださるお気持ちに励まされながらも、一方で、彼や彼が大切にしてきた仲間たちや作品を傷つける声に大変悲しく思っております。

心静かに故人を偲ぶことができるよう、重ねてのお願いにはなりますが、ご理解賜りますようお願い申し上げます。》

その日は、群馬県前橋市で空羽ファティマさんや海扉アラジンさんらによる「朗読コンサートと切り絵展」が開かれ、全国から春友さんが集まった。またその日、京都在住のミュージシャン、堀内圭三さんの主催するYouTube配信「ほっこりカフェ」では、メモリアル動画「拝啓三浦春馬様」を公開した。両方ともその写真をカラーグラビアに掲載したのでご覧いただきたい。

また滋賀県の春友さんが企画するHARUTOURでは7月18日に『天外者』ロケ地ツアーを実施した。前年も行ったこのツアーのほかに、HARUTOURでは『日本製』の旅や『太陽の子』ロケ地巡りなどを行っており、その後は滋賀県周辺だけでなく土浦や仙台などへのツアーも行った。

『キンキーブーツ』第3回公演が開幕

2022年10月1日に『キンキーブーツ』第3回公演が開幕した。筆者（篠田）は6日に、空羽ファティマさんたちと一緒に渋谷で鑑賞した。最初に感じたのは、意外に若い人たちが観に来ていたことだ。もちろん観客の中心は春友さんたちだと思うのだが、全体としてはもう少し広い層が観に来ていた。

　後半になると前方の席の人たちをはじめ、客席全体が舞台に同調していくのがわかった。終了時にはお客も総立ち。舞台と客席の一体感が感じられた。もちろん春友さんたちは、三浦春馬さんを重ね合わせて観ていたのだろうが、それだけでなく、やはりこのミュージカルの作品としての素晴らしさが多くの人を魅了したのだろう。京都市のノコノコさんからはこんなメールが届いた。

《キンキーブーツ見に行く人と絶対見に行かない人と分れています。昨日のチャットでキンキーブーツ見に行く事お話ししたら、私行くけどこっそり行きますとか色々です。私はこの日で一度見たかったので行きます。ファンの中でも意見が分かれて悲しい思いもあります。とりあえず春馬ローラが好きが答えです。》

　そう書いたメールには、いつも彼女が送ってくれる、自分で作った陶磁器の春馬ローラの写真が添付されていた。これはカラーグラビアに掲載した。そのほかにも春友さんたちの様々な「春活」についてはできるだけグラビアで紹介した。

　そのグラビアではRikosaramamaさんのパステル画やｄｅｋｏさんこと銀屋純子さんの鉛筆画など、クオリティの高い作品も紹介している。銀屋さんは一方で「日本製届け隊」の活動も続けている。春馬さんの『日本製』を図書館に寄贈して多くの市民に読んでもらおうという活動だ。Ｐ１０１にはそれについての銀屋さんご自身の説明も掲載した。

「おんな城主 直虎」回顧展めぐる騒動

　２０２３年1月末に起きた「おんな城主 直虎」回顧展をめぐる騒動も紹介しておこう。1月からスタートしたＮＨＫ大河ドラマ「どうする家康」の舞台地である静岡県浜松市で、２０１７年放送の大河ドラマ「おんな城主 直虎」の回顧展が1月31日から２０２４年1月14日まで開催されることになった。

　ところが、その初日から思わぬ騒動が広がった。「おんな城主 直虎」には三浦春馬さんが重要な役で出演しており、春友さんたちは当然、会場を訪れたのだが、「直虎と時代をともにした人々相関図」という展示で、何と春馬さんの写真が掲載されず、ブルーの影になっていたのだ。この仕打ちは何だということでたちまちＳＮＳに話題が広がった。

　主催者に電話で問い合わせをした春友さんもいたようで、そのやりとりも詳細にＳＮＳに投稿された。掲載許可がおりなかったようだという投稿で、今回の件は所属事務所アミューズの仕業（しわざ）かという反発が広がった。

　騒動が広がったことに主催者も慌てたようで、2月2日にはホームページにＮＨＫエンタープライズの謝罪文が公開された。それによると「所属事務所から許可がおりなかったという事実はなく、展示設置を受注している弊社の権利確認の不手際のため、このような事態になりました」と事情が説明され、「修正した展示パネルを2月4日（土）より展示させ

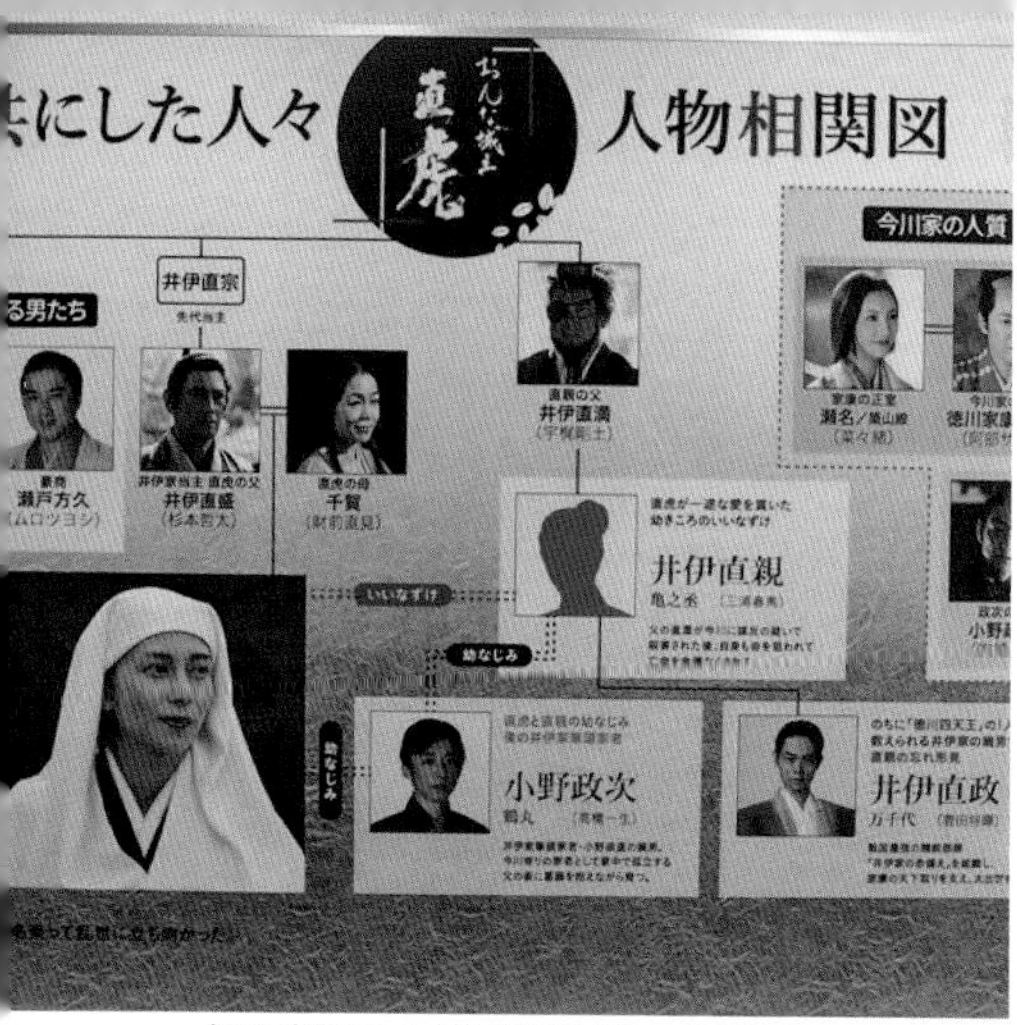

ていただきます」とされた。

さらに2月3日にはアミューズ法務部のツイッターに「この数日、回顧展での当社出演アーティストの写真の不掲載について、誤った情報が拡散されました。ファンの皆様のご心痛に、当社も悲しく思います」という投稿がアップされた。

そして2月4日には、展示パネルに春馬さんの写真が掲載されたのだった。ある意味で迅速な対応とはいえるが、それだけ春友さんたちの反応が大きかったのだろう。

2020年以来、春友さんたちは、三浦春馬さんを忘れまいと誓い、出演作品の再上映などを働きかけたり、様々なことを行ってきた。今回の写真不掲載というのは、そういう春友さんたちの神経を逆なでするもので、怒りが拡散するのは、ある意味で当然だった。

経緯をみると、どうも単純な不手際で起きたミスらしいのだが、期せずして春友さんたちの想いやパワーを示した形となった。

何と春馬さんの写真がブルーの影に

『天外者』五代友厚をめぐる動き

さてその後の動きだが、2023年も春馬さんの誕生日4月5日には『天外者』特別上映を始め、全国で様々な動きがあった。そうした春活は拡大しているように見える。その動きの過程で話題になったひとつの出来事を紹介して本稿を終えることにしよう。

朝日新聞が4月12日に社会面で〈五代友厚、濡れ衣だった「汚点」官有物払い下げ「無関係」、教科書修正〉という記事を大きく掲載した。関西では関西テレビが継続的に取り上げているようだが、これまで歴史教科書で政府と癒着して不正を行ったと記述されてきた五代友厚について、研究者らがそれは濡れ衣であることをつきとめ、この春から教科書が書き換えられたという報道だ。

歴史学的には重要なニュースだが、朝日新聞が社会面で大きな記事にするような一般的な事柄ではない気がする。それが大きなニュースになっているのは、ちょうど時期を同じくして五代友厚を描いた『天外者』が特別上映されるなど、春馬さんとの関わりで話題になっていることが報道側の頭の隅をよぎったのではないか。そんな気がしないでもない。

実際、この問題は、「ほっこりカフェ」の堀内さんも以前から力説してきたし、春友さんたちの間でも関心を呼んでいたことだ。もともと映画『天外者』自体、五代友厚プロジェクトなどの働きかけでスタートしたもので、五代友厚の名誉回復と映画上映は連動しているとも言える。

春友さんたちの様々な活動は今後、どうなってゆくのだろうか。

メメントモリ……死を想う

あの日が彼の最初で最後のわがままだとしたら

――〝全てを受け入れる〟ということは…

忘れるなんてできない。あなたがいるのは記憶の中ではなく、この心の中だから。

空羽ファティマ

あの夏の日に起きたことは辛すぎて、今も受け入れたくないと俯く人もいる一方で、「あんなに礼儀正しかった春馬くんの初めてのわがままが、あの死だとしたら、せめてその最後の行為くらいは、たとえそれがどんなに悲しくても、私たちファンが受け入れてあげないと、あまりに彼が気の毒ではないか」とたくさん泣いた今、思えてきた人もいる。

どっちが正しいというのではないが、後者の意見もわかる気がする。

「いつも人に迷惑をかけないように生きてきた彼の、最初で最後のわがままが、あの日の決断だとしたら、それを受け止めてあげることもファンにできる彼への贈り物なのかもしれない」と。

そう思えたのは、3・11で亡くなった佐藤愛梨ちゃんの本『あなたをママと呼びたくて　天から舞い降りた命』をお母さんからの依頼で書いてから、その朗読コンサートなどを通じて、お子さんを亡くしたご遺族たちとの関わりができて「自死という道を我が子が選んだとしたら。どうしてもそうしたかったのなら。親ならばどんなことでも受け入れてあげなくてはと思った」と戸惑い、嘆き悲しみ慟哭の日々を過ごした末に、呟いている親たちの姿に深く考えさせられたからだ。

生と死のことに正しい答えはなく、人それぞれの想いや願いや、哀しみ方があるのは当然であると知りつつ、あの夏の日が近づいてくる今、あえてこれまでは書かなかったというか書けなかった角度から書いてみようと思う。誤解や憤慨する方もいるかもしれないが、それでも書こうと思ったのは、『それでも生きて行く』という、私の観たドラマ史上№1と思っていた12年前のドラマをＦＯＤで久々に観たことが大きい。

繊細な心理描写を、独特なタッチでさりげなく、でも深く描く坂元裕二さん脚本のそのドラマは、２０１１年の7月に放送されて、リアルタイムで観ていた。それは、あの３・11のすぐ後で、だからこそ『それでも生きて行く』という、そのタイトルは沁みるものがあった。

日本中がとてつもない深い深い哀しみの中で、必死に手を取り合おうとしていたあの未曾有の大震災…。「それでも生きてください」と、大切な人の命、住む家、過去も希望も全てを失った被災地の方たちに、世界中の人たちが心からのエールを送っていたあの時に、このドラマが放送されたのは偶然とは思えなく、あのドラマに向かい合った人々の痛いほどの本気を観た。観ながら何回も嗚咽して、何回も心から震えて、何回も手を合わせたくなった。何に対して？　こんな脚本を書ける坂元さんという、多分ものすごく生きるのが大変であろう方をはじめとする全ての人間という、愛すべき慈しむべき哀しむべき、切ない切ない、どうしようもない生き物に対して。手を合わせたくなる。

三浦春馬という役を背負い

三浦さんは、瑛太演じる被害者の兄、洋貴の役を。役者としてこういう魂を曝け出すような役に挑みたかっただろうなと思うのだ。『ラストシンデレラ』の彼に胸キュンする人が多くいるのは知っているが、私にはキラキラの彼より舞台などでのヒゲを生やし人生に苦悩する役が魅力的に映る。

きっと、彼自身が自らの美しい容姿故に得た役より、ガチで命と向かい合う役や、生きることに葛藤する役をやりたかっただろうから、『ラスシン』のすぐ後に『僕のいた時間』という重いテーマのものを自ら提案して演じたのだろうし、だからこそ頑張りすぎて心身を壊してしまったと思う。

恵まれた容姿こそが、実は彼の牢屋となって、そこを抜け出し、実力で認められたくて、人並み以上の努力をして、俳優だけでなくダンサーや歌い手としても、人として多くの知識や作法やらを武器として身につけて、あらゆる役に、機会に、立ち向かおうとしたのだと思う。

この『それでも生きて行く』のドラマの中の人たちもみんな、不器用で気の毒になるほど真面目なのだけれど、三浦さんも超がつくほど真面目な方だから、「いつも気にかけてくださる」皆さんの期待を裏切ってはいけないと、気負って、背負いすぎたのだろうな。だからといってそれは、ファンのせいではなく、ファンにしたら〝推し〟に憧れを抱くのは当然だし、より素敵でいてほしいと願ってもおかしくはない。

芸能人の彼はその期待に応えつつ、自分のペースは確保して護るべき領域に自分を置きながら、うまくバランス取れてやれたら、それが一番よかったろうし、もう少し彼が器用な人ならばそれもできたかもしれない。けれど、そういう器用さは彼にはなく（それができない彼だから魅力的でもあったのだろうけど）、うまく身を交わしたり、逃げたりできない彼はまともに、世間の風や波を被って、芸能界の汚いところや、ずるいところも被って、背負って？　でも、見て見ぬ振りもできなくて。そして、もうどうしたらいいかわからなくて、きっと、もがいて、もがいて苦しんで悩んで…暗い夜を何度も一人で超えて……。

ずっと優等生だった三浦春馬という役を降りることを、最後についに自分に許したのかもしれない。生きていけないほど辛いなら俳優を辞めて、やりたかった農業をやればよかったけど、もう、そういう選択さえできない深い迷路にハマって動けなくなって、〝三浦春馬〟を抜けるにはこの世の中から抜け出ないと、にっちもさっちもいかなくなってしまったのだろうと察する。

それでも生きていく勇気

正直に言おう。最後の『カネ恋』の御曹司役は、演じたくて演じたのではなかったと私は思ってる。あんなに痩せて気持ちも体調もギリギリだった彼が、チャラいおぼっちゃま役なんて、やりたくなかったと。そんな気力もなかったはず。

巷でいろいろ言われているガスなんとか？とか嫌がらせ？のようなことが、本当に行われていたのか？　たまたま？　そういう演出だったのかは私にはわからない。そんな嫌がらせをみんなの見てるドラマの中で出来るのか？

救いは周りの出演者さんたちが、心ある人たちだったこと。三浦さんがいなくなった後、悲しみを堪えて必死に演じていた彼らを見たら「今、役者の自分たちがやれることは、彼がいなくなった穴を穴のままにせず、きちんと終わらせて埋めることだ」と、本気で演っていたのを感じた。

三浦さんのことがあってから、芸能界で心の不調を打ち明けて休む人が増えたのは、三浦さんが命をかけて訴えたおかげだと思う。その後も続く『天外者』の上映も三浦さんの軌跡の足跡だ。『それでも生きて行く』の紹介文にはこうある。

《ある悲しい事件があった。15年の歳月を経て、本来会うことのない被害者の兄と加害者の妹が出会う。

このドラマは……悲劇を背負った男と女の〝魂の触れ合い〟を軸に、時が止まってしまった家族が、明日への希望を見いだそうと懸命に生きる姿を描いた、生きていくうえでの〝勇気〟を示す物語。

人を愛する〝勇気〟
人を信じる〝勇気〟
人と向き合う〝勇気〟
家族と向き合う〝勇気〟
事実と向き合う〝勇気〟
そして……

どんなにつらいことがあっても、どんなに悲しいことがあっても、それでも、生きていく〝勇気〟を描いた希望を見いだすドラマなのです。》

三浦さんファンたちも、哀しみを背負いながら、なんとか日々を生きようとしていたに違いない。明日への希望など、彼のいない世界に見出せるわけはないと思いつつ、それでも生きてきたであろうこの2年10カ月……。

三浦春馬さんは本当に気配りのできる優しい優しい人だった。でも、そこまで人に気配っていれば、そのしわ寄せは、必ず出るはずで、自分で抱えてきたと思う。

三浦さんの記事を書き出してから、三浦さんのお母さんが以前に取材で答えておられた〈『僕いた』の無理な減量のために体と心を壊してしまったこと〉は本当のことだったと知った。週刊誌の書くことは誇張したり、真実は書いてないのではないか？　と私も皆さんと同じように疑っていたので、彼の心の病気のことも、お墓のことも、お母さんの言葉をここまで正しく真実を週刊誌に載せていたことに驚いた。私もイチ読者として何が真実か?全くわからない中で読み、この口調は本当にお母さんのもの?とか、内容は勝手に捏造されたことなのでは?とか、思っていた。

彼が生前から鬱を患っていた記事も本当かどうかわからなかったが、そうだとしたら、なぜもっと周りの人が無理矢理でも彼を病院に連れて行ってくれなかったのか?とも思った。

けれど、それもお母さんの言葉通り、彼自身がそれを拒絶したらしい。「病院に行ってしまったら、みんなの望む三浦春馬では、なくなってしまうから」と。

彼は自分のためではなく、ファンの期待を裏切らないために、心の病であることを隠し続けることを選んだのだ。ファンの期待、ファンが望む三浦春馬像……。明るく前向きで、純粋で優しくて笑顔が素敵で、演技だけではなく歌やダンスも圧巻で、しかもそれは天性のものだけではなく人の何倍も努力して得たもの。そして、その努力をひけらかすことは、決してしない。人の悪口は言わず、困った人を見つけたらすぐに助け、忙しいスケジュールの間にも、お世話になった人への感謝を忘れず、贈り物や手書きの手紙を出す。

でも、それが１００％できる生身の人間はいないのではないだろうか。私服が少し?かなり?ダサかったことや、忘れ物が多かったことが、せめてもの人間らしさを表しているくらいで、あとは、理想の芸能人そのものだった。ほとんど神レベルに。

それを長年ずーっと、やり続けていたら、人はやはり壊れると思う。しかも、『僕いた』の時から、心を壊していたというならば、その後何年も、何年も苦しみながら、頑張ったのだ。一人で。誰にも相談できず。甘えられず。頼れず。愚痴も言えず。

彼のその苦しみを、近くにいて気づいていた人もいただろうが、芸能界というところは、真実を表に出すことを許さない。ジャニー喜多川氏の性的虐待が、やっと明るみに出たのは、彼が亡くなったからだろうし……。でも、勇気ある声が上がったからこそ、これからの芸能界を少しずつでも変えていけるのだ。

三浦さんの、繊細な心が壊れていったのは、急激な減量がそのきっかけだとしても、長年の芸能人生の中で見てはいけないものを見てしまったのかもしれないし、知ってはいけないことを知ってしまったのかもしれない。それを抱えて生きるには、彼は純粋で綺麗すぎたのかもしれない。

それは、今の段階では推測に過ぎないけれど、それでもあれだけ、将来の夢を熱く語っていた彼は、少なくとも「熱い夢を語ることで自分をなんとか鼓舞して背中を押そうとしていた」のは、ただの思いつきで言っていたとは思えないし、嘘とは思えない。

結果、亡くなってしまったからといって、その言葉がみんな、口からの出まかせだと考えるのは違うと思う。たとえ、そんなポジティブな言葉を紡いでいる時の彼の心が、ものすごくネガティブな想いに支配されていたとしても、そういう前向きの言葉を発することで、なんとか懸命に自分を支えようとしていたのだと思う。

それは、周りの人に対するカッコ付けではなく、そう言うことでしか、もう自分を支えられないくらい辛かったのだと思う。だから、私は「こんなに前向きな言葉を言っていたから彼は素晴らしい人」とは、思えない。

知れば知るほど、可哀想になる。こんなに辛かったのだなと思う。こんなポジティブな言葉の包帯で自分をぐるぐる巻きにして支えてないと倒れてしまいそうだったのだなと、思う。

立派な、強い人だとも思えない。あまりにも不器用で真面目で、生きるのが下手で、この世を生きるのがどれだけ辛かった人だったのだろうと思う。だから、その彼の残した、本業の演技はもちろん、ダンサー以上と言えるくらいのびっくりするくらいのカッコいいダンスや、素晴らしい歌声を、聞くと痛くなる。

いつか、上の世界で彼と会ったら「お疲れ様でした。あんなにもよく頑張ってくれました」と労いたい。

死に向かい合って初めて生を生きる

〈本当の死が見えないと本当の生も生きられない〉と帯にある、写真集『メメントモリ』。飾らないまっすぐな言葉が散りばめられた藤原新也さんの１９８３年刊行の超ベストセラー。メメント・モリとは、「人はいつか必ず死ぬことを忘れるな」「死を想え」という意味のラテン語で「死を意識することで今を大切に生きることができる」という解釈で用いられる。

故スティーブ・ジョブズ氏が米スタンフォード大学卒業式で２００５年に行ったスピーチで「自分はまもなく死ぬという認識が、重大な決断を下すときに一番役立つ。なぜなら、永遠の希望やプライド、失敗する不安……これらはほとんどすべて、死の前には何の意味もなさなくなり本当に大切なことしか残らない。死を意識することが不安にまどわされなくなる最良の方法」だと。

「何人にも避けられぬ死という最終地点があるからこそ今この瞬間を大切に生きることができる」という意味で捉えられている（IDEAS FOR GOOD参照）。

２０２０年７月18日。あの日は、私たちに彼がメメントモリを突きつけて去った日だった。

それからというもの、死というものに常に意識を向けていた。

あの日の衝撃、悲しみ、戸惑い、痛み。焦燥感。虚無感。ある人は、そこに罪悪感も加わった。

それは彼の死が生がもたらした残骸というか、彼の死によって生前は彼にそこまで意識を向けなかった者までもが、彼の生に惹きつけられた故にその死を悼み、もっと前にその魅力に気づかなかったことを悔やんだ。

彼の死は私たちアフターファンと呼ばれる者たちの中に、より強く彼の命を、生を、芽吹かせ突きつけた。あの日がなかったら、その人たちは彼の虜にはならなかったし、なれなかった。

たんぽぽの花が枯れて初めて綿帽子の羽をつけた種になり、風に吹かれて新たな命を芽吹くように、彼の死は、新たに多くの熱いファンを産んだ。ここまで亡くなった芸能人に、〝ファンでなかった人〟までもが悲しむことはかつてなかったのではないか。

ファンだった人が推しの死を悼むのはわかるが、かえってファンではなかった人たちの方が、デモを起こしたりしているらしい。元からファンは、彼の変化を感じてた人が多く「目がどんどん輝きをなくしてきたから心配してた」とか、「ほんの一瞬、時間が止まるみたいな感じになってから、満面の笑みを作るようになった」という声を何人もから聞いた。

彼は頑張ってくれたと思う。だから、悲しむのをやめなくてはならないとは言わないが、彼の選択を「そうか、それを彼が望んだなら」と、ほんの少しでも思ってあげることも、一つの供養の形なのかもしれない。

相手の全てを〝どんな行為も〟受け入れるということは、なんてきつく難しいことなのだろう。けれど、だからこそ我が子の死さえ、「あの子の親だから受け入れてあげたい」と聞くと、確かに愛なのだろうと思ったものだった。

が、それは辛過ぎて、私には本当に理解できているかはわからない。

この世はわからないことばかりで、中でも命は大きな謎の宇宙としてそこに存在する。

三浦春馬という命を飲み込んで、それを私たちに、こんなにも突きつけて今日も宇宙は回っている。

果てしないその先に。
果てしないその先に。

言葉の先にあるものを、
私が書けないその先に。
あなたのこころが届くことを……

忘れるなんてできない。
あなたがいるのは
記憶の中ではなく、
この心の中だから。

空羽ファティマ

空羽ファティマの帯状疱疹闘病記
こんにちは！空羽ファティマです。
と、いつものように始まりましたが…

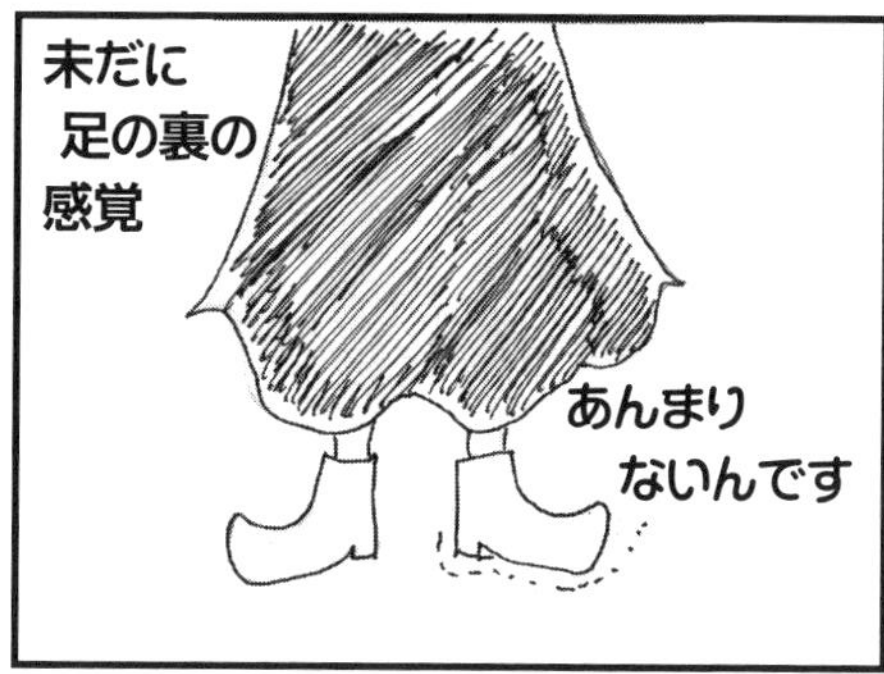
未だに足の裏の感覚
あんまりないんです

2022年末に
あれ？なーんかお尻がこるなぁ…
という違和感があったのが
全ての始まりでした。

やがて痛みがももから足へ広がり、しかも片側だけ…
これはもしや…あの噂の帯状疱疹…!?
と、思ったので

かかりつけのT内科に行きましたが
ん～これは違うと思いますけどね
発疹出てないし…
と言われ

お正月休みに入ってしまうので「それでも一応!」とお願いして、帯状疱疹の薬(アメナリーフ)をもらいました。
1錠1470円!!?たかっ!!!
くすり
1週間分で2万円…!!!

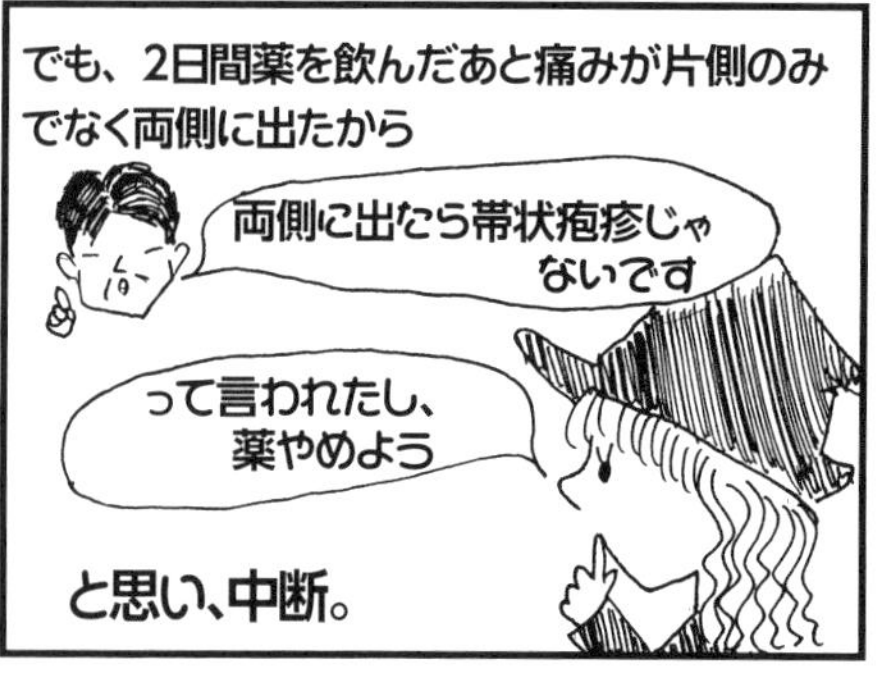
でも、2日間薬を飲んだあと痛みが片側のみでなく両側に出たから
両側に出たら帯状疱疹じゃないです
って言われたし、薬やめよう
と思い、中断。

その後日に日に
い…痛いいい…!!!
痛みは耐え難くなってきて

ある日…
今…ファティマにごはんを持っていったらなんかやばいんだけど……
何がやばいの？

病院を転々とする日々…

整形外科 →MRIをとるも異常なし

整体院 →筋肉が少ないことによる座骨神経症か？と言われる

ペインクリニック →神経ブロック注射を受けるもすぐに痛みがぶり返す

→原因不明の痛みが続く…

なんか…私はもうだめだ…とかって風前の灯みたいになってうわぁ～この人ほんとヤバいっていう…かんじで…
あたふた
…よくわかんないけど伝わった…
あたふた

そしてDr.アッシュの

帯状疱疹かどうかの疑いをはっきりさせたらどう？

という意見で帯状疱疹の専門である皮膚科に行き、ついに

帯状疱疹の診断が…

極度の痛みと睡眠不足と下痢、そして食欲のない日々に心をむしばまれ絶望に追いつめられた図
う…
う…
もう… ホントに無理…
確かにヤバい…

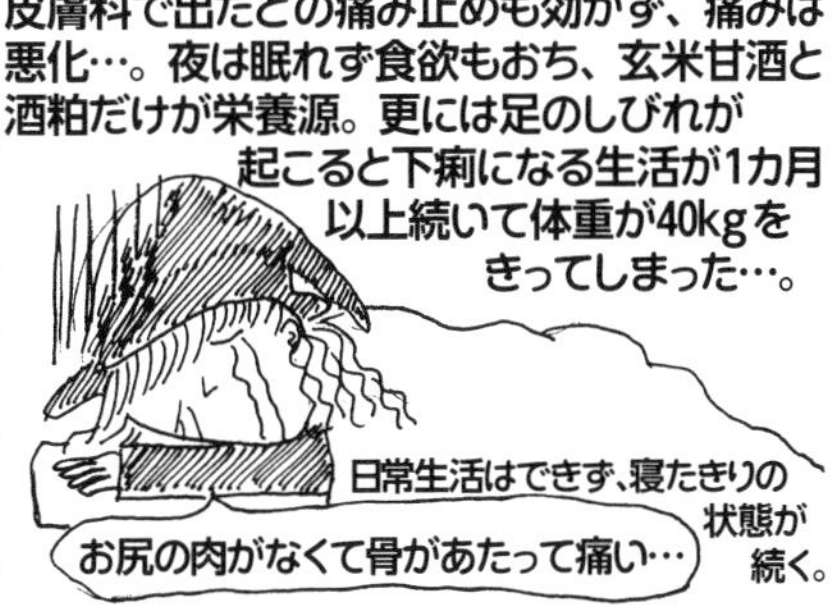
皮膚科で出たどの痛み止めも効かず、痛みは悪化…。夜は眠れず食欲もおち、玄米甘酒と酒粕だけが栄養源。更には足のしびれが起こると下痢になる生活が1カ月以上続いて体重が40kgをきってしまった…。
日常生活はできず、寝たきりの状態が続く。
お尻の肉がなくて骨があたって痛い…

…でも肌はきれいだよ!!
どうでもいいっっっ!!!!

しかしお見舞いにきたアラジンからは
でもお肌はキレイだよ！
と言われる（どうでもいい）
あ…ありがと…
杖が必須の生活

睡眠薬を飲んでも全く眠れない状況が続いたある朝…
ファティマ、夜中に痛くなりすぎて本気で救急車よぼうと思ったらしい
えー!!??そこまで…

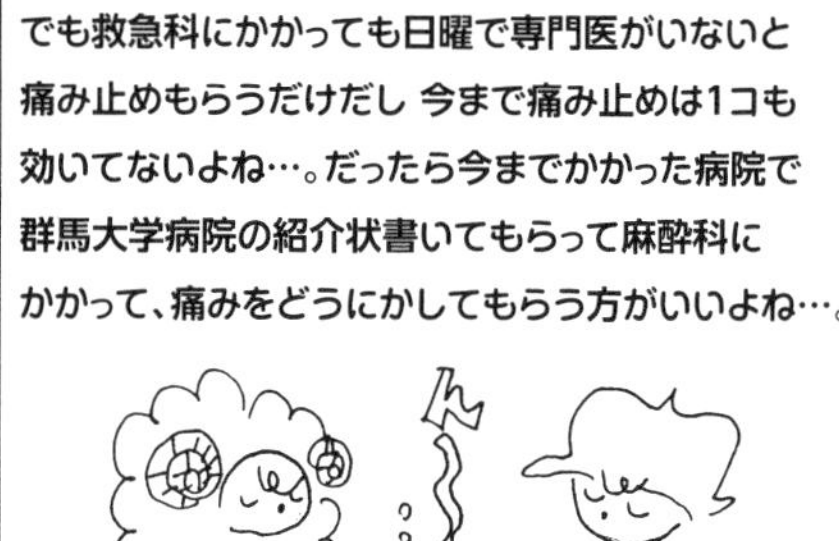
でも救急科にかかっても日曜で専門医がいないと痛み止めもらうだけだし 今まで痛み止めは1コも効いてないよね…。だったら今までかかった病院で群馬大学病院の紹介状書いてもらって麻酔科にかかって、痛みをどうにかしてもらう方がいいよね…。
ん〜〜

ということで、3時間以上の待ち時間を経て群大病院の麻酔科を受診
Dr. 帯状疱疹ウィルスは侵入したところからもぐらのように神経を食いやぶって進んで行くのです。
こ…こ…怖…!!!

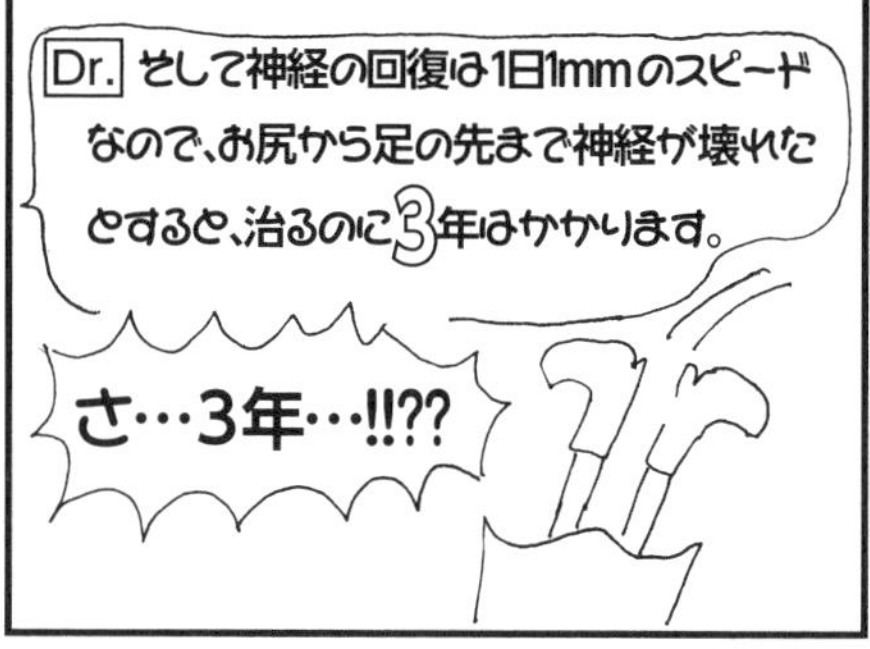
Dr. そして神経の回復は1日1mmのスピードなので、お尻から足の先まで神経が壊れたとすると、治るのに3年はかかります。
さ…3年…!!??

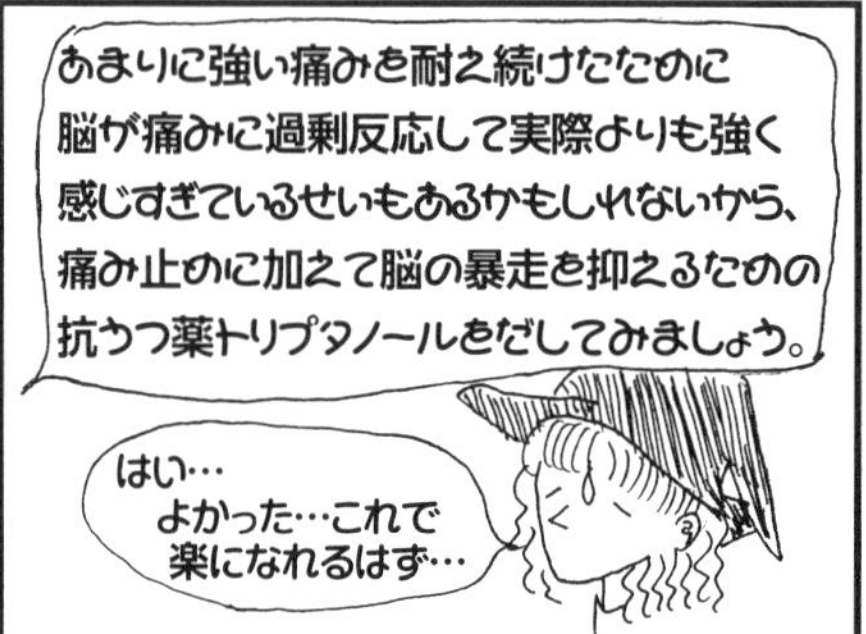
あまりに強い痛みを耐え続けたために脳が痛みに過剰反応して実際よりも強く感じすぎているせいもあるかもしれないから、痛み止めに加えて脳の暴走を抑えるための抗うつ薬トリプタノールをだしてみましょう。
はい…よかった…これで楽になれるはず…

すげー量だなぁ…
ファティマの夫 とこやん
くすり
自然派で薬ぎらいの私が…でもそんなこと言ってる場合じゃないわ…

抗うつ薬の副作用で昼間はとにかく
眠い…
そして痛い…

朝も昼も夜もひたすらに
おはよ〜じゃなくておやすみ〜
ずっとおやすみ
これまでの寝不足を補うかのように眠り続けた

あー 仕事終わりっと…
……

……

す…
へ!!??
なっ何!!??
ハッ

いや…息してるんか?
と思って…
という位
ねていた
らしい
ドキドキ…

この強力な薬のおかげで痛みはみるみるひいていき
記念写真とろう
コンビニでカフェオレ買える日が来るなんて!
パチ

日々の尊さ、当たり前のことなんて何1つないということを実感しています。
病気で食べられなかった大好きなアップルパイ食うぞ!! 空羽ファティマでなく「食う」ファティマになるんだっ!!

3カ月経過後の現在
Dr
すごいです!! あの痛みでこんなに早く回復した人は今までいなかったですよ!
そうなんですか?

闘病は本当に辛かったのですが、たくさんの人たちに支えられて応援して頂けたことが本当にありがたし…感謝の気持ちでいっぱいです
そういう気持ちの持ち方が大きく影響したのでしょうね

第2章

春馬さんを想う
春友さんたちの声

三浦春馬さん主演「僕のいた時間」のイメージ（海扉アラジン・作）

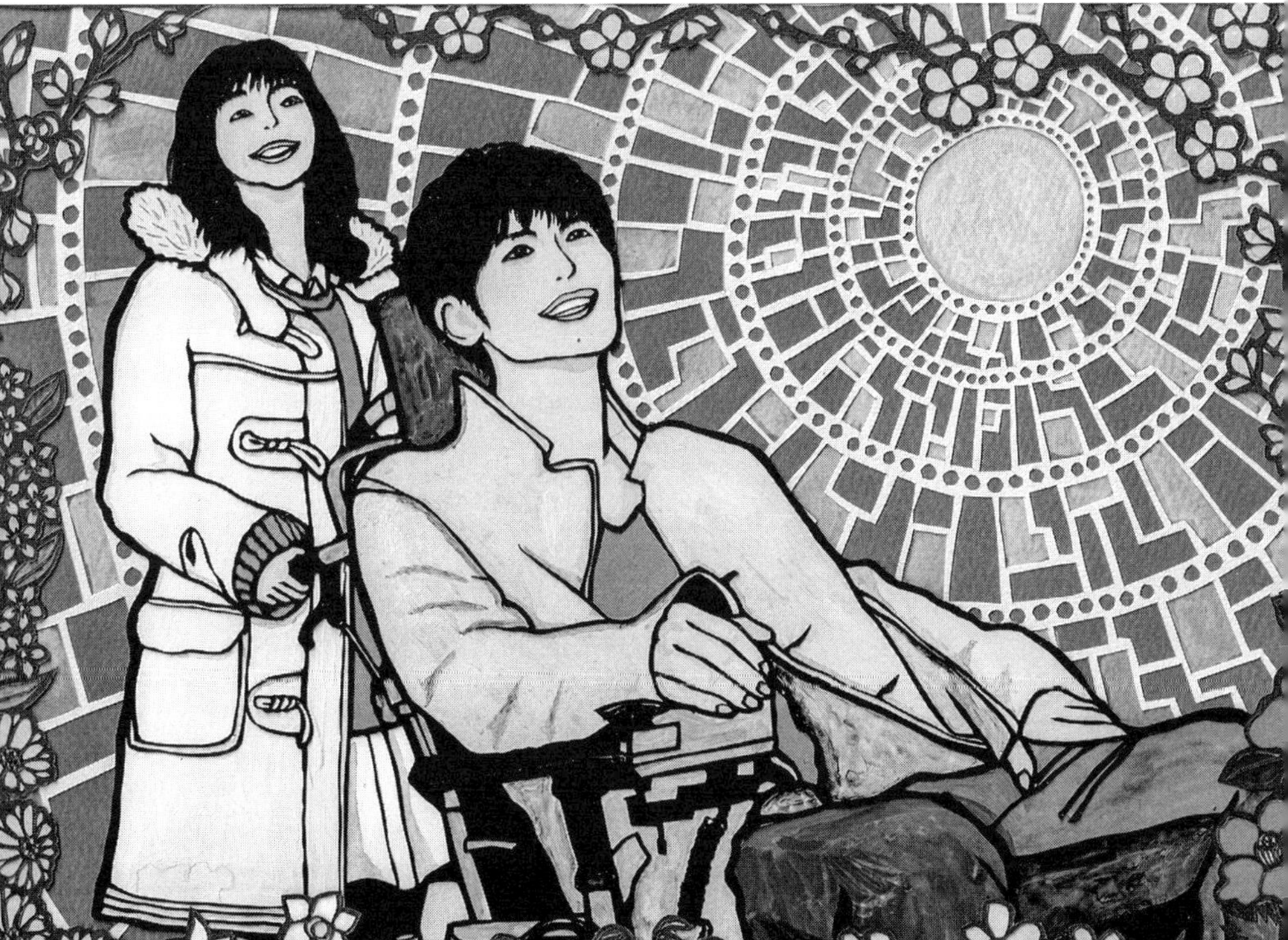

春友さんたちの心の軌跡

三浦春馬さんを想う春友さんたちの声【22年6月〜22年12月】

築地本願寺への納骨、『キンキーブーツ』公演、斉藤かおるさんの本の出版など、2022年夏から年明けにかけて関心を呼んだ様々な出来事について春友さんたちはどう感じ、どう受けとめたのか。毎月届く投稿を掲載した。

月刊『創』編集部には毎月、春友さんたちから多くの投稿が届く。それを2020年11月号から毎月掲載してきた。同年7月の悲しい出来事の後、激しい喪失感に襲われ、泣き崩れる日々を送った人たちにとっては、自分と同じ思いの人たちがこんなにいるのだとわかったことはとても大きな意味を持っていたという。

今回ここに掲載するのは、編集部に2022年6月から23年1月にかけて送られた投稿だ。読み返すたびに胸が熱くなる投稿が多いが、同時にその時々に春友さんたちが何を感じていたかがわかる。

22年7月、春馬さんの遺骨が東京の築地本願寺に収められたことを春友さんたちがどう感じたか、そして秋以降の『キンキーブーツ』第3回公演を春友さんたちがどう受け止めたか、さらに春馬さんのボイストレーナーだった斉藤かおるさんが出版した『春馬くんとの〝未来の雑談〟』をどう読んだのか。もちろんいろいろな受け止め方があるのだが、春友さんたちの間でどんな声があがっていたかが、これらの投稿を読むとよくわかる。

特に『キンキーブーツ』公演をめぐっては、観に行った人の感想、観に行けないという人の意見、あるいは迷った末に観に行ったが大きな声でそう言えないという人など、様々な声が交錯した。あとでこうして読み返してみるといろいろなことが思い出される。これらの投稿自体が貴重な記録と言えよう。

故郷・土浦の温かさに包まれて

【『創』22年8月号掲載】

●6月の国内最高気温を記録した猛暑の25日、片道3時間近くかけて、私は土浦のセントラルシネマズに行った。西垣吉春監督を迎えての『森の学校』の上映会にどうしても参加したかったからだ。

実は春馬クンと同い年だという弟ミト役の小谷力さんは、既に芸能界を引退されているが、マイクを持って監督とともに思い出を語ってくださった。撮影の合間に、仲良く夢中で遊んだこと。自分は苦手だったけれど、春馬クンは虫に平気で触れることができたこと。母親役の神崎愛さんに甘えるシーンで、春馬クンはその胸に顔を埋めることができずに、顔をそむけてしまったこと。当時の春馬クンの生き生きとした様子が語られて、私は嬉しかった。

上の前歯4本は大人の歯。そんな可愛い5年生の春馬クンだけれど、その清らかな容姿と演技力は申し分ないものだ。現代、失われつつある懐かしい日本の風景と心情を伝える名画の中で、子役時代の三浦春馬が躍動している。広く伝えていかなければと、観るたびに思う。

私がこの投稿をしたのは、チケットを購入した際、さりげなく手渡された封筒に入っていたしおりと、添えられたメッセージに感動したからだ。謙虚な春馬クンを思う方らしく、お名前のないメッセージだったけれど、ここに写す。

《今年の真鍋の桜の花びらでしおりを作りました。

手作りのため、大きさや加えた熱による色むらなどはどうかご容赦いただき、本日鑑賞の春馬さんの素晴らしい演技のご記憶と一緒にお持ち帰りいただければ大変嬉しく思います。喜んでいただけたらいいな、と皆様の笑顔を想像しながら制作するのは幸せでした。

花びらを拾っていると、数十年真鍋の桜とともに月日を重ね生活してきたご近所の方や、おにごっこをしている児童に声をかけてもらい、応援してもらったり、話がはずんだりしました。桜の木のそばで、真鍋小学校や桜とともに時を過ごす方々の日々の様子を垣間見せていただきながら、そして、遠く大切な人に想いを馳(は)せながら花びらを集める、春馬さんからの贈り物のような時でした。

台紙にしている紙は、土浦市役所にて土浦の花火担当部署の皆様が名刺にしている台紙を使っております。時期や人により、デザインは複数ございます。

皆様のお気持ちが『森の学校』で少しでも癒されることを願いつつ。

令和4年4月》

4月、土浦在住の男友達が、春馬クンのお誕生日にちなんで打ち上げられた追悼の花火に驚いてメールをくれた。来年は私も参加したいと思っている。死を超えて生き続ける春馬クンのおかげで、自らが与えながら救われていく人々が生かされ続けている。合掌。

（茨城県　ねねの　70歳）

あれから2年経って わかったこと

●あれからもう2年が経ちます。あんなに苦しくて毎日泣いていた私はもういなくて、やはり時間の流れを感じずにはいられません。

あの日、気持ちを消化できずに書き殴った日記には「もう○年生きてきたから、この苦しさがずっと続かないことは知ってるし、時間が解決することも知ってる」と書かれていました。

貴方自身を忘れることはないけれど、人は忘れるから生きていけるのだと聞いたことがあります。あの時のように苦しいままの日々が続けば、それこそ生きていけなかったかもしれない。また人は声から忘れていくのだそうです。けれども、こんなにたくさんの作品を残し、毎日どこかしらで声が聞けるこの環境で、忘れようにも忘れられるはずがありません。

貴方のように生きようと誓った想いは、いつの間にか薄れてしまっています。落ち込んで、悲しくて、怒る元気もなく、誰にでも優しくできたのはせいぜい1年くらいでした。生きる希望をなくし、どうせ死ぬならと断捨離した部屋は物で溢れています。

貴方も私のように、本当はただの人間だと思いたかったのですが、完璧な人間の貴方しか知らず、嫌なところを見つけられないばかりに、沼にハマって抜けられなくなっています。嫌いにさせてくれたら、と何度思ったことか。会うことの叶わない人をこれからも想い続けていくのか、と怒りにも似た感情が湧いてきます。例えば、貴方がどんなに勘弁してくれ、と言っても忘れてやるもんか。あれから2年経つけれど、毎日貴方を想っています。今日も貴方を想っています。

この1年で私は、全くと言っても良い程に興味のなかったSNSを始めて、今はそこで繋がった春友さん達に支えられています。春馬くんがいない事実や、小さなニュースに傷付く気持ちを忘れさせてくれる、大切な場所になりました。『創』にも大変お世話になりました。皆さんの投稿を拝読して、同じ気持ちの方がいることを知って励まされたり、他の雑誌にはない記事に心が安らいだり、空羽ファティマさんの文に共感したり。

一人でじっと時間が過ぎるのを、泣きながらでも待っていたらいつかは大丈夫になると信じて、1年近くはそうして過ごしてきました。けれど、涙は一向に止まらないし、気持ちは落ち着かないし、誰にも言えないし。

2年経ってわかったことは、誰かに想いを吐き出すことがグリーフワークには必要だということでした。同じ想いを共感してくれる人たちが、否定せずに聞いてくれることは、私にとって救いになりました。まだ悲しみのどん底にいる方は、誰かに想いをたくさん話してほしいと思います。それが顔もわからない見知らぬ誰かであっても。（宮崎県　みほ　41歳）

三回忌を前に、私なりの 春馬くんへの想い

●2020年7月18日土曜日…あの日か

ら春馬くんを探す日々が始まり、2年の月日が流れていく…『森の学校』で「三浦春馬」と出会い、『14歳の母』で衝撃を受けてからずっと春馬くんを見つめてきた。仕事に子育てに追われて…春馬くんの作品は録画して観てきた。でもまさか春馬くんが不在になるなんて夢にも思わなかったから…上書きしては観ては消してしまっていた。何で保存しなかったのだろうと後悔してもしきれない。

年金生活になってしまった今、春馬くんの作品をコツコツと集めている。春馬くんのいない現実から逃げたくて春馬くんを探して、還暦過ぎてるのにインスタなど始めた。アナログ人間の〝ザ昭和〟の私がまさかインスタを始めるなんて夢にも思わなかった。

インスタで同じ県内の春友さんができた。春馬くんの誕生日を前に春馬くんの足跡をたどって春友さんと初めて春活をしてみた。『君に届け』のロケ地巡りをして桐生市の岡の上団地の桜を見つけた時、鳥肌がたった。二人で車から降りたら吹いていなかった風が吹いた。不思議な感覚に二人で写真を撮り合った。まるで子供みたいに…。

4月1日は『天外者』を観に行き、4月8・9日と思い切って主人と愛犬を連れて茨城へ行ってきた。土浦セントラルシネマズさんで『森の学校』を観て、春馬くんの卒業した小学校を見たり、春馬くんがMVでストリートライブ役をした場所を見て、鉾田の春馬くんのいた海を見に行ってきた。春馬くんがサーフィンの後に寄った「あさひ」さんで春馬くんの大好きな唐揚げ定食を、春馬くんの座った場所で頂いてきた。茨城からの帰りに娘宅に寄って、栃木県鹿沼市の『君に届け』のロケ地の千手山公園に。

5月10日には草津温泉の『僕のいた時間』のロケ地へ主人と愛犬と日帰り旅。5月16日月曜日には再び海へ。大好きな春友さんと3人旅。土砂降りの雨…春馬くんの洗礼を受けた。帰りは春馬くんの行きつけだった「大龍」さんへ。なんと温かい場所…春馬くんはプライベートだからと声を掛けなかったって。サーフィンの師匠卯都木さん家族といつも一緒だったと。春馬くんのお話たくさん聞けて良かった。

三回忌を前に私なりの春馬くんへの気持ちとケジメの毎日。私はただただ「三浦春馬」という人に惹かれている。春馬くんが不在になってからなおさら惹かれている。この歳になって「三浦春馬」に恋をしている。きっと私が旅立つ時が来たら春馬くん関連の多さに、子供と孫にドン引きされるであろうが…それが今の唯一の春馬くんを想う気持ちだから仕方ない。

あと何年あるかわからない私の人生だけど、春馬くんをずっとずっと好きは変わらない。春馬くん、生まれてきてくれてありがとう。たくさん作品残してくれてありがとう。春馬くんの人生は30年という短い人生だったけど、濃い人生だったよね。春馬くん！　春馬くんを思わない日なんて一日もない。それだけ春馬くんが魅力的だってことよね。

生きにくい世の中だけど、春馬くんにあちらで逢えたらたくさんのありがとうと感謝を言いたいと思う。春馬くん、命ある限り前を向いて歩いて行くね。ホントは寂しくて寂しくて、何で春馬くんいないの?の毎日なんだけどね。

　あぁこのドラマ、春馬くん主役したかもとか、今頃なんの映画撮影中かなぁとか、『キンキーブーツ』も春馬くんの『キンキーブーツ』が観たいよとか。でももう春馬くんいないんだものね。だから残されたファンは争いなどしないで、仲良く春馬くんをみんなで偲びたい。春馬くんずっとずっと大好きだよ。

　春馬くんを忘れる日など来ないよ。春馬くんが不在になってから『創』に出会い、毎月春馬くんを取り上げてくれることに感謝します。まるで存在さえしなかったかの様にだんまりのマスコミにメディアに不信感しかない中、ずっと春馬くんを掲載してくださる、篠田編集長、空羽ファティマさん、海扉アラジンさんありがとうございます。『創』にどれだけ春馬くん不在の苦しみから救っていただいたかわかりません。感謝致します。

　三回忌を前に、私なりの春馬くんへの想い…また七夕上映の『天外者』春馬くんの三回忌前に再び茨城へ。私なりの春馬くんへの感謝とケジメ…春馬くんありがとう。生まれてきてくれてありがとう。たくさん作品残してくれてありがとう…島根県で「天国への手紙」という企画があったから、春馬くんへ手紙を書いた。届くと良いなぁ。春馬くんずっと大好き! 長々すみません。ずっと春馬くんを取り上げてくれてありがとうございます。


（関東在住　匿名　61歳）

看護師の立場から
改めて春馬くんを考える

●7月には三回忌かぁ…早いねぇ…春馬くん。
　私は看護師人生の多くを、精神に問題を抱える方のケアに携わって来た。彼の足跡を辿ると、夢に向かって真摯に努力を重ね、未来を見据えた前向きな発言を常にしている。でもそれは裏を返せば、向こう側に引っ張られそうな自身に、生き続けなければならない、と言い聞かせていたとは思えないだろうか。私にはそう聴こえるのだ。

「今、僕たちはいろんなことで、人生を諦めたいと思う瞬間もある。けど、その空しく生きた一日が、当時あれほど生きたいと思っていた一日。一日は変わらないじゃないですか。そんなことを胸に、生きていきたい」

　2020年7月8日広島での『太陽の子』発表記者会見での彼の言葉だ。こんな前向きな発言をする人が自らとはあり得ないと思う方もいるだろう。否定はしない。

　でも私は愕然とした。「人生を諦めたいと思う瞬間」「空しく生きた一日」…。同日の会見映像を観ると、痩せて更に小さくなった青白い顔に、不自然に視線が動く虚な瞳の彼がいた。嗚呼…何度も職場で見た〝あの眼〟だ…。

　私には、希死念慮を振り払うかの如く、表舞台に立ち続ける一方で、おそらくかなり長きにわたり深い闇と一人葛藤し、もがき苦しむギリギリの精神状態が見えた気がした。

　生前の様子を遡ると、20代前半からの異変を感じ取る。仲間の笑顔の輪の中ではひとり遙か遠い目をし、言葉がスムーズに繋がらない覇気のないインタビュー動画もある。20代後半以降の彼は視線が定まらない様子が顕著だ。『せかほし』のワイプは無表情と異質な作り笑顔が交錯し、2020年2月には、あれほど熱心に取り組んでいたインスタの英語併記がなくなり、4月5日の誕生日インスタライブの配信冒頭に映り込んだ姿は儚げで生気がなく、既に痩せている。

その一方で、高揚感溢れる言動もある。開放的でよく喋り感情の昂りが抑えきれない。多趣味で色々なことに関心が高い、分刻みで精力的に動き海外へも弾丸で渡航。家にいるのが苦痛で外で過ごす時間が多くなる。こういう時は食欲旺盛となるが、活動量も増すために太らない、痩せていても眼に力があり生き生きしている。

人間誰でも気分の浮き沈みはあるし、彼は繊細で感受性が強く感性も豊かであった。でもそれだけでは割り切れない何か引っ掛かりが残る。つまり…軽い躁状態とうつ状態の反復があった…私には双極性障害（躁うつ病）のサインが出ていたように見える。「躁うつ病」と「うつ病」は似て非なる病で、使う薬も経過も違うが、実は鑑別が難しい。

何故なら躁状態では気力に溢れ調子も良く、活動的になる為、やる気がある・明るい・積極的と捉えられて、本人も周りも病とは気付きにくいからだ。実際は躁症状もあるのに、うつ症状ばかりが強く目立ち「うつ病」として治療されているケースも少なくはない。彼には軽度の躁もあったように私には見えるが、どうだろうか。

うつ症状は何事にも無気力となり、思考力も低下、何もかもが辛いので、当初遺書と報道された雑記帳にもあったように本人の病識も強かったのではないか。寝れない（逆に寝過ぎる）、食べれない、身体は鉛のように重い…仕事にも支障を来す、そして…死にたくなる。でも彼は役者だ、その辺は最期まで悟られないように振る舞っていただろうと推測される。

ご存知の方もいるだろうが、希死念慮があっても抑うつが強いと実行する気力がない為、より注意が必要とされるのは回復期である。

コロナ禍が精神状態に与えた影響は大きい。ステイホームが明け、先行き不透明だったエンタメ界にも活気が戻り始めた頃、彼が消えたのは何かの偶然だろうか。責める意図はないが、周囲のサポート体制はどうであったのだろうか…もし彼が追いかけて来る死から…時には並走しながらも逃れようと、何年も一人孤独に走り続けていたのなら…悔しい…それはあまりにも悔しくて切なくて…無念としか言いようがない。

ただこれは私の経験からの見解であり、ショックや不快に思う方もいるだろうと覚悟の上で今回このような投稿をしたのは、この病は先程まで笑顔を見せていた人が突然、命を絶ってしまう、そういう衝動的な側面があり、適切なサポートがあれば救われる命があるということを、より多くの方にぜひ御理解頂きたいとの強い気持ちからだ。

日本社会はメンタルヘルスを語り合う地盤に貧困で、心の問題は他人に話すべきではない、隠すのが美徳とされてきた。でも、もうそろそろ本気で変わらなければならない。この流動的に続くコロナ禍、そして世界情勢。でもどうか自分を飽きないで、持て余さないで。そして少し余力がある人は周りにも目を向けて欲しい。

　マスクの下に隠された日常のちょっとした変化に気付いたら、まず立ち止まって黙ってその異変に寄り添って欲しい。「大丈夫です」は大抵、大丈夫じゃない。

　感じた異変が2週間以上続くようなら、場合によっては強引に、でも取り越し苦労でも良いから気兼ねなく医療の力を信じ借りて欲しい。門戸は開かれている、いつでも、いつまでも。

　彼の孤独を想像すると、どんなに辛く苦しかっただろうと思う。確かに…誰の「生き死に」にも正解も間違いもないし、当人にしか分からない辛さもある。でもどうかお願い…声を上げて、明日もなんとか生きて欲しい。誰の命もひとつ、二度と取り戻せないから。

　逃げたっていいし、誰かに助けを求めるのも、その差し出された手を握るのもそんなに悪くはないよ。どうかお互いもう少しの勇気と優しさで、周りを見渡し歩み寄ってみませんか。

〝他の誰をも受け入れて〟LOLAの声を胸に…。三浦春馬さんの御冥福を心よりお祈り申し上げます。

（北海道　50代　かんなお）

八十路を前に測り知れない迷いの道へ

●〝忘れじの春馬の笑顔に目覚むれば現は悲し夢の枕に〟

　私は、彼の役者としての作品等は〝大河〟以外は特別見ていたこともなく、その存在には比類なきほどの美しさに心惹かれてはおりましたが〝追っかけ〟ではなかったのです。いつでも拝見できる当たり前を突如断ち切られた「あの日」以来…八十路を前に測り知れない迷い道へ。

　私自身、以前から美しく貴重なものを愛でるのが大好き。その延長線上に「三浦春馬」を愛でていたのかもしれません。

　彼の天性の美と教養、研鑽は、書画骨董の類いでも造形のみならず内なる輝き、主張にクラクラと心奪はれるのと通じるからともいえます。

　私自身の「玄冬期」辿り行く老いの道さえ花道に見立てれば、こんなにも甘く切なく悲しい道行きがありましょうか？

春馬ロス妄想の極み!?

　老いゆく寂しさから身心に異常をきたしたと思う明け暮れに、御誌『創』に出合い助けて頂きました。

　あさましい報道、無神経な記事、諸説飛び交う中で、御誌は、道を踏み外さず、多くの人々の声を丁寧に拾い上げ、社会現象ととらえ、社会性、倫理観、そしてジャーナリストの衿持に、心からリスペクトを捧げます。

『天外者』役者としての春馬クンに圧倒され、とうとう12回観た!!　上映後の静寂を破る大拍手は貴方様へのはなむけと存じます。

「五代友厚を人となりを深く肝に落とし込んだ」という春馬クンの役者魂!!

〝人を斬らず〟筋を通した演出の見事さ、〝日本の夜明け〟血汐たぎらす龍馬と五代　ヨッ御両人!!　演技を超えて訴えてくる感情の熱量。

「三浦春馬、君ありてこそ」の一語に尽きる名作となりました。「誰もが夢を見られることのできる世」を春馬君、貴方様にこそ差し上げたかった。無念です。

青空に端正な面差しを、水鏡に凛(りん)とした立姿を、煙る雨に匂い立つような色香、花々に笑みを、風に音に歌声、黄昏(たそがれ)に切り絵の如き横顔を、そして輝く朝日に情熱を……「私の心は春馬君にあふれている」

幼きより非凡が故に引っ張りだこ、天賦の才に驕(おご)ることなく、謙虚にその天分を全うされ多くの人々に夢を下さいました。

今こそ安寧を。

煌(きら)めく星を結べば、春は東の空に子馬が、夏の西空には天馬となって。

「春馬座」は未来永劫輝きましょう。

〝捧げる大輪の白バラ一輪　香華なり〟

感謝。

（ロマンチスト　79歳）

〔編集部注〕ロマンチストさんの投稿は和紙便せん7枚にも及ぶ手書きの長文でしたが、スペースの都合上、主な部分のみの掲載となりました。

永遠、笑顔、そして光…
拝啓三浦春馬様

【『創』22年9月号掲載】
（一部は10月号）

●2020年7月18日に三浦春馬さんがこの世を旅立って、今年で丸2年。今年の7月18日は春馬さんの三回忌になります。一回忌、三回忌、七回忌、これは単に年数を区切っているのではなく、旅立たれた霊人、そして見送った者、双方に、この世や故人への未練に一つの区切りをつけて、また前に向かって歩き出しなさい、という意味もあるような気がしています。

今年の7月18日を迎えるにあたり、「ほっこりカフェ」や春馬さんを心から愛しておられる皆さんに、この2年間のそれぞれの想いを、春馬さんに届けさせて頂くのが一番いいのではないかと思い、皆さんに「拝啓三浦春馬様」とお手紙を書いて頂き、その手紙を私が読み上げる動画を、7月18日の朝にメモリアル動画「拝啓三浦春馬様」としてアップさせて頂くことを企画させて頂きました。

そして「ほっこりカフェ」で呼びかけさせて頂いたところ、日本だけではなく、台湾やニューヨークからも、55通のお便りが届きました。

そのお手紙をどこで読めば、一番春馬さんの元に届けられるか考え、丹波篠山市の映画『森の学校』のシンボルツリー「マト桜」の下で読み上げさせて頂くことに決め、マト桜を訪ねられる方の邪魔にならないよう、7月13日午前4時に起きて丹波篠山市に向かい、午前6時から約2時間で55通のお便りを読み上げさせて頂く動画を収録。7月18日の朝7時にアップさせて頂きました。

今回55通のお便りを読み上げさせて頂き感じたことは、もちろんこの2年間、どれだけの涙を流されていたかが綴られていましたが、以前『三浦春馬 死を超えて生きる人part3』を読んだ時に感じた「連帯と行動」の、「ほっこりカフェ」等を通じて、同じ悲しみを経験した者同士との出会いによって、少しずつ心を前に向けることが出来るようになったと、そこには確かな「連帯」の軌跡が綴られていました。

またお便りの中に何度も目にした共通の言葉があることに気付きました。それは「永遠」「笑顔」、そして「光」です。三浦春馬という人を、まさに「死を超えて生きる人」として、「永遠の魂」を感じ、そして彼がどんな時も、誰に対しても絶やすことがなかった「笑顔」を心で想うことにより、悲しみで一杯になっていた胸に、空から救いの「光」が射し込むが如く降ってきて、いつしか「彼に見られても恥ずかしくないような生き方をしていこう」と、一歩を踏み出しておられるように感じました。

そして7月18日に届いた、春馬さんの遺骨が築地本願寺に納骨され、私たちも春馬さんが眠る築地本願寺にお参りできるという知らせ。この知らせを様々な想いで受け止められた方もおられるようですが、間違いなく春馬さんを思って手を合わせられる確かな場所が出来たことは間違いありません。春馬さんのお母様の「春馬を愛してくださる皆様にとって温かな場になることを心から願っています」という思いに感謝し、お母様が望まれる春友さんにとっての「温かな場」になることを心から願っています。

2022年7月18日、彼がこの世を去って2年を迎える日、天の春馬さんと、地上の春友さんが、見えないけれど、でも確かな絆の糸で結ばれたような気がしました。

最後に、読み上げたお便りの中で、印象に残っている言葉を記させて頂きます。

〔**ROKO**〕春馬君はいつまでも私の光です。

〔**畠中由美**〕いつでも私たちの光でいて下さい。

〔**アクアマリン**〕春馬さんのように、思いやりや感謝の気持ちを忘れずに生きていきます。

〔**大分の洋子**〕生まれてきてくれてありがとう。

〔**紅女子**〕昼は太陽、夜は月や星になって、大空から見ていて下さいね。

〔**保田みさ代**〕これからもずっと春馬君のファンとして、恥ずかしくないよう生きていきます。

〔**ダーラナホース**〕春馬さんは永遠に輝き続けます。

〔**しまえなが**〕あなたを失った悲しみは、またあなたによって癒(いや)されているよ。

〔**許芬媛**〕春馬君、貴方が私を変えました。人と優しく接することが出来るようになりました。ありがとうね!

〔**th**〕春馬君がくれた「思いやりの連鎖」が、奇跡へと繋がっている。

〔**KEIKO**〕天国から、春馬君を想う心の温かい優しい人々が世界中にいることが見えて、春馬君が笑顔でいてくれることを願っています。

〔**tomo**〕あなたの幸せにキーワード「楽しい」と「笑顔」を忘れないよう、生きていきます。

〔**めぐみ**〕人が人を思いやり、その想いが繋がって奇跡を生むんだね。
〔**きくみん**〕いつか貴方に会えた時に、恥ずかしくないよう生きていきます。
〔**ea**〕春馬君から、優しさをたくさん教わりました。
〔**ふみ&ゆう**〕これからも小さな幸せを見つけ、今の全てに感謝して、日々を大切に生きていきますね。
〔**きらら鈴**〕これからも貴方と共に生きていく。生き続ける。前を向いて一歩ずつ、恥ずかしくない生き方をしていきます。etc..

（堀内圭三「ほっこりカフェ」マスター）

〔編集部注〕手紙を読み上げる堀内さんの写真はP18に掲載。

「ありがとうツアー」と「拝啓、三浦春馬様」

●7月18日、あの日から丸2年。今年も滋賀のHARUTOURの企画する「愛を届けよう!! ありがとうツアー」に、参加した。去年は1人だったが、今年はこの1年でとても仲良くなった春友さんと一緒だった。

　駅に着くとツアー主催者と1年ぶりに再会し、この日の為に新調した私の馬柄Tシャツにすぐ気付いてくれた。さすがだ。そう、春馬ファンなら余計な説明なしでもすぐにわかってくれるのだ。去年は十数名の参加だったが、今年は何と40名、関東や九州からの参加者もいた。

dekoさんの40枚の鉛筆画

　バスに乗り、まずは、『天外者』のロケ地となった五個荘の近江商人屋敷へと向かった。館長から撮影時の心温まるエピソードを聞き、階段で二階へ上がると、すぐに大きな松の木が目に入った。映画のスクリーンでは、まるで一枚の絵の様なあの光景だ。今回で三度目だったが、いつ来ても、この空間に春馬くんを感じ、ずっと居たくなるのだった。

　そんな気持ちをあとに、撮影時の控え室となった屋敷に向かった。こちらでも素敵なエピソードを聞くことができ、飾られたその時の写真には、オフショットでも本当にカッコいい、笑顔の春馬くんがいた。そして、今回一番楽しみにしていた特別企画、春馬くんの鉛筆画を描かれているdekoさんの展示会。重厚感のある洋間に入った瞬間、自分でもよくわからない奇声を上げたような気がする。

　どこを見ても春馬くん、部屋中春馬くん、四方八方からの春馬くん視線を感じ、戸惑った。この日のためにdekoさんは、色々迷われながらも40枚を選び、持って来てくれた。原画の春馬くんはどれもため息が出るほど美しく、それぞれに込められたdekoさんの熱い想いを感じとれた。このツアーだけのほんの数時間だけの展示会、本当に何て贅沢（ぜいたく）な時間。ずっと興奮が収まらなかった。

あの知らせを目にしたのは、移動中のバスでだった。台湾の春友さんが所属事務所の公式発表で納骨されたことをメールしてくれていた。隣に座っていた春友さんとそのスマホ画面を見て、「よかった。本当によかった。これでやっと落ち着けるんだね」。素直にそう思い、涙が込み上げてきた。

ツアーの最後は、琵琶湖畔での追悼セレモニー。今年もメッセージと春馬くんの切り抜きで一杯のボードを飾り、献花台を作って一人ずつ手を合わせた。「大丈夫だよ。安らかに」。納骨されたことも知り、心からそう願った。今回素敵なツアーを企画してくれた主催者、お世話になったスタッフ、同じ想いを共有した春友さんたち、そして素敵な絵を見せてくれたdekoさんに「ありがとう」と伝えたい。今年も、想いを一つに沢山の愛を届けることができたと思う。

ツアーから帰ってきた私は、新たなる喪失感を抱き、何とも言えない淋しさと悲しさで一杯になった。「ほっこりカフェ」の堀内圭三さんのメモリアル動画を2日間かけて拝聴した。今年の動画は、春馬くんへの手紙を一通ずつ読み上げるという企画だった。丹波篠山のマト桜を背景に水田のせせらぎと虫の音や鳥のさえずりをBGMに一人腰掛け「拝啓、三浦春馬様」と、封筒から手紙を出しては、読み上げる堀内さん。読み終われば、また封筒に手紙を戻し、それを55人分繰り返し、収録時間は、何と2時間にもなった。

堀内さんは、こちらを訪れる方に配慮して、早朝6時から撮影されたそうだ。いつも感極まって涙されるお姿をよく拝見してたので、今回の企画も、涙で読めなくなるのではと心配してたが、見事に最後まで泣かずに読み上げられた。

55人の想いと、堀内さんの皆さんに寄り添う温かい気持ちに感動して涙が出た。まだ眠かっただろうに、暑かっただろうに、蚊にも刺されただろうに、本当にお疲れ様でした。今回も素晴らしいメモリアル動画をありがとうございました。

この企画を知った時に、私も手紙の文面を考えてみたが、結局書けなかった。今回手紙を書かれた方も、きっとやっとの思いで書き上げたのだろう。そして書きたい気持ちはあっても最後まで書けなかった方は、この動画を見て皆同じ気持ちなんだと改めて知ることができただろう。以前、春馬くんが、誰かが誰かを思いやり、思いやる行動から奇跡が起こるんじゃないかな、と語っていた。これからも沢山の思いやりが、いろんな奇跡を起こしていくのだろう。

三回忌という言葉の重み、喪失感はまだ拭いきれないが、春馬くんが心穏やかに、安らかにいつも笑顔でいてもらえるように私もまた前を向いて行こうと思う。

（大阪府　マレイ明美）

〔編集部注〕「ありがとうツアー」の写真はP18に掲載〕

春馬くんの鉛筆画を手に踊った7・18

●今年の7・18は、Rikosaramamaさん作の春馬くんの鉛筆画を持ち、空羽ファティマさんの朗読コンサートで踊らせて頂きました。プロのダンサーさんとの共演に、こんな私が本当に踊らせて頂いてよいのだろうか……悩みに悩んだ日々でしたが、ファティマさん、アラジンさん、もっこさんに励ましてもらい、無事に当日を迎えることができました。

　この1年の間に、Rikosaramamaさんの春馬くんの鉛筆画を手にしてから、様々な奇跡が起こり、その絵を抱いて踊ることができました。絵を抱きしめて踊った時には、自然と涙が溢れてきました。この2年間の春馬くんへの様々な想いが、感情が込み上げてきました。『創』編集長・篠田さんに、その絵をお渡ししておき、踊りの途中に篠田さんから受け取るという演出も舞い降りてきました。『創』に何度も載せて頂いた春馬くんの絵が、篠田さんの元へ、そしてそれを受け取るということが、私にとって、とてもとても心に沁み、会場に来れなかったRikosaramamaさんへの感謝の気持ちもありました。

　毎日スタジオを借りて練習もしました。その様子をRikosaramamaさんが観に来てくださり、朗読会が成功するように、鉛筆画の春馬くんと重ねて、この絵を持っていってくださいと素晴らしいパステル画もプレゼントしてくださいました。『創』の読者ファンとして、春馬くんの命日に、ファティマさん、アラジンさん、もっこさん、そして、編集長・篠田さんにお会いできたことが、私の一生の財産となりました。

（愛知県　美蓮　49歳）

〔編集部注〕美蓮さんの踊る写真とRikosaramamaさんの鉛筆画はP17に掲載。

7月18日、JUJU姐のライブに涙が溢れた

●貴方は蓮のような佇まいで、向日葵みたいな笑顔を遺し…この世に舞い降りた季節の桜のごとく散った。

　私は昨年と違う気持ちで7月18日を迎えていた。早朝から『ラスト♡シンデレラ』を鑑賞し、群馬でのキャメルンの皆さんによる「切り絵原画展&創作朗読コンサートの会」に心を馳せながら、昼にはお手製の春馬人形をバッグに携えJRで札幌へ向かい、『こんな夜更けにバナナかよ』のロケ地、山の手を訪れた。

　大泉洋さん演じる主人公「鹿野」が実際に住んでいたロケ地のアパートは、奇遇にも約30年前に私が住んでいた部屋の目と鼻の先で、私と鹿野さんは同時期に近所に住んでいたことになる…不思議な縁を感じた。

　2018年初夏、この場所に貴方は役どころの「田中くん」として立ち、この道を歩き、走り…このアパートで笑い、恋を演じた……私は貴方の残像を求め、この地の空気を胸いっぱいに吸い込み、アパート付近の電柱…地面…周囲の草花、木、道端の石にさえも愛しさのあまりに触れた……4年前、確かに貴方はここにいたのに…そう思うと胸が熱くなった。

　山の手を後にし、次に向かった初詣シ

ーンの琴似神社では紫陽花が私を出迎え、貴方が旅立ったとされる時刻が近づいていた。境内を進み賽銭箱前に立ち、群馬の盛会と貴方の御霊のご平安を祈り、かつて貴方が立ったであろう場所に跪き、そっと床を撫でた。

　時刻は14時8分だった、スマホを開くと三回忌を前に貴方の納骨が築地本願寺で行われた、というニュースを目にした。心を寄せる場所が設けられたことにお母様、関係者に深く感謝し、安堵しながら空を見上げた。あの時刻14時10分が過ぎた……。その後、もう1カ所ゆかりの地を訪ね、札幌中心街へ移動した。

　同日夕刻、私は心地よい音に身を委ねていた。三回忌のこの日にJUJU姐のライブが札幌であるなんて…2年と数日前…姉のように慕い、信頼を寄せる彼女の横で貴方は笑顔を見せていた。プライベートでも親交が深かったというJUJU姐と過ごす空間は、きっと貴方の安らぎの時間でもあったのだろう…。

　彼女の中にいる〝三浦春馬〟はどんな弟の顔を見せていたのかな……。でもそれは彼女だけのもの。私はその〝顔〟を知りたい欲望に駆られながら、ステージ上の歌い始めた彼女を羨望の眼差しで見つめていた。

　でもそんな思いは一瞬だった。すぐに彼女が創り出す大人の上質なストーリー仕立ての魅惑の世界に引きずり込まれた私は、純粋にライブを楽しんでいた。

　さすがJUJU姐、この（私にとっての）特別な日も感情のブレは見られない、終盤に差し掛かってもプロだった。

　いよいよセットリスト最後の曲となり、あの日以来何万回も聞いた耳慣れた旋律に触れた瞬間、私の涙腺が一気に崩壊した。今までの、貴方を探し彷徨い歩いた苦悩の日々が堰を切ったように、涙として溢れ出る。〝抱えきれないほどの悲しみに胸が包まれる夜も〟の歌声に、目が流れ落ちるのではないかと思うほど、涙が止まらない。

　〝奇跡を望むなら　泣いてばかりいないで　シアワセには　ふさわしい　笑顔があるはず〟…〝君のいない現実に　向き合わなきゃ　いけなくなる〟…これまで完璧だったJUJUの歌声が上ずり、かすれ震え出す。

　そして…この曲の最後の歌詞を絞り出すように歌い終える頃には、彼女は被っていた帽子のつばをぐっと深く下げて顔を覆い、何度も涙を拭っていた……JUJUも泣いていた。

　アンコールに応えたあと、彼女は最後に心に響くメッセージを残し、深く長い時間…頭を下げてステージを後にした。私にはそれだけで十分だった。

　この日、彼女の口から春馬くんのことは何も語られていないし、この涙を拡大解釈して結び付けてはならないと思うが、私はJUJUの中にある弟への特別なものを感じ取った。JUJUはやはり貴方の大好きなステキなお姉さんだったよ。

　終了後、すっかり暗くなった空を見上げ語りかける。

「三回忌だね…早いね……。私たち、貴方に恥じないように、それぞれのやり方で頑張っているよ。だからもう安心して…ゆっくり休んでね。いつも心のど真ん中に貴方がいる、ありがとう」

貴方は未来を見据え、たくさんの投資をしていたのに十分に回収しないまま静かに独り旅立ってしまった。残された私たちの役回りは、貴方を偲びながら〝三浦春馬の軌跡を回収する旅〟を続けることなのかな…そんなことを感じた7月18日だった。（北海道　かんなお　50代）

春馬さん、新しいお家の住みごこちはどうですか

●7月18日は祝日・海の日で、有給取得の必要なく、私なりの春馬さんのお参りが出来たことに安堵しました。一周忌の時と同じように、朝早い時間帯に散歩の通行人を装い、カップコーヒーなど持ちながら、春馬さんのマンションの周りをぐるっと一周しました。早朝にも関わらず敷地内には警備の方が今年も、去年の人数程ではないにしろ既に待機されていました。敷地内のベンチでは既に高気温の中、2人の女性がお話されているのをお見かけしました。馬の絵のbagを持っていらしたので、ファンの方と認識しました。心の中でご挨拶しました♡彼が亡くなった直後、献花に訪れる人たちでマンションの住人にご迷惑が…という報道を見てから、半年以上は伺うのを躊躇していましたが、今は数カ月に一度は理屈ではなく足が向いてしまいます。

初めて伺った時は、駅からその場所まで遠いし、飲食やアパレル以外の何気ない買い物に不便そうで、首都高直下で一日中車の往来があり、自然派で毎日の生活を大切にしていた彼が、自ら選んだ場所ではないはずと、強く直感してしまいました。

でも何度も訪れているうち、大企業の倉庫街で汽水域の運河があり、大好きな海を連想したのかな!?とか、新幹線や飛行機に乗るには便利な場所かな!?とか、またご近所にはまるで昭和にタイムスリップしたかのような、いわゆるバラックのような、ホントに人が住んでるのぉ?と思うようなお宅もあり、春馬さんはきっとそんな風景を楽しんでいたのかも!?と想像するようになりました。

東京の下町在住の私には、この辺りは電線がないから、空が高く見えて素敵だよねぇ～!!と空の春馬さんに話しかけたりしています。初めて伺った時の違和感と悲しみは、自分の都合の良いように解釈する癖がつきました。

ちょうどその頃、春馬さんが築地本願寺に納骨された報道に接しました。ファンの拠り所が出来て、お母様に感謝しています。お母様と同世代の私は「足腰立つうちは納骨しない」と仰っていたお気持ちが理解出来る気がしていたものですから。春馬さん、新しいお家の住みごこちはどうですか!?♡　さっそく整理整頓していそうで（笑）。

その後、10時30分からは秋葉原の映画館で『森の学校』を観賞しました。この作品は映画館でしか見られないのがホントに残念です。監督さんの仰る「映画は映画館の大きなスクリーンで」というお気持ちは重々承知していますが、既に十数回は見ている私は、車椅子や寝台で介助の方と来館されている方を何回かお見かけしています。ご高齢や持病をお持ちの方には2時間の上映時間を乗り切る体力のない方もいらっしゃると思います。ど

うかDVDやネット配信も視野に入れていただけることを切に願います。DVDが出ても出かけるのに問題ない元気な人達は、映画館に足を運ぶはずですから…。

その後、デパートに寄って春馬さんならこれ選ぶな!?と思う美味しい物を買って帰宅しました。彼が好きそうな物を食すたびに、最後の夜、春馬さんはちゃんと食事したのだろうかとつい考えてしまいます。

ここ数カ月で、日本の映像業界の問題点がクローズアップされています。春馬さんが常に心に留めて望んでいた環境になるように、見守って、場合によっては牙をむいて!?これからも過ごしていきたいと思っています。

（東京都　NORIKO　63歳）

春馬君が、私と同じ中央区民になった!?

●築地本願寺。春馬くんが、私と同じ中央区民になったんだ。私はそこから1キロ程のエリアに住んでいる。でも、そんな近くに住んでいても、そんなに嬉しくない。私はそこには行かない。あそこは、有名人の葬儀場所としては、広くて立派。宗派も問わずに貸し出してくれるらしい。でも、やっぱり、緑豊かで、鳥の囀りや、ゆったりとした、風の吹く場所に眠らせてあげたかったなぁ、と思った。

東京のこんな狭い空の下では、仕事で頑張っている時と同じみたいで…辛くない？　そして、息子に「春馬くんが築地本願寺に納骨されたんだって」と報告したら、息子がこう言った「良かったね、じゃあhideみたいに、写真とか飾られてるんだねっ、よかったね」って。

hideさんの葬儀は築地本願寺だけれど、お墓は別の場所にあるようで、でも、築地本願寺に常設された彼の祭壇があるんだそう。でも、春馬くんのいる場所に行っても、お花も、供えられない…何だろ、このモヤモヤする気持ち…

だから、考え直してみる。そこに居るのは彼ではないのだ。骨という、ただの物質なのだ。だから、そこに私の感情を込めない。彼の事務所と母が決めたことだから、私がとやかく言う権利などないのだ。ただ、だけど、なぜか、今までの彼の死後の対応には、温かさを感じないことばかり。

今、事務所は、春馬くんの件での誹謗中傷の裁判で忙しい。先日の、安倍元首相の増上寺に出来た長い列、あれを見て思ったんだ。春馬くんもこうやって送ってあげたかったんだ、私たちは。さきのhideさんの葬儀には5万人らしい。葬儀もお墓も、祭壇も、愛で溢れている。今でも。

なぜ、春馬くんには、花も手向けられないんだろうか。息子が、話していた。旅行ついでに、地方にあるミュージシャンのお墓参りに行った。場所がわからないので、住職に聞いた。そしたらこちらですよ、と案内してくれた。そこの町は、命日の日だったかな、時報に彼の曲を流すのだとか。何かそういった、温かな場所を作ってあげたかったな、本当は。

何だか、悲しい気持ち。せめて、溢れる愛で、君を包んであげたいのに…でも、これが現実なのだから、彼が居なくなった世界の現実なのだから、認めよう。

彼は長い眠りについたまま、そんなこともこんなことも、どこ吹く風。悲しんだりしているのは、私たちだけなんだ。彼は何も悲しんでなどいない。彼は自由になったのだから。

（東京都　ちーちゃん　58歳）

『キンキーブーツ』秋の公演が楽しみ

●7月18日の三回忌に自分のできることはと考え、『創』7月号に載っていた春馬くんが食べたいものは鰻と銀だことコーラと知り、18日当日、銀だこを買いに行きました。そこで蓮の花のストーンでできた美しい飾りが目にとまり購入。うちの春馬くんコーナーに飾ろうと思いました。

その日は勤務日で、携帯も見ておらず、家に帰って初めて納骨されたことを知りました。2年間偲び旅をしてさまよって来ましたが、お母様と事務所の方々が話し合って築地本願寺に納骨してくださったことが嬉しくって✨ 春馬くんのことを想い祈る場所ができたことが奇跡のようにも思えました。ファンばかりでなく役者仲間、友人がいる都内に春馬くんがいることで、いつでも逢いに行けるようになってお互いに寂しくないのでは！と思えます。

これからも春馬くんと周りの役者仲間や友人とお母様の周りがあったかい愛であふれる世界になることを祈り続けていきたいと思っています✨ 決断してくださったお母様！ 事務所の方々！ ほんとにありがとうございました✨

今年は三回忌を迎えるにあたり、少し前になりますが、7月9・10日に春馬くんを偲ぶ旅にでかけてきました。この2年間、亡くなったとかダイレクトな言葉はあえて避けてきましたが、少しずつ気持ちが収まってきたのか、正式に三回忌という言葉を使って春馬くんを偲びたい！という気持ちがむくむくとわいてきました。

この2年間で6回行った旅は、偲ぶんだから一人旅するんだ！でしたが、今回初めて友人との二人旅。2年という年月と私なりの偲びたい！という行動により自分の中でやっと少しずつ気持ちがほぐれてきた気がします。長い必要な供養の一環だったんだと。それでもどうしていなくなったの？逢いたいよ！と、これからも想うかしれない。でも春馬くんがいる世界で春馬くんなりに幸せになって♡と少しずつ思えるようにもなりました。

私が納得するまで偲び旅をしてきたこと。『創』さんで春馬くんのことを語ってくださったこと。春友さんたちの想いの声を聞けたこと。ファティマさんのあったかい文章の数々。全国で機会のあるたびに春馬くんの作品を上映してくださること。色々周りの方々の言動により心が納得しつつあるんだと思います。ほんとにありがたいことだと感謝しています。

私は2016年の春馬くんローラの『キンキーブーツ』も観ることができて、それまでの舞台とは違う春馬くんの歌、演技、美しさストーリーにとても感激！感動しました✨ 春馬くんローラをもう一度観たい気持ちは強い。それでも初演春馬くんローラがいたから再演、再再演と引き継がれていく✨ ほとんど同じカンパニーの方々も秋の舞台で、やっと春馬くんを偲ぶための舞台ができるんだと今強く思います。

辛いことばかりでなく素敵な春馬くんローラを偲ぶためにも、新たな優くんローラと共に素敵な『キンキーブーツ』の新たな舞台を作り上げてほしい！　きっと舞台大好きだった春馬くんも観に来てくれると思う！　私も今回つい先日、チケット購入できた！　春馬くん一緒に観届けようね♡という気持ちで秋の公演を心から楽しみたいと思っています✨

（いつまでも春馬くんのことが大好きな洋子より）

鉾田のテトラポットを触り、卯都木さんに会った

●悲しくも何の進展もないまま三回忌を迎えてしまいました。私は17日に鉾田の海へテトラポットを触りに行って来ました。ファンとサーファーと釣り人がいました。何回行っても寂しい気持ちは晴れません。でも春馬ちゃんが愛した海に無性に会いたくなる時があるのです。行きたくなる時があるのです。

さぁ帰ろうかなと思っていたら目の前にあの卯都木さんが現れびっくりしました。これも春馬ちゃんが引き合わせてくれたのですね、きっと。卯都木さんから翌日18日、土浦でイベントがあると聞き、私も行く約束をして、行って来ました。卯都木さんのお話から、私が知らない春馬ちゃんのことを聞けて新鮮でした。

しかもびっくり！　築地本願寺に納骨されたことも聞き、何故かホッとしました。しかし、聞いてすぐ、築地本願寺へ行かれたファンから本願寺の対応や実態を知り、とても複雑な気持ちになりました。私は何があろうと春馬ちゃんのことを見続けて参ります。「ずっとずっと、大好きだよ春馬ちゃん」。私の王子様です。

（茨城県　春ジェンヌ　30歳）

『恋空』のロケ地で向日葵を持って合掌

●実感がないままの2年でした。テレビをつけても探してしまうんです。あっ！いないんだった！と思う毎日です。画面を見ない日が多くなりました。

7月18日は、『恋空』のロケ地で向日葵を持って手を合わせました。時間は、PM2：30。暫く動かなかった小さい観覧車が動いてました。

夜、SNSで「納骨しました」の報告を見てショックでした。なぜ、そこ？春馬くんの大好きだった土浦じゃないの？　海の見える場所じゃないの？　そう思ったら悲しくて涙が出ました。

それでも春馬くんは、落ち着きましたよね。そう思うことにします。ずっと笑顔の春馬くんを想いながら…。

（栃木県　ニャンコ）

7月18日は春馬さんと出会えた日でもあります

●7月7日は、昼に『創』が届き、夜は『天外者』の映画を見るという、春馬さんファンの私には楽しい一日の始まりでした。届いたばかりの『創』を昼に1時間ほどかけて読みました。春友さんたちの自宅の「我が家の春馬コーナー」に驚嘆し、その春馬さんへの強い思いに改め

て涙しました。私はというと、いつも座る場所の正面に、笑顔の春馬さんの写真を一枚、そこに座るたびに、その写真を見て、私もニッコリ。こんな生活を結構気に入っているのです。

4月の特別上映のころから、イオンのフードコートに『天外者』の大きなポスターを見かけるようになりました。はじめて『天外者』が上映されたときは、香川県内は1館だけでしたので、知らない道を2時間くらいかけて車を走らせて見に行きました。このごろは、3館で見られるようになりましたので、本当に良かったと思います。県内の春馬さんファンがそれぞれ、近くの映画館で見られるようになったからです。

上映時間のくるのを待っていると、「『天外者』を見に来たのですか?」と声をかけてくれた人がいて、お友達になりました。「何回、見たのですか?」「もう分からないくらいです。春馬さんのために私ができることは、これくらいしかないから…」その方は、春馬さんのことを語り合う友人がいないということでした。

私は、家族と話せるのでいいのですが…。

先日、長男から『太陽の子』のDVDが株主優待でもらえるのだけれどという思いがけない知らせをうけ、すごく嬉しかったです。

私は山梨県出身です。A社が本社を移転した西湖のこともよく知っています。春馬さんがおられるA社の移転なら飛び上がって喜んだことでしょう。でも読売新聞の2ページにわたるA社の広告を複雑な気持ちで見ました。いろいろな場所で、春馬さんを偲ぶ催しが開かれるようになったことはうれしくもあり、羨ましくもあります。東宝シネマズがない県内では『森の学校』も見ることが出来ません。でも、〈いつか絶対に見るぞ!〉と思っている私です。

7月18日は私にとっては、悲しくもあり、でも春馬さんと出会えた日でもあります。ドラマに映画、舞台俳優、そして歌手としてたゆまぬ努力を重ね、真摯に生きた春馬さんを応援しつづけていきたいと思っています。

（高松市　能祖文子　76歳）

美しい調べ「三浦春馬」という旋律

【『創』22年10月号掲載】

●声に乗せても、ペンで記しても、心に思い描いても響く美しい調べ「三浦春馬」という旋律。

（み）魅せらるるほど強く募る想い
（う）浮かぶのはあの笑顔の残像
（ら）羅針盤の狂いは寸分もなく
（は）走り抜けた美しき30年よ
（る）類を見ないその清らかさで
（ま）まぶたの裏の君と化す
（み）未来永劫を見据えていた
（う）憂いをおびた瞳は今、何を映す
（ら）来世での新たな翼を携え

(は)遥か彼方を研鑽する魂よ
(る)流転の虚像渦巻くこの世界の
(ま)纏う鎧はさぞ重かっただろうに

(み)三日月形の笑った目も
(う)内に秘めた情熱と強さも
(ら)ラクダのような濃いまつ毛も
(は)蓮のごとく潔い泥中の佇まいも
(る)涙腺の豊かな感性と感受性も
(ま)また逢える日まで…抱きしめて

(み)魅惑の歌声、妖艶なS字ライン
(う)うつむくシルエットの繊細さに
(ら)ライブシアターが揺れる
(は)弾ける笑顔、躍動する肉体に
(る)ルージュとブーツの赤が映える
(ま)まさに唯一無二の私のローラ

人間は時として、身勝手で強欲になる。彼の安住の地（築地本願寺）への不満、かつての役者仲間が「三浦春馬」の名を語らないことを嘆き、たまに口に出したら出したで罵る。

一方、彼が生前、心許し信頼して見せていたプライベートな顔、私的な会話を世に出す方もいる。

もう彼には肯定も否定も反論もできないのに…。信頼に応えるってどういうことだろうね…。尊厳を重んじるってどういうことだろうね…。故人を敬うって…。

彼を偲ぶ形は人それぞれだけど、私は一人の青年が30年の命を懸けて創り上げ、守り遂げた「表現者　三浦春馬」としての生き様を大切に守り抜きたい。

そりゃ私だって色々、知りたい欲深さはある。でも彼は今のこの状況を喜んでいるのかな？　恋愛話やチーズ問題……望んでいるのかな？

「やれやれ…」と貴方の溜息交じりの苦笑いが聞こえてきそう。それとも、もう喧騒から離れた静寂の世界でただ心地よい風に吹かれているのだろうか。

いづれにせよ様々な誘惑、葛藤の中で貴方のように清く生きるって本当に難しいなと思う。

ねぇ…教えて……今日の築地本願寺の上空はどんな彩りですか。柔らかな光に包まれていますか。

ただただ貴方が恋しい夏がまたひとつ、こぼれ落ちるように無情に過ぎてゆく。

（北海道　50代　かんなお）

春友さんたちとのとてもあったかい出会い

●昨年は行きたいと思ったものの行けなかった代官山での「ＨＥＲＯ１」写真展。今年は7月9日、10日と…命日を前に春馬くんを偲ぶ旅をしたばかりだからとも思い、迷っていた。それでも東海地方から行くには近くはないけど、この頃どんどん近くなった感。写真展に行きたい！と強く思い、計画。新幹線のチケットも買い、少し前に春馬くんを観るために映画館で知り合った春友さんとふたりで行くことに。

その後7月18日にお母様から発表された築地本願寺での納骨を済ませたというお話✨最愛の息子さんである春馬くんのことはずっとずっと手元に置いておきたい気持ちもあったと思うのに、私たちファンのことや春馬くん自身のことも考えて納骨されたことに感謝の気持ちでいっぱいに。たまたま写真展に日帰りで行くことを決めていたのは7月20日✨この日にお参りに行けるんだ!とわかり、当日は写真展に行く前に築地本願寺でお参りできました。

その後は写真展に行き、その帰りに、また不思議な出会いで千葉から来ていた新たな春友さんと知り合い、「僕いた～」のロケ地のアースカフェや私は2回目のキャッスルさんに3人で。その方もあちらこちらに春馬くん気配旅をしている方。とても話しやすく春馬愛にあふれていた。キャッスルさんでは岩手から一人で写真展を見るために来た方ともお話して、行く先々で、とてもあったかい出会いがありました。

10月からキンキーブーツが再々演されるにあたり、春馬くんローラからゆうローラに引き継がれるということで、店内の模様替えがあるかも?と聞いていた、打ち上げとして行ったとされている渋谷の「.icocca」さん。変わるとなると春馬くんローラであふれているだろうお店! 春馬くんたちが打ち上げで楽しく過ごしたであろう空間に、どうしても今行きたくて仕方がなくなった。7月に2回上京したじゃない!と自分に言い聞かせてみたけど、とまらず。写真展で初めて知り合った千葉の方は、命日にそこのお店に行ったと言われていたけど。ダメ元でもう一回行かないかお聞きしてみたら、行ってもいいというお返事。2人が合う日時を決めて8月17日にお店へ。

入った途端に春馬くんが幸せな時間を過ごした場所だ✨と涙ではなく嬉しくて嬉しくて! 話もとまりません。それとランチのお肉の美味しいこと! 焼肉屋さんにあまり行ったことのない私ですが、もう全てのお肉が美味しくて✨幸せな時間! 店主の方も快くお話しして下さり。また上京したら食べに来たいなーと心から思えました。

ランチのあと春友さんとは別れて一人で東京タワーへ。数年前のキンキーブーツ初演のときに来た時は一番上までは行けなかったのに、今回は上まで別のエレベーターで。春馬くんが住んでいたマンション街やレインボーブリッジや海、お台場の景色をゆっくり見た! 雨が降り出し、この東京タワーを好きだと言っていたことや住んでいるところからこの東京タワーも見えただろうなとか、だからあの港区のマンションを選んだのかな?とか、マンションから見える海は土浦駅近くの霞ヶ浦のヨットハーバーと似ていると思ったのかな?とか、レインボーブリッジも歩いたことあった?とか、思いを巡らせた。

1時間ほどゆっくりして外に出たら、雨はやんでいて。なんと東京タワー🗼から出たように見える美しい虹✨ 昨日はお盆の送り火。春馬く～ん虹の橋を歩いて今いる世界に帰ったの?と夢見る夢子の私は思えた! そう思うと嬉しいやら悲しいやら安心するやらのわけのわからない涙が浮かんだ。

春馬く～ん! ありがとう💕また時々でいいから私たちの世界に遊びに来てね! いつでも心の中にいてずっと思ってあなたのことをみんなといっぱいお話しするよ✨と思った。

虹の写真と共に!

（いつまでも春馬くんのことが大好きな洋子より）

『Kinky Boots』悩んだ末に予約

●時は着々と刻まれて三回忌が巡ってきましたが、今もまだ多くの人たちの中に春馬君は生き続けているのを痛感して、また私もふっと深みにはまりかけていました。今年の7月18日は特別なことはせず、静かに過ごしていました。

再々公演の『Kinky Boots』を観るかどうかでかなり悩みました。最終的に春馬君が『Kinky Boots』で仲良くされていた役者さんたちが出演されることが分かり、複雑な気持ちではありましたが、同時に役者の方々も同じく複雑な気持ちで臨まれることを知って、観てみたいと思うようになりました。

そんな時、春馬君のことをずっと大切に想っておられる役者さんのお一人のサイトから先行チケットが購入できることが分かり、そのお陰で背中を押され、チケットを入手することができました。大千秋楽はあたらなかったものの、思っていた日にちを取って頂くことができました。

嬉しさと寂しさとまだまだ入り組んだ気持ちではありますが、舞台に立つ俳優さんたちも私たちと同じ、いや、もっともっと複雑な気持ちで再再演の舞台に立たれるんだと思うと、春馬君が大切にしていた『Kinky Boots』が伝承されていくことに有難いような感謝に似た気持ちも湧いてきました。

ここ最近は『Kinky Boots』の稽古が始まったようで、たくさんの役者の方々がいろんな形でそのことを報告されているのを見て、改めて春馬ローラを観たいという衝動に駆られています。

初代ローラを、春馬ローラを、圧倒的なローラを。権利の問題などでなかなか難しいとのことですが、いつかその日が来ると信じています。

8月。広島に原爆が投下されたのが77年前の今日。こうして普通に暮らしていられることに感謝しつつ、大切なことは後世に伝承していくべきだなと改めて思いました。

春馬君が空の彼方で穏やかな心で毎日を過ごして、あの笑顔でいてくれていることを祈って。

（大阪府　SH）

なまの三浦春馬を知りたい

●7月の17日、18日、19日の苦しい3日を通りすぎ、日常を取り戻しました。毎年、この3日は苦しいですね。17日はまだ存在していた日。18日は…、そして、19日は、もういなくなった日。どうもこの3日間は何年経過しようとも苦しい3日間です。

『太陽の子』が10年プロジェクトになったとTwitterで知りました。春馬くんも喜んでいることでしょう。

築地本願寺に納骨され、無情にも時は過ぎて行きますが、春馬くんは30歳のまま。どんなに観たくても、彼の経年美化を観ることは叶いません。円熟味を増した役を観ることも、声を聞くことも叶いません。

ならばせめて、生前の、三浦春馬を語

ってほしい、幼い時からの芸能活動、共演者は、山のようにいて、なまの三浦春馬をご存知の方は多いはず。

作品でも、最初から最後までが円盤になっていないものもまだある。『せかほし』『キンキーブーツ』など。それも切望している。何度も依頼している。

それもそうだが、もっと知りたいのは、作品の中でセリフを語っている役者、三浦春馬ではなく、なまの三浦春馬を知りたい。何を瞳に映し、何に笑い転げ、何を語り明かしたのか。それを、周りの方々にたくさん語って頂きたい。普通に、思い出話として。

美空ひばりさんのように、三浦春馬記念館が、建造されれば良いと思っています。いつでも作品が観られて、衣装も飾ってある。いつでも春馬くんを感じられる空間。映画、ドラマから、普通の写真もいっぱいあって。写真館も併設されていて。グッズも写真集も購入できて、そんな場所が私たちには必要です。

（兵庫県　みか）

五代友厚の墓前祭、話題の本とキンキーブーツ

【『創』22年11月号掲載】

●9月25日、五代友厚の墓前祭に参列させて頂きました。五代友厚プロジェクト主催、今年で最後になるとか。神様なのでお坊さんではなく神主さんがおはらいして下さいました。

『天外者』のラストシーンのように長蛇の列が。式典の間、蝶が飛んでました。春馬君が来てるのだと思いました。お墓の前には春馬君が参列した時の笑顔のお写真が。墓前祭終了後、阿倍野区民センターで『天外者』の上映とフォーラムが行われてました。

『天外者』何度観ても新たな気持ちで観ることが出来ます。その時によって感じ方が違うようなプロジェクトへのキャストのサインも展示されてました。

『春馬くんとの〝未来の雑談〟』は購入して一気に読みました。発売前に暴露本とたたかれてましたが、私は暴露本とは思いませんでした。日常、素の春馬君が思い浮かぶような、温かい本だと感じました。

恋バナも、ボイトレに必要な日常的なことを春馬君に聞いた時、彼女のはなしを春馬君の方からされて先生の方から聞き出したものではありません。相手の名前も伏せてます。ホッコリさせる本でした。

そしていよいよ『キンキーブーツ』公演が始まります。『キンキーブーツ』初演の時は知りませんでした。再演の時、観劇したいと思いましたが、残念ながらチケットが取れませんでした。再々演を待とうとあの時、無理しても観劇したら良かったと悔やまれます。

今回は春友さんがチケットを取ってくれたので観劇予定です。『キンキーブーツ』を観劇したことがないので楽しみにしてる反面、複雑な思いです。春馬君も観に来てると思って観劇したいと思いま

す。

（豊中市　tunami　50代）

現役僧侶の立場から春馬クンの納骨について

●春馬クンの三回忌を迎えたこの夏、様々なことが起きて、何も見たくない、聞きたくない、発言もしたくない気持ちになって、何度も落ち込んだ。一度も会ったことのない青年に、ここまで心揺さぶられ続けることに困惑しているというのが、正直なところかもしれない。「ありがとう」「大好きだよ」「どうしてそんなにいい子なの?」と、語りかける日々が続いている。

7月18日、空羽ファティマさんの朗読会のために前橋へと向かう私の元に妹からのメールが届いた。「春馬クン築地本願寺に納骨されたんだね。ご縁がある……」。僧侶になるために、私が5年間学び、現在も活動の拠点としている場所に春馬クンが納骨されたとの情報に、正直戸惑っていた。

朗読会の終了後、在来線と新幹線を乗り継いで築地本願寺へと向かった。午後7時を過ぎ、門は開いていたけれど本堂は閉まっていて、静かな境内にそれらしき人の姿を見ることもなかった。本堂に向かって合掌礼拝し、お念仏を称えて、私の長い7月18日は終わった。

私が築地本願寺の関係者であることを知った方から、献花台もない所でどうやって春馬クンのお参りをしたら良いのか、と尋ねられた。本堂中央の阿弥陀如来を拝むことで、墓参したことになる、と考えていただきたい。築地本願寺全体をお墓と思って欲しい。生花は常に新鮮なものが活けられ、お香が焚かれ一日に何度も読経が聞こえる。時には雅楽も流れてくる。本堂で静かに春馬クンと向き合い、心癒される豊かな時間を持っていただきたいと思う。

土浦の辺りに、お墓ができたらお参りしたいと考えていた。でも、春馬クンには妻子がなく、兄弟もいない。お墓を建ててもそれを守っていくことは難しいと思う。将来のことを考えれば、良い選択だったのかもしれないと考えるようになった。お母さんも同じ所に納骨されればずっと一緒、ということになる。

僧侶仲間との活動の中で、以前私が書いた「いのちのふるさと」というメッセージをここに写してみる。

東日本大震災の後「何がなんでも見つけて菩提寺のお墓に納めてあげたい」とご家族の遺骨を探し続ける人の姿に胸を突かれた

この世の縁が尽きた時　私は地球に抱かれる　宇宙に抱かれる　すべてのいのちの故郷に抱かれる

苦しむいのちに伝えたい　大きないのちの営みに出遇えれば　あなたはきっとその辛さから解放されますよ……と。

お墓にこだわることなんてないのだと思う。ただ、どこかで春馬クンを拝みたいと思ったら、築地本願寺へ行けば良いのだ。誰でもいつでも自由に参拝できるのだから。

自分も何かした方が良いのかな?と考えて、築地本願寺のどこかに置かせてもらおうと、僧侶の言葉と土浦の白蓮華の写真を印刷したものを300枚程作ったが、急に気持ちが萎えて持っていくのをやめたのだった。そして、お彼岸にうちの本堂に置いて、希望される方にお配りした。大切な人を亡くした方への言葉だから、喜んで持ち帰る方がいらして無駄にはならなかったけれど。

辛いときに救ってくれるのは、春馬クンの映像だ。この夏は『ネガティブハッピー・チェーンソーエッヂ』の高校生バンドで、美しい金髪で演奏しながら歌う姿を何度も観ていた。メイキング映像では黒髪で、その真面目で一生懸命な姿が可愛らしい。

現在、土浦のセントラルシネマズでは『天外者』『森の学校』と一緒に『五右衛門ロックⅢ』が上映されていて、元気いっぱい歌って踊って、並外れた才能を感じさせる20代前半の春馬クンを観ることができる。ユーチューブで観られる、郷ひろみと「言えないよ」を歌う映像も素敵だ。共演者への配慮が素晴らしい。私たちは彼から、本当にたくさんの贈り物をいただいてきた。生きるためのエネルギーとなる贈り物だ。

来年の7月18日に自分が元気かどうかも分からない年齢となった。それでも、いのちある限り春馬クンからの贈り物を鑑賞しつつ、語りかけ続ける私が生かされている。それは不思議と言うしかないし、自分を育ててくれる彼に感謝し続けている。春馬クン、ありがとう。合掌

（茨城県　ねねの　70歳）

『春馬くんとの“未来の雑談”』

斉藤先生の本、読んで良かった

●春馬くんのボイストレーナー斉藤先生の本に関して、賛否両論ありますが、率直な意見としまして、私は読んでとても良かったと思います。

まず表紙に写る春馬くんは、プライベートでの春馬くんが伸びやかに写っています。着飾った春馬くんではない表紙に、この本は真実が誠実に記載されていることが、そこから伝わってきました。

また、春馬くんと先生の信頼関係が本を読んでいく中で、良いものを作り上げていきたい、それにはどのような方法で向上すべきなのかを専門的に書かれています。歌のことだけではなく、先生との共通の趣味に関してのことも、とても興味深かったです。次から次へと舞い込む仕事に向けて、情熱を持って、真面目に取り組んできた努力の春馬くんの精一杯頑張ってきた姿が、とても想像できました。

一人の人間として、自分の人生を生きていくことは、けっして良いことばかりではありません。この時代だからこそ、生きにくいなぁと思うことは、山のようにあります。春馬くんは、一つ一つの役に、人生を抱え、何人もの人生を生き切らなければならなかったのも役者さんといえども、とても大変だったのではと本を読んだ後、想いが溢れてきました。

私は、一人きりで春馬くんのことを想い悩んでいた後、Rikosaramaさんの

春馬くんの絵で励まされ、そこから沢山の出逢いもあり、7月には、朗読コンサートでも踊らせて頂きました。

　また、春友さんとの奇跡の出逢いから、定期的に「春友さん！　全員集合！」というグループを作り、春活として、撮影ロケ地に足を運ばれた方のお話や築地本願寺へ行かれた写真を見せて頂いたり、日本製の中で紹介されているお店に行かれた話などお聞きして、知らなかったことを知る機会も増えました。何より春友さんは、皆さん心が優しく、あったかい方ばかりです。心が穏やかになり、ホッとできます。春友さんに救われた私は、グリーフケアの分野に関しての興味も増してきました。

　また、先日の歌番組で、キンキーブーツの番宣、城田優さん、エンジェルズの映像を観ました。春馬くんのことが一切触れられることもなく、淡々とした印象でしたので、春友さんとなんだかショックですと語り合ったところでした。

　春馬くんのバトンを受け継いでいるかと思いますし、勿論、城田さんらしくローラを演じて、成功してほしいという応援する気持ちがありますが、もっと春馬くんのことを触れて欲しかったです。

　春馬くんへの想いは、これからもずっとずっと続きます。春馬くんを通し、出逢わせて頂いた方々に心から感謝して、日々を誠実に一生懸命、自身の人生を歩んでいきたいと思います。


（愛知県　美蓮）

斉藤かおる先生の本とキンキーブーツへの想い

●斉藤かおる先生の本は、出版のお知らせを知った瞬間に予約しました。元々Facebookの投稿を読んでいましたので、暴露本ではないと信じていました。春馬君がどんな青年だったかが、目に浮かぶほどの細やかで、愛を感じる本でした。キンキーブーツに対する情熱や努力、そして準備をして、恋焦がれたキンキーブーツに挑んだかが伝わり、胸が熱くなりました。そして恋愛もして、普通の生活もして、金銭感覚も芸能界に長くいたのに、よく考えて無駄遣いすることなく生活していたことも、全てが愛おしくて、切なくて、ますます大好きになりました。読んで良かった、もっと知りたいと思いました。かおる先生に感謝の気持ちでいっぱいです。
　春馬君のことを話さないのは何かあるのでは？　仲良かったのに名前を出さないとどうして？　本を出したら暴露本、騒ぐ人たちがいるので、仲良くしていた人たちが口にしなくなってしまったんではないかと、悲しく寂しく思っていました。斉藤かおる先生の本は『日本製』と同じく大切な宝物になりました。

　キンキーブーツはYouTubeでしか観たことがありません。春馬君が演じるローラを生で観ていないので、再再演があっても春馬君以外のキンキーブーツは観ないと決めていました。城田優さんがローラを演じることを知った時には、あの色々な話を知ってしまった後だったので、どうして?と思いました。春馬君が恋焦がれたキンキーブーツのローラ。城田優さんのインタビューなど目にしたり、耳にしたりしても、心からローラ頑張ってとは言えませんでした。ビジュアルも春馬君と違って、笑顔も少なく、怖いイメージで、ローラじゃない！と思ってしまう私です。映画のキンキーブーツを観ても、春馬君のローラのが輝いてる、綺麗、可愛い、歌も美しいと思う私なので、多分誰がローラを演じても、心から素晴らしい！と認められない私なので、観に行かない選択で私は良かったんだと思っています。

　春馬君が愛したキンキーブーツです。城田優さんには、軽い気持ちではなく、愛を持ってローラを演じて欲しいと願っています。（愛知県　はるじゅん　64歳）

私も少しだけ前を向けそうです

●昨夜、斉藤かおるさんの著書を一気読みしました。発売前から批判の声が多く、発売後のニュースのコメントを見ても、その声は一層高まっていることを感じていました。春馬くんを知りたい一心で購入した本を、罪悪感から開くことができずに気付けば半月近く経っていました。『創』8月号のかんなおさんの記事、春馬くんの行動や言動、表情からも私にとって合点のいくものでした。それなのに「双極性障害」の言葉が頭から離れなくなってしまったのです。

　私はかんなおさんと同職に就いていますが、メンタルヘルスに関しては専門外なので学生レベルの知識しかなく、少々ショッキングな言葉でした。

　役者人生の大半を、20代の若者の人生の大半を、感情の起伏に翻弄されながら生きていたのか、もしかしたら苦しいまま様々なことを乗り越えていたのか、春馬くんの人生は不幸だったのか、その全部を否定したくて本を開いてみることにしました。読むことで春馬くんは悲しい想いをするかもしれない、暴露本の金儲けに加担するのかもしれない、春馬くんの尊厳を私は無視して酷いことをしているのかもしれない。そんな罪悪感に駆られながら読み始めました。最初の想いとは裏腹に、そこでは生きた春馬くんを感じることができました。たくさんのことに興味を持ち、教えられたことは守り、自分で判断して決断する。時には恋をして、その恋にも一生懸命で。人を大切にして、出会いを大切にして、私の想像した春馬くんがそこにはいて、涙が溢れてきました。春馬くんの声色やトーン、表情までもが手に取るように伝わってくるような気がしました。これまで多くは語られてこなかったエピソード、初めて身近に感じることができました。恋愛に関してはそこまで細かな描写は不要だと思いましたが…。

　事務所や親族の許諾なしに出版された本ですから、誰かに「これ良いよ」と勧める気はありませんが、私は読んで良かったと思っています。ちゃんと彩りのある、普通の若者の人生だった。超人的なスケジュールに、絶え間ない努力を重ね、それはそれは大変なお仕事だったと思いますが、貴方の人生全てが不幸で苦しいものではなかったよね？　私も少しだけ前を向けそうです。今日も貴方を想いながら生きています。

（宮崎県　みほ）

若いファンの方にお願い！生きた証しを伝えてほしい

●斉藤かおる先生が出版された『春馬くんとの〝未来の雑談〟〜三浦春馬の勉強ノート〜』書店に予約を入れておき、早々に拝読いたしました。２０２０年7月18日衝撃の日から、ずーっと春馬くんのことを誰か書いてくださらないものかと、念願していましたので、一報を聞いた時は嬉しく、発売日が楽しみでした。ホントに、ほんとうによくぞ本にして下さったと、感謝の言葉しかありません。彼の日常の幸せなひとときを覗けたようで、とてもほっこりとした気持ちにもなりました。この本を通して、努力の人、三浦春馬さん、それも並大抵の努力ではありません。本の中で会話形式で書いてくださっているので、彼の声がそのまま聞こえてくるようで、もう、涙々……で読み終えました。若いファンの方にお願いです。どうぞ、この本からも伝わる「春馬スピリット」を心の中に灯し、春馬くんの生きた証を伝えて行って欲しい！　ネット上で互いを誹謗し合うファンの方々を見て、彼は喜ぶでしょうか？　春馬くんの「優しさ」を学び、受け継いで行って欲しい！　また、彼が常日頃言っていた、食事の大切さ、春馬くんがどれほど未来に向けて自分を磨き、導いていたか、この本からもこれまでの映像、コメントからも伝わってきます。

　私は、彼が話す食のこと、糠漬け、酢、麹、野菜から食べる（血糖値を上げない）等、実践しています。お陰さまで、体調は上々です。次は是非とも三浦春馬の伝記を、30年の生きた軌跡を、どなたかに書いていただきたい、と願っています。人の世は無情です。彼の映像などもそのうちに目にしないときがやってくるでしょう。人は忘れていきます。それは常のことです。でも、「文字」は違います。しっかり残っていきます。いつでも、図書館で会うことができます。30年しか生きなかった春馬くんですが、その30年はとてもとても濃密に生きた春馬くんの人生だったと思うのです。比類なき俳優三浦春馬を後世に伝え、遺していきたいのです。

　それから『キンキーブーツ』についてファンならずとも先回、先先回にローラ役を務めたのは誰かということは、周知のことです。春馬くんがこの世を去ってから一斉に名前が消され、まるで存在しなかったような扱いに、大勢のファンは心を痛め、「何故?」という言葉が虚ろに響きました。今回のは行きません。初回も、次のも見れなかったのですから。

（神奈川　yocco　79歳）

ゴメンね、春馬くん。やっぱり観に行けそうもないよ

●とうとう公開日を迎える。キンキーブーツ3回目のジャパン公演。その現実が心にずしりとくる。待ってました！　嬉しい！とは言いきれない複雑に揺れる気持ちを言葉にしてみた。「観たい」「観るべき」でもちょっと待って、という心の声。そして今ここにチケットはない。

　キンキーブーツが、３回目の講演を決定した、ローラ役は城田優、というニュースをきいたあの日。膝から崩れ落ちる

とはまさにこのことか、と思った。愕然（がくぜん）とし、次の瞬間からどんどん涙が溢れてきた。いまだにこうして想いを綴（つづ）ろうとすると泣きそうになる。

SNSで繋がっている春友さんたちも当日は否定的とも肯定的とも取れない、ただにわかには受け止められない感情に揺れていた。その日の春友さんのインスタライブでは確か200人位が、涙ながらにコメントしていた。

城田優さんがローラ役だということでも数日ネットも炎上状態、その多くはネガティブなものだった。本当に実現できるのかな、とも個人的には感じていた。

しかしこの騒動（個人的感想です）もだんだんとネガティブ展開はいつしか消えて、春友さんたちの間でも「私は絶対見に行く」という意見が多くなっていった。いつしかチケット争奪へと話題も変わっていった。

キンキーブーツは春馬くんが全力をそそいだ作品であり、日本で演じ続けられるべき作品であり、もはや「誰がローラを演じるか」ではなく、彼に愛され彼が愛したカンパニーの力強い舞台を三浦春馬を愛すればこそ観るべき作品なんだと思う。

「私は、絶対観る」という春友さんたちの熱い気持ちがわかる。わかる、なのに「わかる」のと「実行する」のがこんなに違うんだなといま心から思う。私はチケットを買っていないのだ。観たくないんじゃなくて「観れない」。このどうしようもないジレンマ、同じ気持ちの人もいるだろうか。

キンキーブーツのローラは私の心のなかには三浦春馬しかいない。それで完結しているのだ。日本公演の円盤化が無理なら、と思ってブロードウェイ版DVDを観た。実はこれは春馬ローラ以外のローラとストーリーをどう受け入れるだろうという、生舞台前のいわば予習だった。

テレビの画面にマット・ヘンリー演ずるど迫力ローラが現れた瞬間、ローラは春馬くんに入れ替わった。2人は正直似ても似つかない。けれど私の目には春馬ローラにしか映らない。

登場シーンの音楽と衣装、公開されているいくつかのシーンで脳内再生は完全に春馬ローラになっていく。するともう、止めどなく涙が溢れた。久しぶりの号泣。

「春馬くん、なんでもういないの？　このローラ、春馬くんだよね、ねぇ春馬くんにしか見えないよ」

「ずっとローラを演じ続けたいって、そう言ってたよね」

こんなに、生き生きとして自信と満足感に溢れて嬉しそうだったのになぜなの？　涙ボロボロ、鼻水すすりながら、もうだいぶ落ち着いたはずの感情に再び火がついてしまった。

家で全編英語字幕なしのDVDを観てるだけでこんなに喪失感にボロボロになるってことは、今の私には生舞台観劇は出来そうもない。

春馬ローラも城田ローラも、そもそも比較するものでもない、重ねて観るものでもない。城田さんはむしろその大きさでブロードウェイ版並みに迫力ローラになるだろうし、それも良しだと思う。ただ私の心にはローラは春馬くんで、そのあとはない、ってこと。

今後公演が続いていって観ることができるようになるかもわからない。初代ローラ三浦春馬が圧倒的に美しく繊細な姿と見せつけたパワーはこれから作品が続いていけばいくほどより高い評価へと変わっていくのではないかと思う。三浦春馬という国宝級に素晴らしいローラが存在したことが継承されていくことに再演の意味があると私は信じてる。

ゴメンね、春馬くん。やっぱり観に行けそうもないよ。今の私にできるのは、この作品が再演されたことを沢山の人が喜び、受け入れ、賞賛されてまた次の、そのまた次へとローラが「賞賛の嵐～」と両手を広げたように気持ちが繋がっていくことを願うこと位だけど、春馬くんは「いいよ、焦らないで」って言ってくれるかな。

（神奈川県　夏波　60代）

3回目の『キンキーブーツ』開幕、貴方の足取りは軽いのか

【『創』22年12月号掲載】

●10月1日、3回目の『キンキーブーツ』が昨秋の公演開催告知から約1年の時を経て東京で開幕した。この1年…それは私にとっては貴方への強い思いと、貴方不在の現実を再確認する日々の積み重ねでもあった。公演は東京と大阪のみ…ある意味、簡単に〝行ける〟という選択肢がないことに深く安堵している自分がいた。

彼があれほどの情熱を持って心血注ぎ生きた世界『キンキーブーツ』、私も必ず一度は観てみたいと思っていたが、5月末に優ローラのビジュアルが解禁されプロモーションも始まり、もうあの場所に本当に彼は居ないんだ…と現実を受け入れた瞬間から、3回目のキンキーブーツは遠いものとなってしまった。

もう二度と逢えない人に心を寄せ続けるという日々は、このような辛い現実を一つひとつ乗り越え封印していくことに他ならないのであろう。…本当に貴方って人は、どうしてこうも人々を惹きつけて離さないのだろうね。この哀（かな）しみや寂しさは本当に筆舌に尽くしがたい。

考えてみると1年も前の開催告知は、かつてこの舞台を彼と共に創り上げたキャスト陣と、春ローラファンへの心の整理と準備の為の猶予期間でもあったのだろうと思う。実際に私も、あんなに当初優ローラを拒絶していたのにこれから先、もう誰がローラを演（や）ろうと「それぞれの心の中に、それぞれの唯一無二のローラがいればいい」との境地に達した。

もう他の誰も貴方にはなり得ない…逆にそれはもう誰も私の中のローラを奪えないということ…だからもうこれでいいと穏やかに思えた。そう…だから貴方ももうピンヒールを脱いで…どうか脚を休めて…笑顔でいてね。

それでも多分きっと貴方は毎公演、築地本願寺から多くの方々に導かれながら劇場入りしているのだろう。その足取りは軽いのか、それとも…重いのだろうか。満面の笑みなのか、ちょっと悔しがって

朝日焼きの花瓶を購入した際ついてきたポストカードには…

いるのか、涙ぐんではいないか…。その姿は初代ローラとなって仲間を激励するバックステージにあるのか?…オーラを消しファンに寄り添う客席にあるのか…。

いずれにせよローラをあれほど愛した貴方だからこそ…もうステージ上にはいないであろうと私は思う。春馬くん大丈夫だよ、もう誰とも競う必要も比較されることもない…貴方のあの美しくて憂いある繊細なローフは貴方だからこそ生まれた。「他の誰をも受け入れて」と言ってるかな…でもごめんね、私の中のローラは永遠にアップデートされることはないみたい。

～春ローラに溢れてほどの〝賛美の声〟と〝称賛の嵐〟を捧ぐ～3回目の新生キンキーブーツの大盛況と完走を願いつつ、三浦春馬という稀有な表現者に敬意を込めて。（北海道　50代　かんなお）

遅まきながら、観てみたいという気持ちに…

●キンキーブーツ東京公演が始まり、観られた方の感想など早く知りたくて、気持ちが落ち着かない日々を過ごしておりました。出演者の方々は、築地本願寺に行かれて、春馬くんへの想いがあることを知ることで、城田さんの演じるローラを少しずつ受け入れることができました。

ファティマさんや篠田編集長が赤いドレスコードで、キンキーブーツを観に行かれたと知り、はじめは、躊躇していた公演にも遅まきながら、とても観てみたいという気持ちになりました。大阪公演でももしも当日券などあれば、この目で確かめてキンキーブーツを楽しみたいという気持ちになれました。

また、春馬くんのローラと城田さんのローラが、同じ場面で一度に見比べられる動画などもあり、同じローラ役でも、それぞれの良さも観ることができました。春馬くんローラは、指先、足先、表情全て、計算しつくされた美しさやローラの役になる為の努力をしつくしてきたことを知っているからこそ魅了され、ぜひ、スクリーンで春馬くんローラを観てみたい想いが溢れています。この想いは、沢山の春友さんが感じていることなので、ぜひ奇跡が起きないかと願っています。

さて先月の『創』に掲載させて頂いた時に「春友さん！　全員集合！」というグループを作ったことをお伝えしました。グループの一員に、春馬くんが『日本製』で訪れた朝日焼きへ行かれた春友さんがみえました。その時のお写真と素敵なエピソードがあります。

朝日焼きの花瓶を購入された際に、ポストカードがついてきたそうです。そこには、奥様のメッセージが書かれているそうです。朝日焼きの奥様も、春馬くんが亡くなられてからのファンということをお聞きしたそうです。また、春馬くんが朝日焼きに訪れた時は、キンキーブーツ2019年の大千秋楽の数日後だったそうです。奥様が観てみたいとおっしゃった際、残念ながら終わってしまったので、次回大阪での公演の際、ご招待しますと春馬くんがお伝えしたそうです。残念ながらその願いは叶わなかったとエピソードをくださったそうです。

今、まさにキンキーブーツが大阪で始まろうとしています。もしも、もしも、春馬くんが生きていてくれたのなら…と想いますと胸が熱くなりました。

（愛知県　美蓮）

あずき色のブーツを履いて行こう！と楽しみに

●再再演のキンキーブーツは何度も何度も葛藤し、城田さんのローラを受け入れないままでは観るべきではないと決めたはずなのに、春馬君が生まれ変わってもローラを演じたいとまで言っていたキンキーブーツを生で観て確かめたい！と強く思うようになり、チケットを購入しました。城田さんは歌はうまいし、舞台経験も豊富ですが、春馬君が命懸けで稽古し挑んだローラ役を演じるには何かが違ってるのではと思っています。

ローラには美しく、真っ直ぐな心が必要です。城田さんは勿論相当な覚悟を持ってローラを演じてくれると思うので、私も真っ直ぐな心で観なくてはいけないと思っています。城田さんのローラが春馬ローラと同じように大切な存在になることを願って。

大阪公演までの間、春馬ローラをさらに目と耳に焼き付ける為に毎日CDを聴いて、YouTubeで全てのローラの映像を繰り返し観ています。会場で目を閉じた時には春馬ローラの姿、歌声が見え聴こえてくる為の準備です。

当日はあずき色のブーツを履いて行こう！と楽しみにしています（おばーちゃんの湯たんぽの色だと春馬ローラに叱られますね）。

（大阪府　みか）

キンキーブーツ初観劇　幸せな1日でした

●昨日、キンキーブーツを初観劇しました。東京大阪公演合わせて、昨日で丁度折り返しだったようなので、これから観にいらっしゃる方も多いのではないかと思います。

私個人的には、昨日は幸せな一日でした。春馬くんのことは、『僕のいた時間』から応援していましたし、前から舞台も好きなのですが、キンキーブーツの舞台は観たことがありませんでした。

城田優さんのローラは、迫力があって可愛いくて魅力的で、大きな子猫ちゃんでした。6ステップを紹介してくれる時も、最後にクルッと回転してくれました。

歌もお芝居もさすが！な小池徹平さんが城田優さんを見る眼差しが優しくて、ソニンちゃんのコミカルな演技が可愛くて、エンジェルスのダンス、キレッキレで。皆さんの頭の下がるような努力のおかげで、キンキーブーツの舞台を日本語で、日本で観ることができてよかったと心から思いました。

大好きだからこそ、いろいろな考えや意見があることは知っています。ただ、人間は他の人のことを全て知ることも、他の人の心の中を全て見抜くこともできません。ただ、強くて優しくて正しいだけの人間なんていない。

人間が持っている矛盾も弱さも闇も欲も自信のなさも全て含めて、目の前にいるその人を、ありのまま受け入れてみて！というローラのメッセージ。自分が変わろうよ！　新しいことを学んでいこうよ！　これがローラに託して春馬くんが私たちに伝えようとしてくれたメッセージだと思います。

春馬くんは、日本や世界の素敵なものをたくさん伝えてくれました。いつも、言葉を選んで誠実に。キンキーブーツのメッセージも、同じように誠実に、発声も踊りも春馬くんにしかできない努力を重ねながら、私たちにまで届けてくれたんだと思います。

ね、キンキーブーツ、いいでしょ？って笑っている春馬くんを感じながら、帰宅しました。私は、再再演のキンキーブーツから、たくさんパワーをもらったし、もう一度観たいです。（静岡県　パピコ）

やっぱり春馬ローラが恋しくて…

●日本でのキンキーブーツ3回目公演がいよいよ始まります。公演に先駆け、いろいろな番宣を見ていますが、過去2回の公演での、春馬くんが努力を重ねて地道に作り上げた世界一魅力的で輝いているローラのことを何も語ってくれないことが、とてもとても残念であり悔しい気持ちでいっぱいです…泣。これではＤＶＤ化映画化への道もさらに遠くなってしまった気がして、やりきれない気持ちにもなってしまいました。

この3回目公演は、春馬くんローラが素晴らしかったから実現したのではないでしょうか。なぜ、名前も出さないし映像でも紹介されないのか、不思議でなりません。どうして春馬くんローラの素晴らしさを認めて讃えて貰えないのでしょうか？　このままでは、どんなにキンキーブーツというミュージカルが素晴らしくても、どんな人がローラを演じても二度と観に行く気にはなれません…。

3回目公演が近づくにつれ、なぜか心がざわざわしてきて、春馬くんローラへの恋しい気持ちがつのってつのって、どうしようもなく、会いたいです♥　春馬くんローラに会いたければ、ＹｏｕＴｕｂｅでほんの少しだけしか見ることが出来ない現実…悲しすぎます…本人も言っていたように演じ続けて欲しかったし、年齢と共に進化する春馬くんローラが見たかったです。（東京都　れいりん）

祈ることが精いっぱい足を運ぶ力がわきません

●私は亡くなった春馬さんのお父様と、多分同じ干支（えと）の生まれです。私は生前の春馬さんをきちんと認識しておらず、名前を聞いたことがある程度。でも、メッシュヘアで、学ラン下の赤シャツの美しい男の子は、強く印象に残っていました。「痛恨の極み」という言葉の型見本のような存在です。

ＳＮＳも仕事以外ではほぼ利用していなかったので、ＳＮＳが日常の風景の若い方たちとは、感覚にギャップがあるのかとは思いますが、斉藤かおるさんの著書の発売前の、ネット上の批判には違和感を持ちました。

　春馬さんの日常をよく知っている方の著作は、好む・好まないはあっても、まだ発売されていない本の目次を見ただけで、一読もせず、ネットで批判するのは如何なものかなと感じました。読後に賛否両論あるのは当然のことと思います。立場が違えば考え方も違ってくるのは自然なことですから。

　それから最近は、ドラマなども第1話を見ただけで、まだこの先どういう展開が待っているのか分からないのに、役柄や俳優さんに対するネガティブな意見が上がっているのを見ると寂しい気持ちになります。せっかちに速度を競うものではないはずなのではと。

　また、自分とは意見が違う人と、どれだけジェントルに接することができるかが、人としての力量なんだと思っています。春馬さんは若いのにそれができた人。

　ずっと前から春馬さんのファンだった人や、実際に接したことのある方にとっては周知の事実でも、私のようなにわかファンで、三回忌を過ぎた今でも、家で春馬さん三昧（ざんまい）をするために買い集めたＤＶＤなのに、辛くて開封することもできないままの物も多く、時間経過についていけない。そんな私には、斉藤かおるさんの本は嬉しかったです。文章のはしばしに春馬さんとのやり取りを、より正確に丁寧に伝えようとしてくれている様子が伝わってきたからです。

　いまだに目眩（めまい）の中にいるような感覚の中、事実を隠して何も伝えてくれない業界の人たちよりも誠意を感じるし、勇気がいることだったと思います。大切に読み返したいと思っています。

　にわかファンの私ですから『キンキーブーツ』も夏頃に銀座で一夜だけ上映した映画版しか知りません。ネット上で話題になっていた出演者の噂が、法的に問題ならばそれは論外ですが、でも舞台にかける情熱は嘘ではないはず。人は時に失敗を繰り返して成長していくもの。若い人の未来をつぶしてはいけないんだと春馬さんのことを通して強く思います。ネット上で一部だけ見られる春馬さんのローラを見るたび、この作品にかけていた春馬さんの気持ちの尊さが切ないです。

　今の私にとって、舞台を拝見することは、春馬さんがもうどこを探しても現世にはいないという事実を再確認する作業でしかありません。春馬さんが関わった作品にケチなど絶対つけて欲しくないし、今回も大成功して欲しいです。

　でもまだ鑑賞する心のゆとりが全く持てません。今、つくづく感じることは、春馬さんは人としてとても大人だったということ。自分が30歳だった時のことを思うと驚愕（きょうがく）に値します。

　60歳を過ぎた私が毎日、一面識もない春馬さんを思い続ける日々を過ごすなんて、人生は何が起こるかわからないものです。だからこそ春馬さんにもそんな経験をして欲しかったと。もっとわがままな子供でも良かったんだよ!!と伝えたいです。長く生きてきて、悔しさや無念さという感情をすっかり忘れていた私に、それらを思い起こさせてくれた春馬さんに、ありがとうと祈ることが精一杯で、舞台に足を運ぶ力がわきません。

（東京都　NORIKO　64歳）

迷いながら申し込んでるので当選しないのでしょうね

●Kinky Bootsについては、チケットが入手できないこともあり、行かないと思います（きっと迷いながら申し込んでるので当選しないのでしょうね）。春馬くん不在の『せかほし』を見ることができなくなり、先日の歌番組でもやはり彼の不在感を強く感じてしまう私には、きっとシンプルに舞台を楽しむことはできないと思います。

　ではなぜ、海外版のKinkyの映画は3回も観ることができたのか？　内容はとても好きだし、音楽も大好きです。きっと私は春馬君のLolaが観たい、ほかのカンパニーの方がいてなぜ春馬君だけがいないの?という想いに自分が観劇中耐えられなくなることが予想できるので、行けないのだろうと思います。

　でも公演を否定する気持ちは一切なく、むしろいろいろな気持ちを抱えながら出演を決められたカンパニーの方のためにも、そしてなによりこの物語を初めて知る人たちのためにも無事に千秋楽まで駆け抜けてほしいと応援しています。なにかトラブルがあれば、それこそ春馬君が悲しむだろうと思うので。

　斉藤かおるさんの本は購入しましたが、一気に読むのがもったいなく少しずつ読んでいるので、まだ読了していません。

　ですが、いまのところ私は読んでよかったと思っています。なぜなら、今まであまり表に出なかった春馬君の努力を知ることができたから、そしてやはり持って生まれた才能やセンスだけでなく、やはりその努力があそこまで彼を輝かせたのだとあらためて尊敬する機会になったから。

　でもお付き合いに関することは、一般の私たちに知られることをどう思うかなと思うと、読むことをためらい、ページを飛ばして読んでいます（知らなくてもいいことだし、知るとちょっと寂しいし…）。

（愛知県　じゅんゆん　54歳）

春馬くんが愛した『キンキーブーツ』を観たい

●私は生前の春馬くんの活躍をほとんど存じ上げません。ですので『キンキーブーツ』も観ておりません。春馬くんが演じたくて演じたくてオーディションを受け、つかみ取ったローラ。春馬ローラを観ることはもう叶いませんが、私は春馬くんが愛した『キンキーブーツ』をぜひ観たいと思います。

　ローラ役は城田優さんですが、春馬くんの親友であり、春馬くんの意思を継いでオーディションを受けての出演。多分、多くのファンからの誹謗中傷も覚悟の上で臨んでいるのではないかと思います。

　春馬くんが愛した『キンキーブーツ』を多くのファンで盛り上げられたら良いなと思います。チケットはなかなか取れず、やっと私の誕生日に取れました。とっても楽しみにしております。

　また斉藤かおる先生の木について賛否

のご意見を拝聴致しました。否定的な意見を目にした方が多かったかもしれません。「単なる暴露本ではないか」「春馬くんが望んでいることなのか」「プライバシーの侵害ではないか」……。

私は、この本の出版を知り、すぐに予約注文しました。それは純粋に春馬くんを知りたかったから。7年間春馬くんを身近で見てきた先生がどんな発信をして下さるのか…購入して一気に読みました。

決して暴露本ではなかったと思います。〝恋〟や〝お母様〟のことも私たちが不快に思うような文面ではありませんでしたし、ピュアで謙虚で努力に努力を重ねる有言実行の春馬くんだったと、ネット情報ではなく春馬くんが師事していた先生から直接発信して頂けました。

『日本製』にも触れた場面がありました。実は春馬くん、『日本製』の取材で私の地元を訪れてくれていました（当時は春馬くんを認知していなかったので知りませんでしたが）。『日本製』を読んで何故ここなのだろうと思っていたのですが、先生が春馬くんにギターのメーカーを教えて下さったのですね。私にとって聖地になりました。

自粛生活の中で「気になる人がいる」と先生に打ち明けていた春馬くん。その方を推してほしかったなぁ。そしてよりよく生きてほしかったです。

（長野県　しるく）

斉藤かおる先生の本は感動しながら読みました

●斉藤かおる先生の本は発売が決まってからすぐ予約して楽しみにしていました。

発売が決まってからのＳＮＳやネットの反応に驚きましたが、いろんな考えがある、これも仕方ないのかと思いながら少し緊張しながら読ませていただきました。

かおる先生のそばで見せた飾らない素顔や微笑ましいやり取り、想像以上に好奇心旺盛で勉強熱心な姿を知り、驚いたり感動しながらあっという間に読み終えました。最後の舞台となったホイッスル・ダウン・ザ・ウィンドのことを書かれた部分は本当に何度読んでも涙が溢れてしまいます。

千秋楽の春馬さんの挨拶はいろんなところで拝見していましたが、コロナ禍での厳しい状況下、春馬さんが「一生懸命にスキルを磨いて感動を届けたい」と語った言葉は美しい真実の言葉だと先生は書かれています。

音楽のことだけでなく、たくさんのことを先生や周りの方々から学び、どんどん吸収して成長していく姿を知ることができて胸がいっぱいになりました。心から、周りに素敵な大人がいてくれてよかったと思える本でした。（ｓａｋｕｒａ）

大千秋楽舞台挨拶での春馬さんへの追悼

【『創』23年1月号掲載】

●今回、２０１６年、２０１９年に続き、キンキーブーツジャパンによる３回目の公演が開催され、私は10月2日の東京公演と、11月20日、大阪での大千秋楽公演に行かせて頂きました。

その大千秋楽公演では、もしかしたらキャストの皆さんが舞台挨拶で2016年と2019年公演で、本当に素敵なローラを演じられた三浦春馬さんの名前を出して下さらないかと期待していたんですが、終演後の舞台挨拶で、ほとんどの方が春馬さんの名前をあげながら、涙ながらにメッセージを伝えて下さいました。

まずはドン役の勝矢さんが、キャストみんなの気持ちを代弁するかのように、「お～い春馬！　優、最高だったぞ～!!」と、まさに天に届かんばかりの大きな声で叫んで下さいました。

その瞬間、ただそれだけのことなのに、オリックス劇場満員の2400名の方が全員涙されたのではないかと思います。

思えば、2020年7月に三浦春馬さんがこの世を去ってから、当時コロナ禍の状況だったせいもあると思いますが、通常スターの方が亡くなると、多くのファンが参列できるお別れの会が開催されることが多いのですが、2年以上経った今もそれは開催されず、また多くの共演者の方から不思議なくらい彼への追悼の言葉を聞くことが出来ないような状況が続いていたので、満員のお客様を前に勝矢さんが、「お～い春馬！」と叫ばれた、ただそれだけで、私も号泣してしまいました。

何も飾る必要のないありのまま言葉で春馬さんに語りかける、きっとファンの皆さんが待ち望んでいたのは、そういうことだったのかもしれないと改めて感じました。

そして凄くチャーミングなローレン役を演じられたソニンさんも「この作品期間中、春馬のことを感じない日はありませんでした」と涙ながらに語られました。

そして今回、どれだけのプレッシャー、重圧を感じながら、ローラ役にとてつもない覚悟をもって挑まれたかは想像に難くありませんが、その大役を全公演見事に成し遂げられた城田優さんも、終始涙されながら、春馬さん、そして今回優さんを新たなキャストとして受け入れて下さった全てのキャストやスタッフに感謝を述べられました。

今回改めて、城田優さんがローラ役を受け入れて下さらなかったら、もしかしたら3度目のキンキーブーツ上演はなかったかもしれないとさえ考えてしまうので、本当に見事に大役を成し遂げられた城田さんへの喝采の拍手は、鳴り止まないのかなと思われるくらいでした。

さらに今回も見事に座長としてチャーリー役を演じられました小池徹平さんは、今回のキャストの一人一人が、それぞれの考えがあり、そしてそれを乗り越えてこの舞台に立っていることを伝えられ、そしてまた大役を成し遂げられた城田さんへの感謝も述べられ、春馬のローラと優のローラ、2人の最高のローラを相手役にキンキーブーツが演じられたことに、心から感謝を伝えて下さいました。

今回代表するキャストの方がご挨拶されましたが、直接は述べておられませんが、その言葉から、もしかしたら、この3度目のキンキーブーツ公演をもって、自らは卒業すると決めて、本公演に臨まれた方もおられるように感じました。

今回のキンキーブーツ大千秋楽での舞台挨拶で、できたら春馬さんの名前を出して頂きたいという期待を、遥かに超えるような形で、皆さんが語って下さったことは、本当に言葉で表現出来ないくらいの感動と感謝の想いが胸に溢れました。

そしてそれは大千秋楽公演から数日経っても消えることはなく、またあの瞬間は、もしかしたら2020年7月以降、最大の三浦春馬さんの追悼式だったのではないかと感じています。

あの場に居合わせることができたのは2400名だけでしたが、2022年11月20日に私が感じた、三浦春馬さんならでは、いや三浦春馬さんに最もふさわしい形での「追悼」の意味合いを、これからも語り続けていきたいと思っています。


（京都府　堀内圭三）

ほとんど泣き通しだった キンキーブーツ大阪公演

●11月19日のキンキーブーツ大阪公演を観劇しました。チケットは7月頃、公式サイトからエントリーし当選したものでした。あの時、「キンキーブーツが好きなんだし、きっと受け入れられる」と信じて、購入したチケットです。
公演前のざわざわした想いを引きずりながら、その時を迎えました。まだローラは登場していないというのに、春馬くんと近しい人たちを見ると胸が熱くなって、涙が止まらなくなりました。

結局、幕が下りるまでほとんど泣き通しでした。YouTubeで何度も何度も見た春馬くんのローラ、比べない方が私には無理です。いちばん大好きな『Sex Is in the Heel』の春馬くんのダンス、海外勢にはない日本人らしい緻密な動き、ボイストレーニングで習得したであろう呼吸の仕方、あの場面に春馬くんが集約されているようで。

一方で城田優さんのあのダンスシーンは、長すぎる手足が足かせになって、音楽に追いついていないようでした。ただ、ミュージカル俳優として、春馬くんに比べて場数を踏んでいますから、セリフ回しはさすがだなと思わせる場面がいくつもありました。それでも一幕はずっと舞台の内容は楽しめず、悲しみと寂しさで押し潰されそうでした。

幕間にトイレの個室で涙を拭いて、鼻をかんでいる時、城田優さんや小池徹平さんのファンの女性たちが「キンキーブーツって面白いね」「予習してくればよかった」「優くんの顔が濃いからよく見える」など話されていました。

そうだよなぁ、ここには春馬くんのファンだけではなく、いろんな方が舞台を観に来ているんだなぁと思うと、舞台を楽しまずに泣いてばかりいては、何だか春馬くんにも演者さんたちにも失礼だなと思ったのです。

結局は最後まで、YouTubeで見た場面が春馬くんと重なって、泣きながら観ることに変わりがなかったのですが、しかし、不思議なことに涙で滲んだ向こうに見えるローラの顔が、何度か春馬くんの顔に見えていました。春馬くんはやっぱり気になって観にきてるんじゃないの?って思うほど、リアルに春馬くんが存在しているような錯覚に陥りました。

終盤の城田優さんが歌う『Hold Me in Your Heart』は素晴らしかったです。ここは純粋に城田優さんのローラとして観ていて、ローラの想いが溢れていて感動しました。

そして『Raise You Up/ Just Be』の会場全体の高揚感、スタンディングオベーションが始まると、その雰囲気に呑まれて手拍子も楽しくなってきました。そうか、春馬くんはこの雰囲気が大好きだったんだなぁって思うと、また泣きながら、笑いながら終演となりました。

居酒屋で飲みながら同行者に言ったのは「よかった」でした。何が、とはうまく言えなかったのですが。

ロンドンウエストエンド版の映画を何度も観て、WOWOWで放送されたものも放送の度に録画したキンキーブーツ、春馬くんが取り憑かれたように、私も取り憑かれた作品です。

今度またいつか上演される時には、心から舞台を楽しめますように。

（宮崎県　みほ）

公演を観て、改めて春馬君の素晴らしさを認識

●11月7日。今日は『創』の発売日。私は近くの書店で定期購入で2冊買ってます。1冊は以前紹介して頂いた春馬棚に保存。もう1冊は手元に置き全ての文を読みます。毎月の愛読書。私の『キンキーブーツ』を観たいと思った理由は春馬君が自分が演じたいと思い、早くから準備を始めオーディションで勝ち取ったローラ役。全編を知りたいと思いました。

先行予約でチケットの申し込み、8月3日に当選の連絡が入りました。何と10月18日14時公演…春馬君の月命日です。会場に並び、まずは『キンキーブーツ』のグッズを購入。2階まで並びました。売り切れの品も有り、3点購入。パンフレットには春馬ローラの写真も載っていました。嬉しいです。

いよいよ開幕です。ワクワクします。優ローラは、コミカルで笑いさえも出る明るく大らかなローラでした。「ガリバー旅行記」のようなローラでした。優ローラのレベルが普通であって、春馬ローラは、神業だったのだとハッキリと分かりました。

完ぺき過ぎです。繊細で美しく、目の動き、顔の表情、声の強弱、キレキレのダンス、歌声…何もかもが素晴し過ぎて涙まで出ました。「賞賛の嵐」は、春馬君自身です。最後に全員が歌う姿…春馬君はヒザを曲げ高低差は出ないように並び踊ってました。出演者全員のことを考えていたのでしょう。

ここまで考える春馬君の素晴しさを再認識できた『キンキーブーツ』でした。

（調布市　菅恵子　68歳）

必ず見返す画像は、7月18日のあの日の空

●あの日以来、私のスマホアルバムには膨大な貴方の画像と、節目節目や何時となく切り取った数百枚の空の画像が保存されている。

私の生ある間に、貴方の笑顔と空模様の画像数が逆転する日は来るのであろうか。

あの日から2年以上経過し、なぜ？　どうして？　が今の私の中で常態化している。それは、もう貴方不在の理由を探るものではなく、慌ただしくも張り合いなくただ漠然と過ぎていくだけのこの日常への焦燥感、自身への叱責だ。

　あの強い想いはどこへいったの？　春馬ismの継承は??…もっとやれることあるよね…。

　貴方があれほど頑張ったのだから、私が頑張れない理由はもうどこにもないはずなのに、実際には何も出来ていない自分への忸怩たる思いである。

　そんな時、必ず見返す画像がある。…それはあの日の空だ。当時、東京近郊に滞在していた私は奇遇にもどんよりとした空にスマホを向けていたのだ。

　撮影時刻は2020年7月18日（土）14時23分となっている。貴方が天に還ったとされる時刻の13分後の空だ。

　afterハルマの私が、この画像に気付いたのは、喪失感に打ちのめされ感情も機能せず、死んだように生きていた頃だ。

　震える指先で画像を拡大し、鉛色の天空に駆け上る駿馬を嗚咽を漏らしながら…何度も何度も…何度も探した…よね。

　晴れ男らしからぬ空に今も思う、もしあの日が晴れていたのなら結果は違ったのだろうか…と。

　どうしてあの空へだったのだろう…。

　私自身、何故あの日わざわざ映えない曇天を収めたのか未だに分からないが、何気なく撮った空が…まるでその後の伏線回収のごとく…必然のように手元に残され存在していた。

　きっとこの空は、愚かな時を過ごしてきた私への警告、戒めなんだ…。

「キミは残りの人生どう過ごし、何を遺すの？」とのメッセージに、途方に暮れながらも貴方の温かな眼差しを感じる。

　そう…あの空はもがく私にいつも勇気と教えを授けてくれる。

　一見、広く厚く垂れ込め光も通さないような雲の上にも偉大な太陽は変わらずに輝いていて、地上には柔らかな光りが必ず届く…と。

　それはまるで貴方そのものみたいに、私の人生を穏やかに彩り背中をそっと優しく押してくれるかのように…。私は自戒の意を込めて〝この空〟を一生心に、これからも貴方と共に足跡を刻む。

　ねぇ、春馬くん…今日も曇天だよ、でも大丈夫…。きっと貴方が見守っていてくれるから…。貴方に恥じないように口角を上げて歩くよ。

　ありがとう、沢山たくさん私たちのために頑張ってくれてありがとう。今もこの瞬間もありがとう。

　どうか、どうか愛しき人よ…穏やかな世界で溢れるほどの愛に包まれ、安らかでいますように。2022年の終わりに…『創』と春友さんにも感謝を込めて。

（北海道　かんなお）

優秀賞を受賞！春馬さんにも喜んでほしい

●高校3年生の三早希です。今月号の『創』も拝見させて頂きました。春友さん方の熱いお気持ちがとても伝わり感動しました。ありがとうございます。

　私事ですが、今月11月の上旬にコンテ

ストの受賞式に出席しました。そのコンテストは岐阜県にある岐阜女子大学が主催するもので、リフォーム提案についてのコンテストでした。私はもし、春馬さんが家族を持っていたらどんな家が良いのだろうと思い、自分の中で春馬さんに提案するリフォームにしようとひそかに思いながらいろいろなアイデアを出して書いていきました。

　素晴らしい芸術肌の春馬さんには、芸術品が生活の中に自然と溶け込んでいる華やかで心地よい空間が似合うのではないかと思い、今回の案になりました。

　こだわりポイントがたくさんあるのですが、その中で、造作棚に飾ってある芸術品には私が過去に作った作品や、春と馬をイメージした絵を描き、ホームシアターには、大好きな映画コンフィデンスマンjpロマンス編のジェシーとスターの1シーンを再現して、それを春馬さん一家が見て楽しんでいる様子を描きました。いろいろな想像をしながら本当に春馬さんに提案しているような気持ちで書くことができ、とても楽しかったです。

　この作品は、アイデア・デザイン部門に応募して、この部門の中で最もランクが高い優秀賞に選んで頂きました。好評を頂くことができ、とても嬉しかったです。春馬さんにも喜んで頂けたらいいなと思っています。（三早希　高校3年生）

〔編集部注〕三早希さんの受賞作品はP29のカラーグラビアに掲載。

『天外者』公開2周年 特別上映を今年は自宅で…

【『創』23年2月号掲載】

●2022年も12月11日に『天外者』公開2周年特別上映を迎えた。
　あれから2年か……当時、コロナ感染予防のため職場からの厳しい行動制限に加え、世間からの医療従事者の外出に対する嫌悪感に、日常の買い物さえもままならない肩身の狭い思いで過ごしていた。

　そんな折に『天外者』が公開され、春馬くん逢いたさにコロナ感染リスクに怯えながらも、人目を避けて駅に向かい、顔を伏せたまま足早にJRに飛び乗り、家族にも内緒で何度も近郊の映画館に通った。

　道中は行きも帰りもいつも切なかった、寂しかった、悔しかった。そして…貴方が愛しかった…。色んな意味で苦しくて哀しくて虚しくて、毎回とめどなく涙が溢れたことを想い出す。

『天外者』の初見は忘れもしないユナイテッドシネマ札幌だった。

　上映途中から「春馬ぁ?、春馬ぁ?、春馬ぁ?」と3列斜め前の女性が時々漏らす嗚咽が私の席まで聞こえ、それに呼応するかのように周りの啜り泣きが大きくなる。その度に私も感情の昂ぶりを抑えられず、〝もうこの主演俳優、三浦春馬はいない〟という心えぐられる現実に引き戻され、愕然とした。

　エンドロールが流れる頃には、拍手に混じってその女性の泣き叫び、しゃくり

2022年は自宅で春馬くん人形と（かんなおさん）

あげる声も館内に響いていた。

　明るくなると過呼吸気味で立ち上がれなくなった彼女を、一人、またひとりと何人かの女性が泣きながら声を掛けたり、背中をさすったりして…立ち去って行った。その衝撃的な彼女の悲哀と、私の中の絶望的な喪失感と作品の持つ力、音響の余韻が交錯し、脳裏から離れない初回の鑑賞となった。

　その日、その映画館では4回の『天外者』の上映があり、私は朝から3回立て続けに鑑賞し、失った宝の大きさに呆然としながら帰路についた。その3回ともに彼女の嗚咽も聞こえていたが、回を追うごとに泣き声は小さく…減っていった。

　あの彼女は今日も泣いていたのであろうか。

　昨年の12月11日は特別上映終了後、記念に電光表示『天外者』タイトルを写メしたその瞬間「そして、バトンは渡された」がスマホ画面に残された。仕事にプライベートに優ローラ誕生に悩み深かった私は春馬くんからの偶然とは思えないメッセージに…そっと優しく背中を押された気がしてまたも帰路、涙が止まらなかった。

　そして今年の12月11日当日……私は家で過ごしている。

　北海道の春友さんなら誰もが知っているであろう聖地「サツゲキ」（映画館）の座席ネット予約がどんどん埋まっていくのを数日前からただただ眺めていた。

　私はコロナの濃厚接触者となり、映画館へ行くことができなくなった。

　この記念日に間に合うように、ドール作家さんにオーダーしてお迎えした春馬くん（五代さんドール）を膝に乗せて一緒に『天外者』を心静かに自室でＤＶＤ鑑賞した。

　空模様があやしくなってきた。

　吹雪になる前に五代さんを冬の曇天に掲げ、今年も私なりの記念撮影をした。

「春馬くん？　どうしていますか。

　今日も貴方に逢いにたくさんの方々が映画館に足を運んでいますよ、そこから見えますか？

　貴方が安心して笑顔でいられるように、これからも私なりに頑張るね。また来年もどうぞよろしくお願いしますね」と天へ語りかけた。

　空に掲げた〝2人の天外者〟がお空から私たちを優しく見守っている気がした。

　今年は柔らかに12月11日が過ぎた。

（北海道　かんなお　50代）

『天外者』特別上映と1カ月前の近江商人屋敷

●わたしは、12月11日に、公開2周年特別上映『天外者』を観に行きました。田中光敏監督のメッセージカード付きの特典がありました。観る前に『創』2021年1月号の監督インタビューを再度読み返し、それを持参して映画館に向かいました。何度観ても、五代友厚を全身全霊で演じきる姿は、まさに天外者でした。

上映1カ月前には、夫が天外者ロケ地滋賀県・近江商人屋敷にサプライズで連れて行ってくれました。実は、夫は、わたしの春活に対して、あまり良くは思っておりませんでした。春馬くんの3回忌のあたりには、大きな事件もあり、宗教のあり方も大きく取り上げられ、主人をとても心配させてしまっていたのかもしれません。主人もわたしがどうして三浦春馬という俳優の死を悲しんでいるのか疑問に思ったのか、彼のことを調べ始めた時期でもありました。彼の良さやわたしの春馬くんに対する想いを少しだけ理解してくれたのでしょうか。愛知県からも比較的近い、天外者ロケ地へと連れていってもらったという経緯でした。

屋敷の中に入ると、管理人の方が、祭壇のシーンや、水墨画のシーンなど詳しく教えてくださいました。水墨画のシーンの場所を真似て、主人に撮影してもらいました。後からあのシーンを確認しましたら、偶然にも春馬くんと同じ場所、奥から3枚目の畳に正座をしておりました。

春馬くんへの想いを、一人苦しんできた日々から、春友さんができ、最終的には、家族の理解も少しずつ得ることができ、寄り添ってもらえる環境に、心から有り難く、感謝の気持ちでいっぱいです。これからは、もっともっと春馬くんの、素晴らしい生き様を語り継いでいきたいです。『創』に出逢い、皆さんの想いを共感でき、春馬くんへの想いを知ることができることが、生きていく力になります。心からありがとうございます。

（愛知県　美蓮　49歳）

２６０冊超の寄贈「日本製届け隊」の活動

●「日本製届け隊」として初めて1冊目を寄贈したのは２０２１年11月のことでした。

友人のOさんと「何か春馬さんのためにできることをしたいね」と話し合って考えたのが図書館に日本製を寄贈するということでした。

「僕の名前で出させてはもらうのですが、それぞれの場所でたくさんの方に協力して頂いて完成した本だし、そこで学ばせてもらったことを日本中の人に知ってもらいたいから、学校の図書室や図書館に置いてもらいたいですね」という春馬さんの言葉を実現したいと思いました。

10冊を目標にスタートした寄贈は、１年1カ月経った今、２４０冊になりました。2月からOさんとは別に活動していますが、Oさんがその後個人でした寄贈を合わせると２６０冊を超えることになります。

こんなにたくさん寄贈できたのは、春友さんたちが支えてくれているからです。また、鉛筆画を展示し寄付をお願いする機会を設けてくれたHARUツアーの田中さんがいなければできないことでした。

届け隊の活動を通して、素敵な出会いがたくさんありました。

山口県の図書館では、たまたま電話に出てくれた方の奥様が春馬さんの大ファンで、地域資料しか寄贈を受けていない

国立劇場おきなわの図書室に寄贈

図書館にもかかわらず特別に寄贈することができました。

また、宮崎県の椎葉村にある「ぶん文BUN」は三大秘境にありますが「図書館も全国に誇れるものにしたい」とアイデア一杯の素敵な図書館でした。寄贈の申し出を快諾し、本の帯を活かした形で素敵にディスプレイしてくださいました。「三浦春馬さんの御著書にこのような良書があることを寡聞にして存じ上げませんでした。『日本製』は素晴らしい本ですね」と温かいコメントもいただき感激しました。

沖縄県の取材先である「国立劇場おきなわ」には、レファレンスルームという芸能関係図書や公演記録映像を見ることのできる図書室があります。寄贈が叶ったとき、沖縄の芸能資料と共に日本製が永く大切に所蔵されると思い嬉しくなりました。

「僕もファンです。映画も見ました」と言ってくださる方。「好きな本です。三浦さんの人柄が感じられますね」と言ってくださる方。「早速私も拝読させてもらいました。とても深いところまで取材されたのだなと感じました。…歴史を引き継いで未来に生きる子どもたちにぜひ読んでもらいたいと思います」と丁寧な礼状をくださった教育委員会の方もありました。

中には「鉛筆画すごいですね。寄贈もたくさんしておられて、これからも頑張ってくださいね」と『創』のヤフーニュースまで調べて励ましてくださった方もありました。

欠本で購入できなかったという6カ所の図書館に寄贈できたことも嬉しかったです。

寄贈できるできないにかかわらず、話を聞いてもらえたことがまず小さな一歩だと思い、必ず感謝を伝えるようにしています。

各地の図書館や自治体を調べながら、私も『日本製』寄贈の旅をしている気持になります。47都道府県制覇を目指して、これからも頑張りたいと思います。

（deko）

第3章

三浦春馬さんへの想い

空羽ファティマ／海扉アラジン

三浦春馬さん『太陽の子』息子の無事を祈る母(切り絵：海扉アラジン

春友さんの霊能者体験談

どんな手段を使ってでも春馬くんと繋がりたい、と願う人びと

空羽（くう）ファティマ［絵本作家］

人は自分が信じたいことを信じる。自○と思う人は自○、他○と信じる人は他○と言い切ってほしいのだ。が、全く逆のことを言われたら？

カードリーディングやマッサージなどの仕事もしている私は、亡くなった人への想いを聞く機会はよくあるのだが「〝天国にいる春馬くんと話ができる人に、本当に自死なのか？　今どこにどうしているのか〟を聞きたい」と願うファンは私が想像していたより多くいて、霊能者と呼ばれる方たちのところに通っているらしい。

心というものに興味があり、若い頃から精神世界なるものを学んだり、インドを旅していた私なので、スピリチュアルな世界は嫌いではないし、そういう力も存在することは信じられる。ただ、少しでもそういう力を持っていると、能力以上のことをできると誇示して悪用する人たちがあまりに多いので、そういう人のところに行くならば、かなり慎重になった方がいい。

霊能者、とまではいかなくても、女性は誰でも魔女的な力は少なからず持っているもので、自分でそれに気づいてその力を使う訓練をするかしないか（ちなみに、私は子どもの頃から自分は魔女だと信じ込んでいて＾＿＾；魔法とか魔女とかいう言葉を聞くだけでワクワクした種類の人間である）。

また、実際に力を持っている人も使い方を間違い、道を外れたブラックパワーとして使ってしまうと、その力は諸刃（もろは）の剣になり自らを破壊させてしまうのだ。そういう人を何人も私は見てきた。

私個人は、自分のことも三浦さんのこ

とも、その手の人たちに相談したことはないし、これからも行く気はない。よほど信頼できる関係性があれば別かもだが、その人が全てを知っているように信じてしまったら、その後もその人の言葉をみんな信じて振り回される危険があるからだ。

ただ、あまりにも霊能者と名乗る人のところに相談に行く春馬くんファンが多いので「どんなやりとりをするの?」と気になっている人たちもいるらしい。そこで、以下、一例ではあるが、ニックネーム黒猫さんが霊能者体験を私に語ってくれた内容を、ここに紹介してみる（霊能者に相談を勧めてるわけでも、反対してるわけでもありませんので、誤解のないようお願いします）。

ある春友さんの霊能者体験談

以下は彼女が書いてくれたものです。

【私は春馬くんが亡くなってからのファンです。7／18のあの衝撃的なできごとの後、毎日ネットで検索し、こんな素晴らしい俳優さんを、生きている時に応援できなかった自分を嘆き、そしてどうしても自殺と信じられなくて、所属事務所や他の俳優さんに対して、憎しみの感情を抱くようになりました。

……30年近く前のできごとですが〝マスコミには一切出ない本物の霊能者〟だと友人に紹介された先生に初めてみて頂いたことがありました。何から何まで驚くほどピンポイントで当たりました。中でも驚いたのは、亡くなった母が、食べたがっているからお供えしてあげてと言われた物でした。

「はっさく・桃の缶詰・ブリの塩焼き」と言われて、はじめの二つは納得ですが、ブリは心当たりがなく「普通はブリは〝照り焼き〟なのに?」と不思議に思い、母の妹に聞くと、故郷の岡山では〝塩焼き〟で子どもの頃よく食べていたというのです。それ以外に驚いたことは、母には水子がいるから供養するようにという話でした。「あなたには弟と妹が生まれるはずだった」と。父に確認すると、これもその通りだったのです。

その後は、時が経つうちに先生の連絡先はわからなくなりました。けれど20 20年7月に春馬くんが亡くなると「どうしても、またあの先生にみて頂きたい。そして犯人を捜したい」と心から思えてきたのです。そして私の強い願いが通じ、ようやく先生にみていただけたのが、今年の3月18日でした。

まず聞いたのは〝春馬くんは誰にどんな殺され方をしたのか?〟でした。

しかしその答えは、全く予想外だったので、とても、とても動揺しました。

なぜなら…「自殺」だと言われたからです。

驚き、信じられない私は何度も何度も聞き返しました。「そんなわけは絶対にないっ！　彼は自殺なんてする人ではない」と。けれども先生は「本人が自殺って言ってるよ」と言うのです！

「私はずっと他殺と信じて運動している」と言うと、春馬くん本人が「修行の邪魔になるからやめてほしい。自殺した人は修行が大変なのだから」と言っていると言うのです！　あまりのショックで頭の中が真っ白になりました…。

今まで彼のためだと信じて、私がやってきたことは無駄だったどころか、〝修行の邪魔〟だったなんて…悲しすぎます。

けれど、そこまで言われても、納得できずにまだ他殺と信じていた私は「仮に自殺だとしても、自殺教唆（きょうさ）ではないか?」と思い、もう一度確認したくて、再び4月9日に先生のところに行くと、「共に活動してるみなさんは自殺だとわかってくれた?」と聞かれ「仲間の何人かに話しましたが誰も信じてくれませんでした」と答えると、「僕は殺されなければならないようなことはしていない」と春馬くんは言っていると言うのです（※これは殺された人は殺されることをしているという意味ではない）。〝他殺〟と騒がれることは彼にとって迷惑なのだそうです。だから「あなただけでも他殺と運動することはやめてほしい」と彼が願っていると言われたのです。

そこまで言われたら、さすがにもう返す言葉はありませんでした。自殺なんて信じたくないけれど、もう信じるしかないのだと思えました。

けれども「修業が大変」と言っていた3月18日からわずか3週間後の4月9日は、春馬くんの様子は違っていたようです。「彼からすごく良いお香の香りがする」と先生は目を見開きました。霊格の低い霊からは何とも嫌な臭いがして、霊格の高い霊からは、花の香りやお香の香りがするそうです。

その4日前は春馬くんの誕生日だったので、全国でたくさんのファンが、彼が生まれてくれたことをお祝いしました。そのことで修業が少しでも進んだならば、ファンからの春馬くんへの感謝や愛が、彼のいる場所を高みに押し上げたのではないかと思ったのです（このことに対しての彼からの言葉はなかったので、これは私の想像ですが）。

彼のことをただ想うだけでこんなに彼の役に立てるのだとすれば、直接行動すること以上のパワーが、〝祈り〟には秘められているのかもしれません。

それから、春馬くんが食べたい物を聞くと、ウナギの他には「コカコーラが飲みたい」と言ったそうで、仕事のために身体に良い物をとっていた春馬くんですが、本当はジャンキーな物が食べたかったのかもね、と妙に納得。

その後、先生が「春馬くんは、ずっと笑い続けてなかなか答えてくれない」と言った後にやっと答えてくれたものは「銀だこ」でした（先生はそれをご存じなくて、「銀だこって何?」と聞いていました）。

それから。春馬くんはあの日の行いをとても悔いているそうで「僕はせっかくの人生を自分で終わらせてしまった。でも、みなさんには自分の人生を精いっぱい生きてほしい。最後まで生き抜いてほしい」とも言っていたそうです。その言葉を今も、私は何回も思い出して自分に言い聞かせています。〈自分は本当に悔いているから、みんなには〝どんなに辛くても、何があっても人生は全うして生きてほしい〟と、願ってくれるのだな〉と、やっと分かるようになってきました。

ここに私が書いたことは「彼が自らそうした」と思っている方は信じてくれる

と思いますが、他殺や不審死と思ってる方はすぐには信じられないかもしれませんね。でも、彼がいきなりいなくなり暗闇に投げ出され、試行錯誤しながら進んできた私は、今の春馬くんが喜んでくれるのは「怒り」ではなくて「祈り」だと思えるのです。

初めは自殺と聞き動揺しまくったけれど、今はやっと肩の力が抜けて楽になれた気がします。『彼の名誉のため！』と彼の無念をはらそうと、心が憎しみと怒りで覆われていた自分は、純粋な心の優しい春馬くんとは、かけ離れた場所にいたのだなと、気づけたからでしょう。

〈どんなに良かれと思う活動も、必ずしも、正しくはないかもしれない〉ことを、今回のことで春馬くんは私に教えてくれました。】

人は自分が信じたいことを信じる

（ちなみに、この体験を私に語ってくれた黒猫さんとは、今までお付き合いはなく、この件をきっかけに知り合ったご縁。しかし、よくまあ毎号、毎号、出会いがありいろんな情報が集まることに驚くわぁ！）

それと。癒しを求めて霊能者のところに行っても、余計に落ち込むこともあるので注意してほしい。〝春馬くんの魂は今も苦しんでいる〟と言う霊能者もいるからだ。

「そういう逆側の意見も書くべき」という意見もあるとは思うが、これは私個人が感じたことを書く場所であり、新聞やニュースとは違うものなので……想像するのも哀しくなるようなことをここにあえて書きたくはないのだ。

そんな辛いことを詳しく書いたら、命日も近い皆さんの気持ちはよけいに暗くなってしまうだろうから。

わかってもらえると思っていたが、私が睡眠時間を削ってでも毎月毎月、『創』の記事を書き続けているのは、〈自殺か他殺か？　デモ隊がいいか悪いか？　霊能者の言うことは本当なのか？〉などなどを議論したいわけではなく、特定の人や事務所を責めたいわけでもない。

全てにおいて期待以上の仕事をこなす俳優で、その上にダンサーで歌手という素晴らしいエンターテイナーだけではなく、ファンにとっての理想の恋人であり、愛する息子でもあった唯一無二の存在がいきなり消えてしまった、皆さんの悲しみや虚しさや後悔が少しでも軽く楽になるように願って書いているだけなのだ。

そして私自身の意見を聞かれたら、「命の限界まで力を尽くした、頑張って生きた彼の魂は今は安らかだと想う」と答える。私は彼の笑顔をよく感じるから「彼は苦しんでなんていないから大丈夫。安心して」と皆さんには、はっきりと言いたい。

人は皆、自分が信じたいことを信じるものだ。自殺と信じたい人は霊能者が自殺と言えば安心するし、他殺と信じる人は他殺と言い切ってほしいのだ。

だが、ここに黒猫さんの体験談を載せたのは、彼女は自分が信じていたこととは全く逆のことを霊能者に言われ、動揺し信じたくなくて、何度も先生に確認し納得するしかなくなり…という過程が興味深かったからだが、「デモを止めるのが正解」とは誰にも言う権利はない。
ただ、自分とは違う考えも受け入れてみたらとても気持ちが楽になったから、皆さんにも楽になることを春馬くんは願っている、と信じて体験談を語ってくれた。決して無理矢理この話を信じてほしいというわけではなく、それは皆さんの自由だ。

また一人、真面目に生きていた俳優さんが亡くなった

以下は夕刊フジ5／19より。

【ドクター和のニッポン臨終図巻】

ファイトー！　イッパーツ！　若い頃、徹夜明けの病院の自販機で、何度そう言ってドリンク剤を飲んだことだろうか。腰に手をあて一気飲みをすれば、少しだけこの人に近づけるような気がしていました。どんな困難にも立ち向かえる、不死身な男に。人気俳優の渡辺裕之さんが、5月3日に神奈川県内の自宅で死去されました。享年66。自宅地下のトレーニングルームで縊死、との発表です。

コロナ禍に、渡辺さんは自律神経失調症と診断され、お薬を服用していたといいます。訃報とともに聞こえてくるのは、どんな仕事にも手を抜かない、家族思いで心配性、音楽やゴルフなど多趣味でどれもプロ級の腕、筋トレやジョギング、ウォーキングをかかさず肉体美を保ち、近所のゴミ拾いも率先してやっていた…等々、中身も外見も、「非の打ちどころのない人」に見えました。そんな60代は、僕の周囲には見当たりません。コロナ自粛さえなければ、渡辺さんが心を患うこともなかったかもしれません。人間の心理なんて、どんなに仲のいい家族も親友も、ましてや医者や専門家にはわからない深い深い宇宙の闇のようなもの。（略）

還暦を過ぎても非の打ちどころがないように周囲から見えるということは、相当な完璧主義で、日々たゆまぬ努力をされていたはず。ふと、三島由紀夫が、死の哲学をめぐって書いた『葉隠入門』の中の、こんな言葉を思い出しました。

〈もし、われわれが生の尊厳をそれほど重んじるならば、どうして死の尊厳をも重んじないわけにいくだろうか。いかなる死も、それを犬死と呼ぶことはできないのである〉

三島由紀夫も、渡辺さんと同じように筋トレをして肉体美を維持し続けていた「表現者」でした。あらゆる表現は肉体活動であるから、肉体が衰える前に、自分の美を完結させたいと30代の頃から、45歳で死のうと考えていたという逸話は、良いか悪いかを超越し、そのストイックな覚悟に平伏するしかないです。

もしかすると渡辺さんも、完璧な肉体で仕事をこなせる年齢のうちに、自分の美学を完結させたかったのではないか…僅かにそんな想像もよぎります。

医者ですから「自殺はダメ絶対！」と書くのが僕の役割でしょう。でもダメな死なんてあるわけがない。渡辺さんは永遠に、憧れの同年代です。

長尾和宏　医学博士

……………………………………

なんてまっすぐな文章だろう。「ダメな死なんてない」とは三浦さんにもかけたい言葉だ。

私たちは〈生き抜くのが素晴らしいポジティブなことで、死ぬのは悲しいネガティブなことだ〉という教えを子どもの頃からされてきた。

まして、自らの死は特にだ。

でも、三島由紀夫さんは、そこを打ち破り〝死の尊厳〟と言い切る。

（犬死という言葉は、わんこのポロンと家族として暮らしている犬派の私はうなずかないけれど）

誤解を恐れずに言えば、

《三浦さんや渡辺さんのように、こんなにも誰からみても文句ないほどに真剣に生きた、生ききった人ならば自ら、死のタイミングを決めてもいいのではないか？》と、私には思えた。この後、三島由紀夫さんは熱き生涯を自ら閉じたが、それは誇りある死だったのだと、この言葉を知って思え、今頃三浦さんと熱く演劇論を語ってるかもしれない。

三浦さんも〝こういう世の中に絶望したのか？〟

話は変わるが……先日の夜、目撃したできごとを、ここにシェアして問題提起をしたい。

〝社会的弱者〟と呼ばれている人たちのことは、三浦さんも心を寄せるに違いないし、これを聞いたら「こんな世の中でいいのか？」ときっと彼は悲しむと思うから。

……視覚障害者用の誘導ブロックがある歩道の先にある信号機ならば当然、♫メロディが鳴り、青になったら分かるようになるものだと思っていた。

が!!!!!!　白杖をつきながら、赤信号の横断歩道をどんどん歩いて行く女性を見かけて驚いた。(>_<)

((;゜Д゜)))))

すぐに、その方のもとに走ろうとしたが、私がいる場所はそこから少し離れていたので、気づいた時にはもう、彼女は渡り切っていた。

その時、私は夜行バスに乗る娘を見送るために待っていて、時間は夜9時半。

最近は静かな音で走る車も多くなってきたから、あの時もし車が来たらと思うとゾッとした。全ての信号に音が出るわけではないだろうが、近くに盲学校もある駅の信号機なのだから、この信号には音は必要だと思った。

このままでは、いつ事故が起きてもおかしくないと思い、すぐに警察署に電話して匿名だと信頼されないと思い、本名も連絡先も伝えてから見たことを話すと、その信号は夜8時までは音が鳴るが、それを過ぎると鳴らなくなるらしい。

「駅前だし、お店が多く、住人は少ない場所だが、夜は音が響くというならば音量を下げてでもいいから信号機の音の出る時間を1時間か2時間は延長して、目が見えなくても安心して渡れるようにしてほしい。

実際に危険な人を目撃したので、なるべく早く対策をお願いしたい」

と頼んだ。初めは感じのいい若い警官が、電話口に出て二度連絡をくれた後、その上司から電話が来たが、曖昧（あいまい）な返答しか返ってこなかった。

納得いかない私が「事故が起きてからでは遅いからお願いしてるのです。ご自分のお子さんに視覚障害があっても、今と同じことをおっしゃいますか?」と聞くと、「空羽さんは、〝たまたま〟一人だけ赤信号を渡る人を見ただけですよね?いつも渡るとは限らないのに、つけるわけにはいかない」と言うではないか。

　以下が、その時のやりとり。

「ですが、事故というものは、〝たまたま〟起こるものではないでしょうか?」

「そんなこと分かってます! どのくらいの人がその信号を使うか、調べてもいないのに答えられないと言ってるんですっ!」

「では、なるべく早く調べてくださいますか? 30分や1時間くらい調べても正確な数は分からないでしょうから、ちゃんと長い期間調べて、その結果がどうだったかを報告して頂きたいです。お手数お掛けしますがよろしくお願いします」

　と言って電話を切った。

《子どもとペットの扱いで国の文化レベルがわかる》というが、日本は（呼び名は悪いが）障害者と呼ばれる方たちが安心して外を歩ける国ではなく、ここにその国の人間性や優しさが出るのだ。

　その後、〝盲学校側からの依頼ならば警察ももっと真摯に耳を傾けてくれるかも〟と思い、駅の近くにある盲学校に電話した。

　すると「うちの生徒が事故にあったわけではないですから」と言われて驚いた。

「赤信号を渡っていたのがお宅の生徒ではないから、事故が起こるまでは信号をこのままにしておくということでしょうか?」と問い直すと、電話口の先生は口ごもり、電話を教頭に代わった。

　でも、その教頭も同じことを言ったのだ。誰よりも目の見えない人たちの苦労がわかっている先生がである。もし、自分の子どもに視覚障害があったら、親ならば子どもの命を守りたくて日本中の信号機を安全なものにしてほしいと願うのではないだろうか?

　命をテーマにした本を書いている私はお子さんを亡くしたご遺族たちと話す機会が多く、「あの時こうしていたら」と後悔することが、どれだけ辛いかを痛感しているからこその行動だった。でも、新たに信号を作ってくれと言ってるわけでもなく、余分に手間やお金がかかるわけでもなく、ただ音の鳴る時間を少しでも延ばして欲しいと頼んだのに、「たまたまたった一人が赤信号を渡っただけ」とは。そんな、臭いものには蓋の世の中を知ると……。

「母親に昔からずっと言われ続けています。〝人に思いやりを持って接しずっと素直な子でいてほしい〟って、愛の根本にあるのはそういう思いやりの心じゃないでしょうか。ELLE2013.9.20」

　と三浦さんは言っていた。幼い時からお母さんに学んだ思いやりの心をいつも持っていた三浦さんが、もしその場にいたら、絶対に、そのままにはしなかったと思う（このお母さんからの教えの三浦さんの言葉は、『三浦春馬 死を超えて生きる人』の名言集の募集でたくさんの人が選んでいたので、より目立つように記事の中に載せました）。

　それに、ラオスの子どもたちの力になりたいと熱心に活動もしていた三浦さんだから、こういうことには心をくだいてくれたと思う。

今回のことで果てしなく高い壁を目の前に感じるような感覚になったように、彼の繊細で優しい心が求める社会と、現実の世界はあまりにも違いすぎて、そこには大きな川が横たわっていて、必死にその川を泳ごうとしても、ボートで渡ろうとしても、流れはあまりにも激しく、心も体も疲れ切ってしまったのかもしれないな…って。

　この、出口のない虚しいやりとりをしてるうちに「三浦さんは、あまりに冷たいこの世の絶望感みたいなものに打ちのめされたのかもしれない」と思ったの。そうだとしたら、辛かっただろうなって…。

……遠くて近い月のように
7／18は、離れたり近づいたりしながら、私を照らす。

今日も
輝くまあるい月と星に
この世の神秘を問いながら、
彼や、貴方の大切な人が
暮らすであろう空を仰ぐ。

7月18日（海の日）に彼に捧げるイベント

もうすぐ7月。またあの日がやってきますね。変わらずに心の痛みを抱えてる人のためにも。ふっきって空を見上げられるようになった方のためにも……。

　今まで『創』に載せた２０２０年11月号から２０２２年８月号までの22冊の表紙と３冊の特集号に載せた三浦春馬さんの全ての切り絵と、＃キャメルンシリーズの切り絵（海扉アラジン作品）を、群馬県の前橋アメイジンググレイスにて公開しようと思います。会場が奇跡的にこの日だけが空いてたのも偶然ではない気がしています。

　三浦春馬さんの創作物語〈もしもあの日に戻れるならば〉の朗読コンサートも同時開催（素敵な演奏とダンスを、バックに空羽ファティマが朗読します）。

　アメイジンググレイスは、最寄りの駅は前橋駅で、緑とお花の咲くお庭のおしゃれな結婚式場です（詳しいお知らせは@coofatimaのインスタグラムにて）。

「命日なのにお墓もないし、どこに手を合わせていいかわからない」「溢れる想いをどこに向けていいかわからない」という方のために、少しでも心の拠り所になれたらと願って。

　誌面のみのお付き合いの皆様と、実際にお会いできることを、篠田編集長とキャメルンスタッフ一同楽しみにしております。

空羽ファティマ

［初出：『創』２０２２年７月号］

〔編集部注〕２０２２年７月18日に行われた「朗読コンサートと切り絵展」の写真はＰ14〜16に掲載。

キンキーブーツ3

ローラの教えと、疑惑問題の狭間で揺れる人々

「真実を追いかけ、新しいことを学び、自分と他人を受け入れ、愛を輝かせ、信念に従い、自分が変われば世界が変わる」とローラは言った。

空羽ファティマ［絵本作家］

キンキーブーツのローラだけではなく〝舞台上の役〟は誰のものでもない。作品は人が代わりながら受け継がれていくものだ。それはみんなも、わかっている。

ただ、今回、城田優さんにそのバトンが渡されることで、このローラ騒動が起きているのは、三浦春馬さんが心も体も魂までも、その命と情熱をかけて〝演じた〟というより〝なり切った〟ローラそのものだったあの役は…「またローラやるために生まれ変わっても男になりたい」とまで惚れ込み3回目もやる気満々だったから、一般的な〈役の継承〉と考えるのは難しいのだろう。

そして、ビジュアル云々以上に春馬くんファンにとって大きな壁になっているのは、城田さんが賭博疑惑、女性問題などいろんな疑惑のかかっているままで、何の説明も謝罪もないまま〝信念に生きるローラ〟を演じることに抵抗があり、演技力で乗りこなすのではなく、役者自身も堂々と上を向ける人であってほしいと願っているのもわかる。

その黒い疑惑はただの噂と言うのならば、はっきりとそう言えばいいのだと。

そして、もしそれが事実ならば「芸能界は認めたら終わり」と言われるが、彼が実際に何をやって、どんな責任を取らなくてはいけないのか詳しいことはわからないが、城田さんが「ローラを演じる前にきちんと謝罪した上で、春馬が大切にしたローラに恥じないように、全身全霊で役に向き合わせて頂きます。どうぞよ

ろしくお願い致します」と言ってくれたら、優しい春馬くんファンのことだ。「よくぞ、勇気を出して言ってくれた！　こちらこそ、どうぞよろしくお願いします！」という、気持ちになれるのではないか？　ただ駄々をこねて、何がなんでも城田さんでは嫌だと言ってるわけではないだろうから。

城田ローラのビジュアルに、否定的な意見が多く出てしまったのは、こういうことがリセットされてないままの発表だったからだろうし、好き嫌いは措いたら、もともと城田さんがイケメンなのはみんなも知ってることだし。

自分を受け入れ、他人も受け入れること

城田さんローラのビジュアル初公開の日。「ローラの教えを守り、優ローラをすぐに私は受け入れます！」とすぐに言える人は大人で立派だけど、そうは思えない人からは「そんな正論の言葉を聞き、追い詰められてしまっている」とダイレクトメッセージが私の元に来ていた。

だからその日のインスタ@coofatimaにその人たちの想いに寄り添おうと、こう投稿した。

「城田優さんのローラは海外のローラみたいなガッツリ系だったね。舞台はきっと成功させると思うけど、もう少し胸キュンする写真だとよかったな」って。

すると、その投稿のコメント欄に「ローラは〝誰のことも受け入れる〟と言ってたので、私は全面的に優ローラを受け入れます」と書いてくれた■さんとのやりとりを今、起きてるローラ騒動を皆で考えるきっかけにしたいと思い、許可を得てここに載せようと思います。

私より■さんへ……

〈■さんの言ってることは正しいと思う。ただ、落ち込んでいる人が多かったから、城田ローラをけなす悪口を書くのは良くないけど、動揺している人たちの気持ちが、少し落ち着く為の場所を作ろうと思って投稿したの。

私自身も、すぐに気持ちが切り替えられないファンの1人だったし、もう少し時間が必要だと思った。……城田さんだってプロだしハンパな覚悟で受けたのではないだろうから、この逆風の中ならば余計に実力以上のものを出して本気の本気でやるだろうから舞台は絶対に、いいものにするとは思う。

それでもやはり、「春馬ローラを見たかったな」とは、思ってしまうと思うけどね。それは、もう城田さんどうのこうのではない、好みの問題だから仕方ないの〉

■さんより……

〈まさにそうなんです。私のコメントって、人の心に寄り添えてないんですよね。春馬ローラがいいんだけど、城田さんの気持ちも考えると、なぜか苦しくなってしまい、その時の私の心から出てきた言葉をそのままコメントしてしまいました。

でも、やっぱり「人に寄り添い少しでも周りの人に温かい波動を広げたい」と思ったとき、あれは「正論」すぎてバッサリいっちゃったなぁーとか、考えました。

難しいですね。最近、アメブロ始めて、顔を出してブログを書くってすごく勇気いるとわかりました。ブログを書くこと

で、人に寄り添うことを学ぼうと思います。〝心理の勉強より実践！〟だとファティマさんに教えていただきました😊♡ただ、本当に生で春馬ローラを見たかった。これだけは悔やまれてならないです😭〉

■さんへ……

〈こんなふうに真っ直ぐな言葉で言えるのが■さんの純粋さと強さだね。なのに「正しいこと」をしなくてはという気持ちがいつも■さんを縛ってしまうのはもったいないね。

「どう言えば正しいのか?」ではなく、自分が〝本当に思ってること〟をオトナゲなくても、立派でなくても、言える自分になることを、まずは自分に許したらいいと思う。

　それが、■さんにとっての、6ステップを受け入れることで、これこそが三浦さんから学ぶことだと思う。

《自分を受け入れ他人も受け入れて》とローラも言ってるように。〝人に優しく自分に厳しく〟と教わって来た日本人にはそれは難しいことなのだろうけど。〉

■さんより

〈出来てるつもりだったけどまた良い人になろうとしてた自分に凹む〉

■さんへ

〈うん。正しいことって、いつも少し冷たかったりするけど、そこをいかに温かく伝えるか?が言葉の力だね。それってさ、本で勉強するより、リアルな体験で練習するしかないんだよね。勉強熱心な■さんはもう、心理学はよくわかってる人だから、あとは、一番いい学びになるのは自分の心の観察だね。灯台下暗し。

「こんなにシリアスに悩んでたことって、む、むだぼねえ!?」(((；°Д°)))) って、自分を笑って！

「自分を笑えれば人生はいつも楽しい」

byシャーリー・マクレーン（〝精神世界〟という言葉を日本にもたらしたきっかけになった「アウト・オン・ア・リム」を書いた女優さん）〉

誰も傷つかない文章は誰にも響かない

　以下はある別の方からのダイレクトメッセージ。

〈ファティマさんの言うように、確かに言葉の重さは、人によって違いますね。私は一般人ですが、それでも投稿やコメントに意見を書くのは怖い時がありますよ。誰かが言ってましたよ、ファティマさん♡【誰も傷つかない文章は、誰にも響かない】って！

　もちろん誰だって、出来るだけ誰も傷付けたくない。でも感性は人それぞれだから、受け取り方も、譲れない線引きの位置も人それぞれ。残念だけど、どうしたって分かち合えない方々もいる。でも、ファティマさんに救われている方々もたくさんいるからね！　大丈夫😊来月号の文章に反映させて下さい！」

　……本当にそうですね。誰も傷つかない文章なんてないし、クレーム恐れて無難に書く文章は、定型文のような心無い文章にしかならない。それが人の心に響くわけはないですね。私が書くなら、私にしか書けない言葉を紡がないと、書く意味はないのだから。背中を押す力強い言葉をありがとうございます。

　また、他の方からはこんなコメントも

頂いた。〈ちょっとした発言にもすぐに逆風で、つつかれるから正当で誠実な人たちまで想いを抑えている。
そんな中、公然と春馬くんを語ってくれている『創』の存在は貴重です。普通に春馬くんの思い出を語り合えるまでお願いします〉

……世間が認める「仲良し親子」だった稲垣来未ちゃんでさえ、彼の名前を堂々と語れぬ世の中のままで良いわけはないのだから。三浦春馬という、俳優としてだけではなく表現者としても人間としても純粋で努力家で、実直で、心の綺麗な人を懐かしく素敵な思い出の中で語れないこの状況はただただ哀しい。そして、世の中をそうさせているのは、芸能界のせいだけではないかもしれないとも思うのだ。『創』が社会現象として三浦さんの記事を載せ続けることも含めて、三浦さんをめぐっていろんな活動があるけれど〈行き過ぎた春馬くんへの想いと行動は、三浦春馬という名前や存在を危険な存在にしてしまって、世の中から怖がられたり怪しい宗教に見られているのかもしれない〉という危惧の念を抱きながら、冷静に行動しなくてはならないのではないか。

それは、人ごとではなく私も記事を書く責任を背負っていることも自負しなくてはならない。昔からのファンの方と自分は同じではないという自覚も捨ててはいない。あの日の後にローラに一目惚れし三浦さんの記事を書き始めた私だから、前からのファンの方たちのようにリアルタイムで彼を知ってはいないことは大きい。彼に対して学んだことは、ネットや人から教わったものだけだ。彼の成長と共に歩いてきた長年のファンの方には、たった2年記事を書いた私は到底敵わないと思っているので、その方達と同じ呼び名で「春馬くん」と気軽に呼んだり書くことは失礼だと今も思ってる。だからキャメルンスタッフと話すときも記事と同じ呼び名で「三浦さん」と呼んでいる。「こんなに毎月記事を書いてくれてるファティマさんなんですから、きっと春馬くんも感謝してると思うから、もう春馬くんと呼んでいいですからあ！」とよく言われるが、これは私自身が決めたケジメであり、遠慮ではなく自分がそう呼びたいのだ。

三浦さんという人は、自分を律し人の迷惑を考える人だったから、再調査を求めて公共の乗り物の中までも大きなプラカードをかかげるのはどうなんだろうか？

現に〈三浦さんのファンイコール過激な活動をしてる人たち〉とすでに思ってる人もいて、ファンと名乗りづらい雰囲気が世の中に出てきたことは残念でならない。それはかえって今まで彼が作り上げてきた名誉を傷つけることになる。

意見を言うことと、人を受け入れることは反義語ではない

そして、今から書くことは、特定の誰かを責めたいのではなく、みんなで考える場になればいいと思ってますが、もし気を悪くする方がいたらごめんなさい。

……「あなたが言った言葉は春馬くんが悲しみますよ」と先生のような口調で諭す人がよくいるのですが、彼が悲しむ

かどうかは、本人に聞かないとわからないのではないかしら？　その「否定」には、人を否定しないハルマクンは悲しまないのでしょうか？　彼を引き合いに出さずに言いたいことがあるならば、自分の言葉で言った方が相手に伝わるのではないかと思うのです。

「叩くだけ叩いて」というツイートを三浦さんがした時、世間は彼を叩いた。彼は人を否定しない人と言われているが、あの時は「叩くだけ叩く」人たちに対して「それでいいのか？」と真っ直ぐに切り込んだ。

「意見を言う」ことと、ローラの言う「人を受け入れる」ことは、反義語でないと思う。そこは一緒くたにしてはならないところではないか。

春馬ローラは〝強さ〟を、〝しなやかさや柔らかさ〟としても表現し、その包み込む笑顔や髪をかき上げる指先まで神経が行き届いたしぐさに惹かれる人が多く、私もその一人だ。

一方、城田さんは背も高くがっしりした体型だから、海外のローラがそうであるように力強いキャラで行くと決めたことは正しい選択だと思ったし〝春馬ローラの真似をしてほしい〟と願ってはいなかった。

ただ春馬ローラの舞台を知らずに観に行かなかった自分をどれだけ悔やんだかわからない私(T_T)なので、新ローラが三浦さんとは別の顔で再び世に登場した時は「ああ、本当に三浦さんはいなくてローラは、他の人がやるのね。春馬ローラはもう、見られないんだ」っていうリアルな現実を、突きつけられてしまった。

そして無意識に藁をも摑むような気持ちで、城田ローラの中にほんの少しでも春馬ローラの面影を探してたが、見つからなかったことに、ハートがキュンと寂しくなって「もう少し胸キュンしたかったな」と呟いたのだった。

けして悪意を持って城田ローラの悪口を言ったわけではなく、ただハートの痛みの呟きだったのだが、失望したとか、立派な文を書く人の言葉とは思えない、などの御意見を頂いた。

日本は言論の自由が保障されている国で、何を「誹謗中傷」と呼ぶか、その線引きは人それぞれだけれど、「城田さん」を主語にしての悪口は言ってなくて「自分」を、主語にして好みを言ったのだ。私が城田さんのファンだったら、そう書かれて嬉しくないのはわかるけれど、なぜ相手を反省させようと躍起になり「そう言うべきではない」と、教えようとするのだろう。

ほとんどのＳＮＳの誹謗中傷は、「自分の正しさを証明したい」欲とも言える。「その人の言う正義感」を誇示することにある。

世の中には声を上げて問題視しなくてはならない問題は、「この記事の最後に書いたように」他にたくさんあるのだから、それを人の投稿の中に探さないでほしい。

誰もが自分が正しいと思ってるし、それはそれでいい。でもそれを〝人に押しつけること〟こそが、「言葉の暴力」になるのではないか。反対意見は書くなと言う権利もないが、ほとんどの誹謗中傷（本人曰く親切なアドバイス）と言えるコメントは、匿名だからこそ書ける。

　言葉には責任を持つべきだが、その上でならば、その投稿はその人個人のものだ。特に社会的なペンネームや本名を出して書く投稿はその責任を取っているのだから、本当は意見を言う必要はないが、どうしても意見を言いたいならば、堂々と名前を書く礼儀は持ってほしい。私は人の投稿に、賛同以外の批判的なコメントはしたことはないし、これからもしない。内容が嫌なら読まなければいいだけなのだから。

言葉の重み

　私の投稿@coofatimaは三浦さんを亡くして心を痛めてる人に、彼を語りにくい雰囲気になっている世の中だから、三浦さんの切り絵のメイキングを見て、彼を感じたり、少しでも温かな気持ちになってほしくて書いている。三浦さん以外のことも書くが、違うことにも心を向けて、リフレッシュしてほしいと思ってるからだ。とにかく、私の投稿を読んで暗い気持ちになってほしくないからコメント欄を〝重く出口のない議論の場〟にしたくないので、コメントには一度はお返事を書きますが、相手の方を説得したいとは思ってないので、理論の堂々巡りは避けたい。

「人を諭す」その人は、言われる側からしたら「誹謗中傷」をしてるということを、気付いてないのが問題だ（同様にこう書いている私も、その人にとったら誹謗中傷と感じるのだろうから、どっちもどっちなんだろーが）。

「ファティマさんは記事を書く人で一般人ではないから公に読める投稿に、いろいろ書くべきではない」とも言われるけれど、作家は想いを文章にするものだし、「言葉に表現できなくてモヤモヤしてた気持ちを代弁して書いてもらえてスッキリしました」って言ってもらえるのでそれでいい。

　そして「春馬くんが愛したローラだから、誰が演じても〝無条件に〟ファティマさんも応援してほしい。そしてそれを記事に書いてみんなを説得して」とも頼まれましたが。うーん。城田さんの疑惑が本当だとしたならば……普通に考えたら、そういうことをやった人に両手を上げてローラを託すとは言えないのではないでしょうか？「誰が演じても」「無条件に」という意味が⁇なのですが、それは「許されないことをした人でも」実力さえあれば他は目をつぶる、っていう意味なのでしょうか？　それとも全ては根拠のない噂で、城田さんは潔白だと心から信じているのでしょうか？

　どっちにしても不思議に思うのはなぜ、そこまでして〝自分と同じ考えにしようと説得〟したいのかしら？　それが、良識人の自分の使命だと信じてるから？

　心はそれぞれの自由で《みんな違ってみんないい》だし「誰のことも受け入れよう」というローラの教えを守れというなら、その人も違う意見を受け入れたらいいのに。

　今の世の中って…いちいち人のことに首突っ込みすぎではない？　それは、人と人との間が近くなったのではなく、匿名だからこそ言える言葉のナイフ。それで、追い込まれて命を落とす人もいるのですし。

　私はローラの教えを習得できてない、まだ未熟な人間ですが、自分の投稿に全ての人に賛同してほしいとは思ってもいないし、それは無理だと知ってて書いています。相手は間違ってると決めつけて上から目線で人を諭す言い方や攻撃する言い方をやめれば、誹謗中傷はかなりなくなると思う。

　誤解して欲しくないのは《反対意見を言ってはダメなのではなく》節度を守った上で《責任持つために名前を出して自分の言葉で》言える人は、もちろん言っていいと思う。

　それにしても「言葉の重み」って、受け取る人によってこんなにも違うんだなあって、実感し学ばせてもらう機会にはなった。たとえ悪気がなかったとしても、その人にとったらその言葉が嫌なこともあるだろうし。私は立派な作家ではないし、それを目指してもいない。学校などでイジメや自殺がなくなるように講演や朗読コンサートしてるけれど、それは子どもの命がなくなることが本当に悲しいから活動してるだけ。

　言葉の使い方って難しいし、だから面白いと、言葉を仕事にしてると日々思う。いろいろ書いたけど、学びや考えるきっかけを下さった方々、皆さんにありがとうございますとも思っています。イエスマンだけ周りにいたら人間は成長しないのもわかるから。

　そんなわけで、

……今月号は〈SNSで人に意見を言うということ〉を、私自身の体験を通して書きましたが、私も打たれ強い人間ではなく出来たら怒られるのは避けたい。人の賞賛がないと自信持てない人ではないけれど「こういう意見も持ちましたよ」っていうのを知るのも、仕事のうちなのだともわかってます。

　あまりにひどいことを言われた時は「おお！　これってリアル韓ドラ体験だあ！」って思うようにしてるの。ふふふ、韓ドラファンならこの書き方でわかるでしょ？　観てない人に説明すると、韓ドラってすごーく人の心に染みるいいセリフとか、深く感動する脚本とか多いから、家でできる気分転換にもってこいなのだけど、人を怒る時は、すんごいの！なんのって！　だから、キツイこと書かれた時は「おお！　こりゃあ、リアル韓ドラ体験談だあ！」って、凹まずに笑うことにしてるの。

（手軽な気分転換に毎月の記事にちょっとだけ韓ドラネタ書こうと密かに計画してる私。何かに感動するとつい、それを言葉で表現したくなっちゃうのよ。

11月、12月号に韓ドラについて書いたのを読んで読者の方がハマったらしく「次のおすすめは?」と聞かれるのでお答えしますね！　トッケビとマイディアミスターは別格だけど、新たに見た中では〈私たちのブルース〉〈39歳〉がよかったよぉ！　温かな涙が止まりません。韓ドラで流す涙って辛い場面でも温かい涙が流れるんだよね。そこが日本のドラマとの違いだと思う。）

【6／22の今日は三浦さんのインスタ開

設記念日で私の還暦誕生日。

ついに60歳！　もう60？　まだまだ60と思うことにしよう。同年代が多いこの『創』の読者の皆さんも、お互い元気に楽しみながら日々を過ごしましょうね。《ローライヤーの赤》ですもの！

そして、今、泣けるメッセージをある

「美しき２人のローラに乾杯！」（海扉アラジン・作）

春友さんから頂いた。

《以前、切り絵の注文をした○○です。いつも、皆さまからパワーをいただいています。朗読コンサートの企画も、ありがとうございます。とっても行きたい！

でも、とっても残念なことに仕事で伺うことができません（；；）

せめて、参加した気分にさせていただこうと、参加費用だけでも払わせていただくことはできますでしょうか？

当日、予約されていなくて飛び入りの方がいらしたら、どなたにでもお席はお譲りしてください。インスタで見た次号の表紙。本当に2人のローラが並んでいるところ、見たかったなぁ。

ダブルキャストで再々演。お互いがリスペクトし合うローラを想像しています。

春馬くんが、席を立てないくらい心を動かされたキンキーブーツの舞台でローラを演じたのは当然、春馬くんではなくビリー・ポーターだったんですもの。ローラは特定の一人のものではないと私は思います。

とは言っても、私のローラは、春馬ローラなんですけど。心は単純ではありませんね。絶対観に行かないって思われる方がいらっしゃることもわかりますが、私は舞台を観に行こうと思っています。皆さま方の幸せと、朗読コンサートと切り絵の展示会の盛会をお祈りしています。】

なんというありがたき尊いお申し出（；＿；）（T＿T）

悩みつつ進んできた、三浦さんの記事を書いたこの2年間。やってきたことは間違いではなかったと、こんな熱い応援をもらうと思える、何より嬉しいお誕生日プレゼント。ローラの件も……。

【今、原稿送ろうとしていたこのタイミングで、これを受け取ったことは三浦さんからのメッセージのような気もして提出直前にこのメッセージを追記した】

二人のローラに乾杯！

……表紙の切り絵の締切前の昨夜は、私とアラジンとワンコの4人で朝4時過ぎまで〝二人のローラ〟を制作していた。

切るのはアラジンだが、私は意見を出したりメイキング過程を動画に撮ったりしていた。

　ローラの赤い衣装は二人同じだから、メイクの違いを正確に再現しようと唇の色は春馬ローラはオレンジがかかった赤で、城田ローラは真紅の赤。城田ローラのくっきりチークと春馬ローラのふんわりチークを表現するのにメイク用品だと、色がうまく付かなくて、絵の具などをいろいろ試した結果、パステルカラーを削って指で載せるのがベストだと行き着く。

　独特のアイシャドウは、紫系の春馬ローラ、城田ローラはちょい茶系だが、普通の人がやったらヤバい濃さでこれに負けない顔立ちと迫力を出せることがすごいと思う。

　そしてよーく見ると、二人とも自分の眉毛を剃ったり潰したりしていて、ローラ眉毛は結構上の方に書いてあった。それぞれの髪の毛はウェイブが違った。などなど細かいところまでよーーく観察して、可能な限り忠実に、目の前にいるどっちのローラも飛び切り美しくなるようにと、すっごくすっごく心を込めて制作を進めて行った。

　そしたらね……二人にどんどん愛着が湧いてきて、表紙の中で笑うどっちのローラにも胸キュンできる私たちになっていたの。幻の11月号に続く伝説の表紙になるといいなって。

　今はこんなに騒がしいローラ騒動の真っ只中だけど、秋までにはいろんな問題がセトルダウンされるといいな。

　きっと三浦さんも観に来るであろう公演は、舞台映えする大きな城田ローラが舞台に立ち歌い踊り、それを周りの仲間が支え、私も大きな拍手を送るだろう。

　そして、私たちは優ローラに拍手しつつ、心の中に初代ローラのあの微笑みを感じるのだろう。

　これから先、何人のローラが誕生しても。それは春馬ローラから受け継いだバトン。我らの三浦春馬さんがローラに命を吹き込んだからこそ、ローラ伝説は産まれ、そして続いていくのだ。

　だからね、大丈夫。

　あえて、言葉にしなくても。

わんあんどおんりーとか、言わなくても。ちっちゃい光こそ闇の中で、大きく輝くように、
　その光は、輝く。

　静かに永遠に。

もう、その光を絶賛する必要もない。

　舞台が始まったら、優ローラと春馬ローラは、《全く違うもの》として受け止めたい。

【美しき二人のローラに乾杯!】とみんなが笑顔で言えることを祈って。

【ご報告】前回、《視覚障害者用の信号音が夜8時以降は鳴らないために、9時に赤信号と知らずに渡っていた白い杖の方を目撃した私が警察に「夜なので音量は小さくしてもいいので、安全のために音の鳴る時間を延長してください」とお

願いした件で、社会的弱者の立場に立とうとしていた三浦さんも、きっと同じことをしたと思う〟ということを書きましたが、その後の報告です。現場を調べたら確かに駅前で〝交通量も多く危ないと判断して3時間延長して信号機の音を鳴らしてくれました！　ありがとうございます！

こうして、【声を上げることで社会は少しずつ変わっていくことができる】ということを体験し〟、とても嬉しくなりました。

声に出すべきこと、いちいち声にしない方がいいこと〟。いろんなケースがあるけど、その線引きを考えるのが人間の知恵だと思った出来事で、インディアンの言葉にこんな言葉があるのを思い出しました。

《神は、私に変えられないことを受け入れられる力を、変えられることは、変える勇気を与えてくれた。

そして、変えられることと、変えられないことの〝違いを見分ける知恵〟をも与えてくれた。》

………………………………………

《そのときの出逢いがその人の人生を根底から変えることがある。　みつを》

今回シリアスなことを書いたので、最後はみんなの心がほっこりする、今まで世の中に出ていない温かなお話を書きます。これを聞いた時から伝えたかったから、やっと許可をいただき書けて嬉しい。

……あの7／18のあまりに悲しいことがあった後のことです。彼が普段使っていたバッグから…一枚の写真が出てきたそうです。

……それは、愛する娘はなちゃんと病室で撮った笑顔の写真でした。

愛用の黒いバッグの前ポケットの中に大切にしまってあったそうです。

そのことを聞いた私は「ああ、よかったー」って、胸が熱くなりました。『TWO WEEKS』の撮影が終わって、時が経っても、こんなにも大切にしたい素敵な出会いが彼にあったということ。

それは、役を超えて本当に愛おしく、心を許せた存在が確かにいたという証だから。

まだ9歳の来未ちゃんは、当時の彼の抱えていた悲しみや、悩みを打ち明けられる相手ではなかっただろうけれど、その存在やぬくもりは、生きていくのが辛かったであろう冷えた孤独な心を温め、支えになってくれていたに違いない。

……二人の笑顔が、静かに物語っていたその写真は、あの日からずっと今も彼に寄り添うように、飾ってあります。

命日前の皆さんの心が、これを知ってほっこりあったかくなるといいな、と願って。

空羽（くう）ファティマ

［初出：『創』2022年8月号］

2度目の命日

7／18は彼の命のバトンを受け取る記念日

「今年の命日は温かな涙しか流してほしくない」と願った切り絵原画展&朗読コンサート

空羽ファティマ［絵本作家］

「お前さんはもう、何者にもならんでいいんじゃ」

あなたはどんなその日をお過ごしになりましたでしょうか？　去年の涙より、ほんの少しでも温かな涙であったらいいなと、思っています。

あの7月18日からもう2年？　まだ2年？　人によって時間の感覚は違う三回忌、2022年の夏。

……7／18の朗読コンサートで読んだ《もしもあの日に戻れるならば》の創作物語の中で、キャメルンシリーズの人気キャラの〝魔女のおばば〟は、砂漠ではハルマンと名前を変えた設定の三浦春馬さんにこう言った。

「今迄よーく、頑張ってきたな。お前さんはもう、何者にもならんでいいんじゃ。人の期待に応えようと頑張ることはもうおやめ。（略）世の中多くの人々は自分は地味な黒い鳥だと思い込み、七色の孔雀の羽を欲しがる。だがお前さんは幸か不幸かわからんが、元々美しい孔雀として生まれてきた。

じゃが、日本文化を深く愛し、職人をリスペクトし、常に人を立てるあんたの謙虚な性格には、光り輝く羽は華やかすぎて落ち着かなかったのじゃろうな。

だからカラスにはカラスの、孔雀には孔雀の美しさがあるのに、黒い渋い羽の方が味があり価値があると思っているあんたは、わざわざ七色の羽を抜き、黒い羽を必死に埋め込もうとしたのじゃろ？

でもそれは天に与えられた宝を否定することだ。自分を受け入れられず、自分に価値を見出せないこと。その勘違いがあんたの人生のボタンの掛け違いの始まりだったのじゃ。お前さんはそのままで完璧に素晴らしかったのじゃ」

この物語を書いたことで、「全てを捨てなくてはならないほどの彼の暗闇」を想うとたまらない気持ちになった、ファンの一人としての私自身が癒された気がする。

納骨の記事にあった お母様の言葉は本人のもの

……それから。築地本願寺に納骨されたというニュースは、まさにその命日の朗読コンサートが始まる直前に控室で着替え中に知った。

実は私はその流れを事前に聞いてはいたが、正式な発表があるまではここには書けなかったので「お墓が欲しい」と願っていたファンはホッとするだろうと思った。

ところが中には「お花も手向けられない」「もっと自然あふれる場所にしてあげてほしかった」「こんな縁もゆかりもないお寺の、狭い一般人と同じロッカーのような場所ではかわいそう」と、嘆いている人もかなりいた。さらには「本当に納骨したのか?」と疑っている人や「発表されたお母さんの言葉は事務所が考えたものでは?」と怪しむ方もいた。

けれども、あれは本当に〝お母様自らの言葉〟であり、納骨したのも事実です(※これは私の推測ではなく確かな情報ですので、信頼頂いて大丈夫です)。

このお寺に決めた理由は、普通のお墓の形状はお骨を盗まれる危険や、たくさんのお花を片付けるのも大変で、お寺にご迷惑をかけてしまうなどといろいろ考えた結果、彼が大事にしていたファンの皆さんに感謝を込めて寄り添おうとした結果だそうです。

かけがえのない大事な体に、もう二度とふれられなくなってからは、ずっと手元に置き、毎日話しかけていたお骨と離れることは、母としてあまりにも辛かったからこそ…2年間も離れられなかったことは、心ある皆さんなら想像できたと思います。

そんな納骨は2回目のお別れのようなものでもあるのに、それでも勇気を出して前に進もうと決めたのは、「お墓が欲しい」と願っていたファンの皆さんへの想いに応えようとしたからです。

けれども彼を想うあまりに「こんな狭いロッカーのような中に入れられるのはかわいそう」「彼はもっと自然の中がいいと思ってるはず」などの声が上がっているのは、〈このことは無理矢理に事務所に決められたに違いない〉と勘違いした故の心配だと思います。

でも、納骨については事務所ではなく本当にお母様自身がお決めになったことですのでどうかご安心ください。

芸能人とはいえ息子さんのお墓ですから、皆さんがおっしゃっているように〈お母様自身が決めるもの〉だと思います。そのお母様が良かれと思って決めたことにどうか、皆さんも寄り添って頂きたいのです。

海を愛した彼ですから【豊かな自然の

中のお墓でお花を手向けて、そこで春友さんと語りあうこともできる、という皆さんの描いていた〝理想のお墓像〟とは違うことは、残念に思われるお気持ちも理解はしています。

しかしながら、想像して頂きたいのは、芸能人ではなくなり、やっと手元に帰ってきた、自分一人で抱えていたいであろう息子を……ファンの皆さんの元にもう一度差し出し、悲しんでいるであろう命日に、お墓の場所もお知らせした母の想いと感謝と願いを私たちは汲み取らなくては、と想うのです。

（この続きは次号に書きますね）

皆さんと心を一つにできた 7／18の朗読コンサート

この9月号の原稿を執筆している今は、2週間後に〈あなたを想う朗読コンサート〉を迎える。すでに朗読CDとしては販売している朗読と音楽を、観客の前で生演奏とダンサーを入れて、より立体的にリアルな作品に作り替えたものを、こだわりのデザートプレートとお飲み物を頂きながら、心ある方と同じ空間で味わえるのが嬉しい。

会場の結婚式場のアメイジンググレイス前橋は、他の日は予約で全て埋まっていたが何と！　7月18日だけが空いていて祝日なのに奇跡だと、この会をコーディネイトしてくださった江頭美鈴さんは目を丸くして言った。「命日のまさにこの日にできるなんて、これは、一生で一度の最初で最後の記念すべき会になりますよ！」と。

三浦さんが、自分が去った悲しい日をみんなに楽しんでもらおうと天国から会場を予約して押さえてくれたのかしら。

そういえば、アナウンサーの江頭美鈴さんとの久しぶりの再会も導かれるようだった。彼女のFMラジオ番組に2年間、私が毎週ゲストで出演して、35カ国旅した話や、教育についての話などをしていたご縁だが、アメイジングには今まで行く機会がなかったのにその日に出かけたのは、切り絵作家、海扉（カイト）アラジンが、英語教室もやっていて大学に進学する娘が長年お世話になったお礼にと、たまたまランチに行ったのだ。そしたら江頭さんが、まるで待ち合わせをしていたかのようにそこにいらっしゃったのだ！　そして、「わあ！　久しぶり！」となって……あれよあれよという間に、「哀しむファンのために」と、この流れになったのだった。何だか、全てが導かれるようにトントン拍子に進んでいった。

遠方から駆けつけてくださる皆さんの負担を軽くしたくて、赤字覚悟のチケット代の値段設定をしたので、演奏者、ダンサー、照明の皆さんへのお礼はほんの気持ちしか渡せないのにもかかわらず、猛暑の中、自らリハーサル会場を予約して、お忙しい中、すでに何度も集まってくださっていて、感謝以外の言葉が見つからない。

何より嬉しいのは、「お金以上のものをもらっている」「リハ、楽しいっすね！　楽しいのひと言です！」と物語を音楽とダンスと光で表現し立体的な作品を創ることを心から楽しんでくださること。

三浦さんも、ものすごい情熱をかけて

努力を厭（いと）わずに作品を作ってきた〝表現者〟だったから、彼のものづくりにかけるエネルギーが天から流れてきているのでは?と思える。

演奏者メンバーは……尺八、和太鼓を中心に、見るのも楽しいたくさんの笛と鈴。エスニック楽器のチベタンベルと低く響くカッコいい声を使ってのハミングを自在に操る「音のドラえもん」「音のデパート」と呼びたい太鼓&尺八奏者で長身ダンディなお髭（ひげ）の小田島英夫さん。キャメルンシリーズの朗読コンサートに長年にわたり大きな力をお貸しくださり、各シーンに必要な音を、瞬時に見分けて鳴らす信頼できる助っ人。尺八で表す広大な砂漠を吹けぬける風が、胸にしみる。

以下は小田島さんが「三浦春馬とはかなり縁遠い、60代男性の一意見ですが」と出演者のラインに送ってくれた感想で、今まで三浦さんに関心なかった彼の心が動いてくれたのが嬉しかった。

《今までは車で聴いていた「もしもあの日に戻れるならば」の朗読CDを、居間のテーブルに座ってヘッドホンで集中して聴きました。これは、春馬ファンの方々は癒されますね……。

悲しみが消えることがなくても、救われた気持ちになるのではないでしょうか? そこは「あなたをママと呼びたくて、天から舞い降りた命」や「剣太の風」の絵本に似ていると思いました。

キャメルンシリーズの登場人物も複数出てきて、ある意味ではファティマさんの集大成的な作品だと思いました。それから、各場面での映像がはっきりと脳裏に浮かぶのは、作曲したもっこさんの力量とセンスですね。

春馬さんの数々のエピソードが散りばめられているのは、ファン向けですが、彼を砂漠に復活させたこと、キャメルンのキャラクターたちと絡ませているのがポイントですね。

魔女のおばばがとても重要な役割を担ってますが、この物語をスピリチュアルなファンタジーの物語として読むと、自然体として受け止められると思いました。

ファティマさんのサハラ砂漠での実体験がベースにありますので、背景描写はとても説得力があると思います》

それから〈そるてぃ〉はジャンベ・ダラブッカ（アラブの手で叩く太鼓）、2種類のカホンにウインドチャイム・タンバリン、鈴、ウッドブロック・シンバルなどなどを見事な腕前でダイナミックかつ楽しそうに演奏し、以前キャメルンシリーズの「ムーシカの世界」の朗読CDに参加のパーカッショニスト。見とれてしまう魔法の手が奏（かな）でる確かな演奏技術には脱帽だが、ノリノリのニコニコで太鼓を叩いている無邪気な姿は、見るものの心を楽しい気持ちにさせる温かさがある。なので命日という心に痛い日にはぜひとも、その笑顔溢れる演奏と、太鼓をたたく見とれる手さばきで、その場を彩って欲しかった。

〝春馬くんを失い傷心の旅に出た主人公の女性〟がモロッコの街に着いたシーンでは、この2人の奏でるかっこいい太鼓と笛がサハラの風に踊る、最高にノリのいいエスニックメロディが弾けるから、会場には天から春馬ローラもきて一緒に踊ってると想う。

そしてかっこいいベースとギターで参加するキャメルンスタッフのピアニストで校長でもある多才なロス。もっこが即興で作る曲を耳コピして楽譜を起こしてくれる才能は、さすが音楽専攻だ。

そしてそして！　よっ！　キャメルンシリーズのピアニストのもっこ！　30曲をこの物語のために作曲、演奏して朗読CDを作ってくれた彼女は、『創』でも漫画も描く才能の持ち主（大きな企画をする割にスタッフの数が少ないので一人何役もやらなくてはならないから、必要に迫られてみんなが多才になったとも言える）。もっこの細い指から紡ぎ出される血の通った温かなメロディは、いつだって私の生み出す物語に本当にピッタリと寄り添ってくれる。もっこに会えて私の絵本作家人生はより輝き、音楽というもう一つの言葉が、物語に加わることが、どれだけの癒しの力を持つかを実感させてくれた。

もっこのピアノで朗読すると、心の中で温かさと切なさが混じり合い溶けるのがわかる。〈それを切り絵で奏でているのが海扉アラジン！　彼女との出会いも運命的で、もちろん、他のキャメルンスタッフとの出会いを抜いては私の人生は語れない〉

それから、ストーリーに動きを与え立体的に表現してくれるのが、ダンサーさん。ママとして多忙の中リハに通ってくれ熱いダンスを魅せてくれる、コレオグラファー&ダンサーの近野彩さんの表現力が舞台をどれだけ輝かせてくれているか。感謝感謝である。その気迫と情熱のエネルギーは、ビシバシと伝わり、長身故の男性的な強さと、たおやかな女性のしなやかさを、体という楽譜の上に、踊りの音符に託して時に熱く、時にクールなその舞は、観た者を惚れさせ、アンケートにはいつも「ダンスがカッコよかった！」と絶賛されている。

『創』読者の春友さんも、〝一歩を踏み出す為に〟と参加

加えて今回は春友さん代表としてインスタ読者で『創』では〝美蓮〟でお馴染みの根間慶子さん（ダンサーネーム、ルビー）が踊り手で特別出演。ファンの想いを舞にして彼に捧げるために、膝の痛みを押して、遠く名古屋から駆けつけてくれる。以下は彼女からの演奏者のグループラインへのメッセージ。

《亡くなられた後に彼を知り、いない現実を未だ受け入れられず『創』に出逢い、ファティマ、アラジン、もっこさんのインスタを拝見し、『創』、キャメルンスタッフさんのファンです。2歳から踊りが好きで舞台も多数経験し、中年になり太り、数カ月前は膝を痛めて松葉杖だった私ですが、ファティマさんの言葉と、もっこさんの音楽を大切に表現し精一杯頑張ります。

今回、『創』でファティマさんの文章の中に、私について書いて頂ける奇跡は普通に考えたらあり得ないことです。ファティマさんの文章とアラジンさんの切り絵は、春馬ファンにとって、毎月の心のビタミン、栄養、生きていく希望であります。そんな、憧れの中へ。ありがとうございます》

だが、遠方でリハは当日午前のみで、

プロのダンサーと踊ることにプレッシャーを感じ臆病になっているというの。で背中を押すために〈人と比べて、落ち込んだり、凹んだりしないで。もしも、自信ないなら、根問さんを選んだ私たちを信じプロやアマなんて関係なく〝想いを込めてただ心を込めて踊る〟ということだけに集中してほしいのです〉と伝えた。アラジンも《この会に関わることは、春馬さんに導かれたご縁と思います。奇跡的に会場が空いていたこの日に、それぞれの想いを抱えて来てくれる方々がいて、一期一会の貴重な会ができることに身震いしました。この出会いも必然だと思います。想いを込めて自分自身の踊りを踊って下さいね〉と。

《春馬くんの熱い想い人》である彼女に、私も渾身の想いで読むおばばのシーンが求めるのはプロの技術を超えた《彼を愛する気持ちそのもの》ただそれのみ。もし膝が痛み、ただ立っている姿だとしても、溢れる想いがあるならばそれでいい。想いは形ではないのだから。

●ルビーさんより。

《ファティマさんのお言葉に涙しました。やります！　観客になんと思われようと。若き日の軽やかな短大ダンス部の自信を取り戻し、おばばのような、おばばになっていきたいです》

●私より

《そうだよ。でも、若き日の自分への未練はもう忘れて、今の自分を受け入れて。完全主義の三浦さんも自分を受け入れ愛してあげていたらもっと、生きる力が強くなっていたはず。彼が「死を超えて生きる人」ならば「過去を超えて生きる人」になって。

この会が欲しいのは「過去に縛られるダンサー」ではなく「今を生きるダンサー」です。ハルマンへの言葉は年輪を重ねた今のおばばだから、言える重みなのだと気づいてほしい》

●もっこより

《今のルビーさんにしか出せない輝きがあるはずです。自信をもってそれを堂々と表現して下さい！

私も曲数と全体の流れを把握するのに超いっぱいいっぱいですが、とにかく「いい会を作りたい」だけで動いてます。リハに来てくれてる演奏者やダンサーのみんなもそうです。

でも、ここまでの春馬くんへの強い気持ちがある春友さんのルビーさんだからこそ、ダンスを依頼したのです》

《この言葉は、わたしの一生の言葉として、死ぬまで大切にしていきたいです。ルビー美蓮》

……三浦さんファンは謙虚で年齢的にも自信を失っているという方が多いので、こうして悩み躊躇しながらも舞台に立つ勇気を奮い起こした彼女の姿を見て、何かを感じてくれたらいいと願い、やりとりを載せた。

あと！　今回の舞台演出の目玉は凝った照明。「みんなの光になりたい」と言っていた三浦さんだから、きっと光となってこの舞台に降り注ぎ、共に作品を彩ってくれると信じている。

ファンでない人までもが、協力を申し出た三浦さんの底力

今回は照明施設のあるホールと違い結婚式場なので、プロの照明を頼むお金はないからゴージャスな窓から素敵なお庭が見えるので、それはそれで美しいと思っていたら、中島賢治さんが前回「あなたをママと呼びたくて、天から舞い降りた命」でお世話になった時に「このキャメルングループを応援しようと決めたから」と申し出てくれ、いつもチャリティー朗読コンサートで奉仕ばかりしていて資金がない私たちの活動に賛同して、ものすごい協力価格で素晴らしい照明やスモークで舞台を彩ってくださるというではないか!!

「えっ!? か、神ですか?? もう、本当にありがたすぎるっ。(;_;)(T_T)」

照明の演出を考え抜いて〈もしもあの日に〉の載っている特集号1の本には受験生のように書き込みをしてくれていて感動した。

思い返せば、2万字の長篇創作物語を掲載する時は篠田さんに「空羽さん! ものには限度がありますっ!」と、叫ばせてしまったっけ。

でも、私は譲れなかった。

「彼が去った辛く悲しい日常世界から、現実感のない遠く離れたサハラ砂漠に、みんなの心を導くには、このくらいの長さが必要なのです! カットするなら本に載せなくていいです」と、強い決意のもと言い切ったら、最後には歩み寄ってくれた騒ぎも懐かしい思い出(いつも熱い口論と歩み寄りを繰り返している私たち。ははは)

初め、この演奏者たちは特に三浦さんファンというわけではなかったのだが、各自が家での練習で何回も朗読CDを聴きこなし、ハルマンという名前の三浦さんをイメージしたキャラに感情を込めて、演奏したり踊ったり照明を作ったりしてるうちに、彼らにも〈表現を極めた三浦さんの物作りにかける熱き魂〉は伝わっていった。

この原稿を書いている間も奇跡は続き、今日も会場の飾り付けに使うエスニックテイストにマッチする帯などを着物や無二さんに探しに行き「三浦さんがローラを勝ち取るまでに続けた努力」や「グリーフケアとして2年間記事を書き、そのファンのために開くイベントにみんなが協力してくれていてありがたい」などの話を熱くすると、オーナーさんが「じゃあ、ウチも協力しましょう」と帯や帯締めを無料で提供してくださってありがたいっ! またその次の日は前橋敷島公園の絵本専門店のフリッツアートセンターさんが、切り絵を入れる額を20個も貸してくれた。写真をご奉仕で撮ってくださる方も! 次から次へと皆さんが力を貸してイベントを盛り上げようとして下さりすごい、すごすぎるっ!!

三浦さんの記事を書き出してから、こういう奇跡を何回も見てきたが、今回はハンパなくどんどん、素敵な会になっていく。

優しい三浦さんは〝皆さんに、悲しい命日を過ごしてほしくない〟と、こんなにいい流れを作ってくれているのだろうけれど、ここまでみんなの心を動かせる

なんて、なんて大に愛されている人なんだろうか。

だから、私たちキャメルンスタッフとその協力者たちはその駒として、皆さんが笑顔でこの日を過ごせるために、魂、心、体力、時間の全てをかけて準備や、リハに取り組んでいる。その緊張感、その責任感はとても大きく、そしてそれは、喜びでもある。この会を楽しみに参加してくれる方が遠くから交通費をかけて、この災害級の猛暑の中をはるばると「馬の群れる」群馬県まで来てくださることに感謝です。三浦さんのシンボルであるお馬さんとして、一人では辛いこの日だからと、心を寄せ合おうと群れてくる感じ。

コロナで人との距離を強制された生活の中、だからこそこの日は、心を近くに寄せ合い慰め合い、喜び合い楽しむ日にしたい。

【※なお、遠方で来れない方からのリクエストを受けて、この朗読コンサートと切り絵原画展は、動画配信します。お知らせはインスタにします。問い合わせは080・5697・1653】

〝彼の名〟を陽の光溢れる場所へ連れ出したい

最初、予想したこの会の参加者は……『創』とインスタの読者がメインで命日の彼に捧げる会だからコアな熱い大人の……しかも年齢層は高めの、私の年代くらいのファンだろうと思い込んでいた。

ところが……、6／26に開催した会はキャメルングループがずっと続けてきた東日本大震災のチャリティー朗読コンサートで、第1部は2011年3／11東日本大震災。74人の生徒が校庭で亡くなった大川小学校のご遺族である佐藤敏郎さんと私との対談。【大川小の本《ただいまの声が聞こえない》は私が書き朗読し伊勢崎図書館から動画配信中】

第2部は、3・11で亡くなった佐藤愛梨ちゃん(6)を通し【命の大切さと日々の尊さを伝える〝あなたをママと呼びたくて、天から舞い降りた命〟の朗読コンサート】でその朗読コンサートに感動したというアメイジンググレイスの社長さんの小学低学年の娘さんたちを7／18も参加させたいと言って下さったのです。

それは嬉しい反面、物語中で「命を自ら」にも触れているので萩原社長さんに心配してお聞きしました。

《その日は、前回の優しいクラシック音楽の朗読コンサートとは雰囲気を変えたエスニックテイストの曲とダンスの2時間の朗読コンサートで、完全に大人向けです。「表現者としてより上を目指した三浦さんだからこそ、素晴らしい仕事はできたけれど、自分に厳しすぎて心を壊してしまい亡くなってしまった」ことにも焦点を当てます。それをキャメルンシリーズの人気キャラの砂漠に住む魔女のおばばが「あんたはもっと、自分を許し自らに優しくしてよかったのじゃ」と優しく諭す(さと)ストーリーです。

「自分を受け入れるということ」を三浦さんの誠実で不器用な生き方を通して説いていく話は、自死ということを必要以上に取り上げるわけではないので、子どもに聞かせられないわけではないので、思春期の中学生なら聞いてほしい話ですが、小学低学年なので朗読CDを聞いてからの参加がいいかもしれません。

　あとで「これはまだ、うちの子には難しすぎたかな?」とならないようにしてあげたいからです。ただ、一方で「ラオスの子ども支援も熱心だった子ども好きな彼の想いを生かす道なのかも?」とも思ったりもしてます》空羽ファティマ

《萩原社長より。

　ファティマさんありがとうございます。私個人としては全てのものを受け入れるという考えのもと、死とも向き合う必要があると思っています。人によっては自死は子どもには聞かせたくないという考えもありますが、私はいろいろな考えがあっていいですし、子ども達にも、今はわからなくても理解するきっかけになるように、聞いてもらいたいと思っています。でも2時間持つか?は心配です(笑)。当日どうぞよろしくお願い致します》

…………………………

《私より。


　おお、(;_;)(T_T)そこまで、お父様が強い覚悟がおありならば大丈夫ですね。

　正直申しますと、中学生が自死が一番多いので、本当は小学生のうちに、命の重さに正面からそこに向かい合う方がいいと思ってはいました。ただ、小学生の親の中には自死も性教育も「うちの子にはきつすぎるから、話さないでほしい」という人もいるので確認させて頂きましたがさすがです!

　18日は、今まで顔を知らないでやりとりしていた『創』とインスタの読者と初めて会うし、九州や関西から泊まりで気合い入れてはるばる来てくれるのだから、今まで以上に気合入れなくては!と思ったし、大人だけの朗読コンサートになると思っていたのですが、やはり今までも、学校からの依頼が多いように、私は子どもたちにメッセージを与える役割があるようですね。お陰でかえってますます楽しみになってきました!

　今回三浦さんに関心なかった人までもこんなに協力してくれるのを目の当たりにしてみて、彼には「死を超えて生きる人」というタイトルを特集号につけましたがそれを実感してます。必ず、この信頼とご期待に応える会にします! いい学びの機会を与えて頂きありがとうございました。

感謝と尊敬を込めて。空羽ファティマ》

　……このことを通して、もう三浦春馬という名前を、〝自死した芸能人〟として、日陰で語るままの世の中のままでいてはいけないと強く思った。

　それどころか、子どもにも堂々とその名を語るようにならないと、と。この会はその初めの一歩にしたい。大人のファンだけではなく誰にでもわかる言葉で〈唯一無二の表現者、三浦春馬〉を語れる世の中にするために。

　どんなに彼が真摯に懸命に人生を生き抜いた人かということ。芸能人ぶらず困っている人を見るとすぐに手を差し伸べたかということ。求められる以上のクオリティの高い仕事をするために涙ぐましい努力をしたこと。世界進出の夢の実現に、日本文化を深く学び、殺陣を習得し空き時間には英語を頑張ったこと。いつも周りの人に心を砕き、励ましさりげな

い優しさをくれたこと。俳優の他に歌もダンスもプロ並み以上で恵まれた外見すら邪魔にして、中身を見てもらうために流した究極の表現者としての汗と涙。

優しさ。努力。勤勉。謙虚。笑顔。克己。天然。純粋。無邪気。イケメン。

褒（ほ）め言葉をいくらかけても足りないくらいだ。だが……ここに、ない言葉がある。彼に足りなかった唯一のパズルが「自己肯定感」「自信」だ。

それは、逆に言えば**【自分を受け入れることさえできれば何があっても人は生きていける】**のだ。

子どもたちよ。かけがえのない命の輝きを持つ君たちには、とにかく生きていてほしい。

どんなに辛いことが起きても、それは永遠には続かず、形を変えていくと知っていて欲しい。

〝無常〟という言葉は〝この世には、変わらぬものなどない〟という、仏教用語なのだ。我が子に先立たれた春馬さんのお母さんの切り裂かれる悲しみを、他のお母さんに抱えさせたくない。

「愛と命と希望」がテーマの本の朗読コンサートをする私は、これからは学校での講演にも三浦さんのことを話そうと思う。

タブーになったままの三浦春馬という名前を日の光溢れる場所に連れ出したい。輝く太陽と彼の好きな向日葵の咲く世界に。

三浦さん、子ども好きなあなたには、彼らの光となり導いてほしいのです。

あなたの命の続きを、私たちは生きていく。7／18はその命のバトンを受け取る記念日。

よくぞ30年も生き抜いてくれた。あの全力疾走では、それが限界だったはず。死して尚こんなにたくさんの奇跡を見せてくれてありがとう。

愛しき、死を超えて生きる人よ。

これからは、時を超えた永遠の命を人々の中に生きてほしい。

その命、永遠に輝き、生きて生きて生きて生きて唄い、

生きて生きて生きて舞い、

終わりなき生を共に。

「もう一度言うぞ。あんたはな、愛されておる。だから今度は自分との絆を、しっかり結んでやれ。ありのままの自分を認め愛して抱きしめてあげてほしい」

（魔女おばばより）

空羽ファティマ

［初出：『創』2022年9月号］

今月号の表紙切り絵は…

“大型バイクでツーリング”の彼の夢をローラが代わりに叶えた

——納骨と紫達磨とチーズ疑惑とキンキーブーツのもろもろのこと

空羽(くう)ファティマ
［絵本作家］

災害級の猛暑の中のマスク生活、皆さんお元気でお過ごしでしょうか？　開放的な明るい夏が大好きだった私が、この痛い暑さにはさすがに参ってしまい、外に出るのが怖くなります。人と向かい合いお話ししながらの食事もしにくい世の中に加えて、「不要の外出は避けて命を守ってください」なんて普通にニュースで流れるこの状況は異様ですね。

異常な暑さも大雨も人間が今まで地球に優しくしてこなかった代償なのでしょうが、世界情勢も不安定で物価はどんどん値上がりする先行き不安な中で気持ちを明るく前向きに生きていくには、よほど自分の芯をしっかり持っていないと、落ち込んでしまいますよね。

……なーんて、涼しい顔して書いていると思うでしょ!?　が、実は！今の内情をばらすと…「ぎゃあああ!!(((;°Д°)))」となってます！　気がついたら、締切の日が、目の前に!!

「ファティマさんってなんでも、パキパキできそうな人で羨(うらや)ましいですぅー」とか言われるけど、全くそんなことないからねっ。気が乗ることにはすごい力を発揮するけど、苦手なことはからきしダメというダメダメ人間ぶりを暴露するわ。

7／18の大きなイベント終わってやり尽くし、しばらくボォーとした後、切り絵原画展のミニ版を5日間やった。生きてるとみんなもそうだろうけど、バタバタといろんなことが起こり、落ち込み(>_<)、そのストレスからか体が硬くな

りギックリ腰になった。

秋に出すキャメルンシリーズ新作の三部作の朗読CDはもう収録が終わっていたが、皆さんに喜んでほしくて、第一部の「言葉」に出てくるロストルシカという氷の国の王はハルマン（三浦さんの役名）の過去世にして、三部作の最後の話は、その種明かし的にハルマンを物語に全面的に登場させる、新たな素敵な展開に書き直したので、その収録のやり直しをした。

そんなふうに落ち込みつつもやらなくてはならないことに追われてバタバタしてたら、あっという間に日が経っていて、気がついたら明日には原稿を出さないとならないことになっていたぁ！　しかも、他に書いてる橋本ランドのコラムの締切も同じタイミングで、オーマイがあああ！（＞＿＜）

私は長い文章を書くのは得意で、話すように言葉は出てくるからいいのだけど、そこから流れを整え、文を削り整えるのには時間をかける。そして、一番大変なのは未だにスマホで、チコチコと人指し指一本で打つことだ。音声入力も試したがなんか落ち着かない。篠田さんにも「くーさん！　いい加減パソコン覚えてください」と何回も言われてるし、頑張って何回もトライはしたんだけど、どーも気分が乗らず。うまくならず練習続かず（＞＿＜）。20代のアメリカでもタイピングのクラスがあったけど、その時も習得できなかった。

そのあとは、ずっと原稿用紙に手書きをしてて、スマホで書けるようになったのは私の中の〝人類最大の進化〟！だった。それがこんなにすぐに時代遅れになるとは！　おお、速すぎる。アナログ人間の私の進化の速度に対して世の流れが速すぎてついていけない。「私もそうです」と頷いている人もいるかもね。共になんとかマイペースでこの時代を生き抜きましょうね。笑笑。

三浦さんの夢を叶えた表紙

今月号の表紙かっこいいでしょ？

（編集部注：本書P6に掲載）

三浦さんはドラマ『２ＷＥＥＫＳ』の撮影の為に中型の普通二輪免許を取得したのをきっかけにバイクにハマり、「今度はハーレーダビッドソンに乗りたい！」と言っていた。有言実行の彼は忙しい中、翌年の２０２０年の２月には都内の自動車教習所で大型バイクの免許を取得。ハーレーの他にはＭＶアグスタ６００も、気に入っていたらしい。世界限定１３５台のみの〝イタリアの走る宝石〟と呼ばれ、ライトが長方形のユニークなバイクだ。

「いろんなバイクに試乗して相棒を決めます」と言っていたようだが、考えた末に注文したバイクはなんだったのだろう？　１９００年に航空機製造業からスタートした歴史ある会社のアグスタに惹かれはしつつ、倹約家の彼だからすっごく高いバイクは買わなかった気がするな。

あと2週間で着くはずの相棒を待たずにあんなことになってしまい、今は、瞬間移動できる魂という乗り物を手に入れたから、もうバイクはいらないのだろうけど、カッコいい大型バイクに乗りたかった気持ちはあっただろうから、その夢を叶(かな)えてあげたかった。

なので、ヘルメットを取ったら長い髪がフワッと広がるだろうかっこいい女性ライダー、ローラに赤いブーツ履いて乗ってもらい、10月号なので紅葉の中を気持ちよく飛ばすローラ♡にしたよ。

今その表紙につけるキャプション（説明）を考えていたら、アラジンから「ねえ、〝ツー〟リングって、一人で走ってもTwoリング？」という的を射た(?)質問が。「え!?:(((;°Д°)))))し、調べてみよう」とググってみると。〈Tour·ingとは自転車やオートバイに乗って遠出すること〉。道具toolから乗り物という道具に乗る意味のTool·ingでもいいらしい。へえ！　三浦さんのおかげでまた、いい勉強になったわ！　皆さん知ってた？

納骨についての追記

築地本願寺への納骨については前回も触れましたが、もう少し詳しく書きますね。「お母さんの言葉は事務所が考えて発表したものではないか？」と心配する理由として「息子に〝故人〟という呼び方はしないのでは？」と考える方もおられますが、〝故人〟という言い方も含めて「全て」本当にお母様自身の言葉です。お母様は誇りある方なので、今回のことだけではなく、今までも自らの想いを事務所に代弁させるようなことはしていないそうです。お骨の安全を考え管理が行き届き、ファンの方が行きやすい東京のお寺に、抽選の上で決めたということです。

また「芸能人なのに、一般人と同じお墓なんて」との声もありますが、彼が亡くなった時に、お母様は「これでやっと春馬が帰ってきてくれた」としみじみと呟(つぶや)いたのです。それは、死という引き裂かれる悲しみに身体と心が引き裂かれる痛みも当然感じつつ、今までは遠い世界にいてみんなのスターだった彼がやっと一人息子に戻り、お腹を痛めて産んだ母の元に還ってきてくれた瞬間でもあったからなのでしょう。その悲しく切なく、でも子宮がじんわりと温まるような言葉にできない感覚は（たとえ子供を産んでない方だとしても）女性ならばわかると思うのです。

魂になった彼は狭い固定の場所にはいない気がしますし、そろそろ「こうすべき」という次元から彼を解放してあげてもいいのかもしれません。それが、私たちが彼からまず「学ぶこと」なのかもしれません。

「今、つい「学ぶ〝べき〟こと」と書いてしまった自分も反省して、書き直しました。自分でも気づかないうちに私も、狭い鎖を自分の心に巻いてしまっていて、それを反省する日々です。偉そうなことは書けないので三浦さんを通じて共に学ばせて頂いてる気持ちで書かせてもらっています。」

もちろんお骨は敬うべきものですが、そこに彼の全てがあると考えない方が彼の自由を尊重するように思えます。芸能界と窮屈な現世からやっと解放された彼を〝お墓という形あるもの〟で縛り付けないであげたいと思いました。彼の魂はもう何ものにも縛られずに自由に風に舞っていると…春の男、ハルマンとして砂漠で幸せに暮らしていると、思いたいです。

　また、お花を手向けられないことをすごく残念に思っておられる方がたくさんいるようですが、お母様自身さえも、お花は持っていけないのです。

ハーレーダビッドソンに乗るローラ（海扉アラジン・作）

〈それでも、どーしてもお花を手向けたい方へ…〉

「ファンの人が心安らかになるなら」と、お仏壇について以下のことを書くお許しを頂いて書きますね。『日本製』の本に出てる〝馬が群れる〟群馬県のページには高崎だるまが載っていて、皆さんも紫のだるまさんをお持ちだと思いますが、その紫のだるまさんは、三浦さんのお仏壇に、赤いだるまさんと並んで仲良く飾ってあります♡

　だから、お墓にお花を手向けられなくてもがっかりなさらずに、そのだるまさんがあればそこは、〈三浦さんのお仏壇〉と同じ！と想ってお花や、彼の好きなものをお供えしてください。

チーズ疑惑

　それから、Twitterでは「彼が本当にチーズを好きだったのか疑惑」が今話題になっているそうですね。

　『太陽の子』10年プロジェクトで今年の8月5日にトークショー付きの上映会があり、この2回目のトークショーで、黒崎監督が思い出話の一つとして〈夜中まで監督と三浦さんで飲んでいて、セカホシのチーズの回を見て「美味しそうに食べるよね」と褒めたら「実はチーズ苦手なんです」と春馬くんが言って驚いた〉という話をしたそうなのですが、彼の冷蔵庫にはたくさんのチーズが入っている写真を見たり、何回も美味しそうにチーズを食べる姿をテレビでも見ているファンの人たちにしたら「え!?　じゃあ今までは、好きなふりをしていたってこと!?　あれは演技だったの!?」と、びっくりして、「どれだけ本音を隠してきたのだろう？」と同情する人と、「とても、チーズを嫌いなようには、見えなかったからすごい演技力！」と褒める人もいて、ザワザワしているようなので、彼のことをよく知るある方に聞いてみたら「チーズ好き」だったそうですから、たまたまその時食べていたチーズが特別クセの強い物?で、そのチーズは好きではなかった?という解釈が妥当なのではないか?と私は感じた。さすがに、チーズ全てが嫌いなら「最近キューン♡としたこと」を「美味しいチーズ」とサイン付きでわざわざ書かないだろうし、『セカホシ』の番組だけで、プロ根性出しただけではなく、他の番組や場所では、「チーズ好き」と言う必要はないと思うから。

こういうファンの反応を見ると、本当に彼のことが大好きで、どんな小さなことでも知りたいと真剣に思う気持ちが伝わってきて、私は皆さんのことをファンという域を超えてもはや「ご遺族」だと想っている。前にそう書いたら〝たかが芸能人のファンを、遺族と呼ぶのはご遺族に失礼だ〟と怒られたが、ご遺族といってもいろんな方がいて、それは一括りで呼ばないのも知っている。

私はキャメルンシリーズだけではなく、我が子を亡くした方に寄り添って命の大切さや尊さを伝える本も書いてきているので、大切な方を亡くした深い深い悲しみを何度も何度も聴いた上で、本を書いてきた。

だから、その底なし沼のような哀しみを知らないで、軽い気持ちで「ご遺族」という言葉を言ってるわけでは決してないのです。この2年間ずっと毎月彼のことを書いてきて、皆さんの痛く辛い想いも聞いてきたからこそ、そう思えるのです。それはただの、カタカナの「ファン」という字では足りなくて、彼を失った重く辛い哀しみと、彼に対する物凄く温かな愛を感じる方たちだと思っているので、我が子を失う哀しみとは比べられるものではないと知りつつ、今も本気で私はファンの方はご遺族だと心の底から思っています。

「キンキーブーツ」円盤化の返事

それから、もうひとつ。彼に関することで、今、話題になっていることがありますよね。キンキーブーツの円盤化についてのことです。

これは、特定の誰かのみが望んでいた夢ではなく、三浦さんファンでもなくても、生で観なくてもあのローラを一目でも見たら誰でも心を奪われて「是非円盤化を!」って、願ってしまう祈りでもありました。もちろん私もその一人で、関係者にお願いもしました。

最近、その願いを伝え続けてきてくださった方々のお一人から、ついに理由に触れたお返事が来たのです。しかしその返事は、私たちが望んでいたものではありませんでした。円盤化ができない理由は「それに適する映像が撮れていないから」というものでした。希望を捨てずに声をずっと上げ続けてくださった皆さんに感謝し、その方とも直接やり取りもしましたが、関わる全ての皆さんへの影響を心配しておられるので、私もこれ以上のことをここに書くことは避けます。

「♪闘う君の唄を闘わない奴等が笑うだろう」という中島みゆきさんの「ファイト!」という歌がありますが、勇気出して行動を起こした人のことを、外から言葉で批判するのは簡単です。けれど、ずっと声を上げてくれた方を責めることは避けていただきたいと、〃黙っているほうが叩かれないで済む〃と知りつつ、私もこうして声を上げている者の一人として切に願います。結果はみんなが願った形ではなかったけれど、無視ではなく丁寧に答えてくださった関係者の方には感謝したいです。もうすぐ始まる3回目のキンキーブーツの舞台を前に一区切りつけようという意味もあり、お返事をくださったのだと思います。

近づくキンキーブーツの開幕

私とアラジンは取材も兼ね10月6日に、キャメルンスタッフのもっこ、ディアニ、アッシュと、篠田さんと、魔女おばばや、ローラを作っているフェルト作家のピッピさんと、みんなで観てきます。もし、私たち御一行様を見かけた方がいたら遠慮なく声をかけてくれたら嬉しいわ。

観る前にこんな緊張する舞台はそうはないですよね。何回も何回も動画で見た春馬ローラと脳内変換せずに、観られるのだろうか? 正直、初めからそう観られる自信はないが、途中からは城田優としてのローラを感じられたらいいな。終わった後、立って拍手したくなれますように。

……以下はキンキーブーツに対する気持ちを書いたインスタの投稿文に、少し加筆したものです。

ああ!キンキーブーツ♡

ぶっちゃけ、〃いろいろなこと〃を全く考えなかったと言えば嘘になるけど、〃頭で考えても、もう、どうしようもない時〃は【人生には、必要なことしか起きない】と思うようにしている。

《⚠この言葉には、強いパワーあるけど、すごく辛いことが起きたときは心に痛すぎる言葉でもあるので、誰にでもいつでも使える言葉ではないですが。》

皆さんの中にもいろんな想いがあると思います。でも、行くからには、覚悟を決めてできる限り真っ白な気持ちで、「今ここ」を感じてきたいと思う。ここまで話題になった中で演じる城田さんの覚悟、キャストたちの本気を。

たぶん、城田さんはこの追い込まれた状況の中だから、普段以上の本気の本気の、火事場の馬鹿力的な物凄い力を持って挑むだろうから、そこは色眼鏡なしに敬意を表してしっかりと受け止めたい。人間が本気の本気を出す姿の美しさには、私は惹かれるから、その興味は単純にある。

そして…本当は自分が赤いブーツをすっごくすっごく履きたかった3回目の舞台を、観にきているだろう三浦さんを感じながら…。

キャストたちも「春馬が嫉妬するほどの舞台にしよう」と自分たちを奮い立たせて頑張っている。きっと、三浦さんと練習した日々を思い出したり、フラッシュバックに苦しみながら。

だから、どんなに素敵な舞台になっても三浦さんは、嫉妬なんてせずに突き抜けた笑顔で大きな拍手を送ってくれると思う。あの、エンジェルスを見守っていた温かな優しい笑顔で。

それを想うと涙が出る。「ああ、どんなに、3回目をやりたかっただろうなあ」と無念に思ってしまうから。ごめん。

まだ、こんなに割り切れない人で。

だってそもそも、私は三浦さんのローラを見なければ、三浦さんのファンにもなってなかったし、ましてや、ここに記事を書くことなんて、絶対なかったのだから。

そのくらい、そのくらい《春馬ローラ》は私を魅了した。魅了しまくった。ヤバイほどに一目惚れだった。

三浦さんのローラだからこそ、そこまで惹かれたのは、誰がなんと言っても動かない事実♡

城田ファンには申し訳ないが、本番だろうがなんだろうが、他の人が演じるローラでは、ここまでゾッコンには絶対絶対ならなかった。なんでこんなに強い確信を私は今、持てるのか不思議なほどに、これは揺るがない事実なのだ。

「その春馬ローラの生の舞台を、もう自分はこれから絶対に観られないのだ。なぜもっと早く彼の凄さに気づかなかったのだろう。バカバカ!」と、残念すぎて悔しくて、その、悶々としたエネルギーを持て余して、寝れなくて、こんな魅力的なローラを演じたという三浦さんという人を知ろうと、どうかするほど検索しまくったあの夏……。

そこで見たのは…キレッキレのダンス。伸びのある歌声。今まで俳優の彼しかしらなかったけれど、私の知らない彼がいた。

私の知らない世界がそこにあった。

頷いたり、感心したり、「オイオイオイそこまで突き詰めてやっていたのかぁ!?」と彼の表現を求めるストイックさにびっくりしたり、本当に彼には驚かされた。

エンジェルスを迎える背中を見てるだけで彼の菩薩みたいな微笑みを感じ、私は三浦春馬に堕ちていったのだった。その心の動きを文章にして2年が経つ。

……そんな私の目の前でついにキンキーブーツの幕が上がる。私の心を掴んだ本人のいないキンキーブーツの舞台が。

賛否両論のキンキーブーツ。

そこにいかに自分が心を白く持っていけるか?が、勝負のキンキーブーツ。


…………………………………………

「〝頭で考えても仕方ない〟とは、今の私の気持ちにぴったりな言葉でした。行きたいのか? 行きたくないのか? 自分でもわからないそのゆらぐ気持ちに舞台が開くまで向き合ってみます。そしてもし、行けない時は『創』の記事を楽しみにしてます」などというメッセージを読みながら、皆さんの複雑な気持ちに思いを馳せています。

三浦さんが城田さんにローラを勧めたという記事

キンキーブーツの大ファンだった方も、黒い噂になんの釈明も謝罪もない城田優さんはローラにはふさわしくないから今回は行かないという方もいたようですが、SPICE 2022.8.16の小池徹平さん&城田優さんのインタビュー記事を読み、また心が揺れているようですね。

その記事を要約すると、小池さんは三浦さんと「この『キンキーブーツ』っていうミュージカル作品をまたこの先も日本でいろんな人が演じていったら嬉しいよねとか、すごく夢が広がる話をたくさんしたんですよね」と話し、城田さんは、「ローラという役に対しての魅力とか憧れとかそういったものはすごく感じましたけど、今の自分の人生ではローラという役を演じることはないだろうなと思っていた」が、今回オーディションを受けた理由は三浦さんが「いつか優くんにもローラを演じて欲しいんだよね」「そしていつか一緒のステージに立ちたい」と言ってくれた故で「やっぱり彼に対しての思いというのが、僕はすごく強いですね」と語っている。

そして「春馬の圧倒的なローラだから誰がローラをやるにしても厳しい試練になるだろうな」と思うとも書いてあった。

いつもながらこの記事に関しても、賛否両論ははっきり分かれている。

「春馬くんが優くんにローラをやってほしいと言っていたならば、悩んでいたけど舞台を見に行く気になりました」と好意的に受け取る方と「三回目のローラもやる気満々で、生まれ変わってもローラになりたい！とまで入れ込んでいた大事な大事な役を、年下の後輩に継いでほしいと言うならわかるけど、年上の彼に託したいなんて、言うわけはないし！　こんなの作り話よ」と、まったく相手にしない人もいる。

これを読んであなたはどう感じただろうか？　月日が経ってもこんなに話題になる三浦さんはずっと変わらずにみんなの心を掴（つか）んでいるっていうことですね。

「時薬なんて、全く効かない」と言っているけど、これからもみんなの心は切なくなったり温かくなりながら《死を超えて生きる人》として輝き続けていくのだろうなあ。彼を利用するとかしないとか、そんな低い次元ではなく、私も本気で彼をリスペクトしてるから書き続けている。

いつかこの世の使命が終わり空に戻ったら三浦さんと話すのが楽しみだし、堂々と彼と話せる自分でいられる記事を書こうといつも思いながら書いている。全員に好かれる文章なんて存在しないから彼に恥ずかしくない、後ろめたくないことを書こうと、そこだけ決めている。

キンキーブーツ……。いろんな意味でドキドキする舞台になりますが、大きな哀しみが大きな光に変わっていく過程があるならばこの目で見てみたい。だから、行く行かないは本人が決めることだけど、もし、迷ってる人がいたならば、一緒に行こうと本当は言いたい。私の人生も思えばいつも道のギリギリを生きてきた気がする。でも、そうやってみて初めて見える景色があるのも知っているから。

俳優として三浦さんが最後に見た景色はなんだったのだろうか。

賛美の声を浴びながら「またこの景色を見せてください」と微笑んでいたローラが胸の中に蘇（よみがえ）る。

空羽ファティマ

［初出：『創』2022年10月号］

出版前から大きな話題に

目立つことを嫌った三浦春馬さんが世の関心を集め続けている日々

——ボイストレーナーの斉藤かおるさんが出版した本を読んで…

空羽（くう）ファティマ［絵本作家］

今、話題の本について

三浦さんファンの今の話題は、ボイストレーナーの斉藤かおるさんが出版した『春馬くんとの〝未来の雑談〟～三浦春馬の勉強ノート～』（講談社）。

この本が出版前から騒がれていたのは目次に恋愛に関することが載っていたから。レッスンに関することだけならここまで過熱しなかっただろうが、そこには「恋人との朝」「失恋、犬とアレルギーとお母さんの愛と」「新しい出会いと別れ」「ダンサーとの恋」とあり、誰のことかもわかってしまう。

どんな情報も欲しいと思うファンもいる一方で、目立つことの嫌いな三浦さんだし、ご家族の許可もなく、先生という立場の方が、生徒のプライバシーに関することを勝手に書くことに、怒ったり傷つく人も多くいた。

9月16日の「現代ビジネス」で斉藤さんがその批判について答えている。

《恋愛も、彼の成長と勉強の一部だと思っています。（略）暴露本じゃないの？と思われた方には、目次の選び方に思慮が足りなかったことをお詫びします。

昔、芸のリアリティ追求のためにデパートで万引きを体験したハリウッドスターがいるといいます。極端な例ではあるけど、演技を極めようとするとき、一般的な常識からしたら常軌を逸している部分もある。（略）

色々な経験が、彼を素晴らしい役者に育てたなら、恋の話だけを彼の7年間の勉強ノートから不自然に外す権利は、私にはないと思いました。私が綴ったのは、恋愛中の恥ずかしい部分ではなく、役者としていつか生かすだろう、学びと経験の部分だけ。演技実践の記録だと思っています。（略）》

「恋人との朝」とタイトルのついた章は、朝の声の衛生について綴られていて、歌を歌ううえで、口腔ケアがどれだけ重要なのかという内容だ。それには恋人にもその重要性を理解してもらう必要があるというもので、「起きた瞬間からの、役者にとってののどや歯磨きに関する心がけです。春馬くんが声の衛生を学ぶときに、つき合っていた方が同業者でよかったです」とある。

確かに恋愛は演技に影響を与えたのだろうが「色々」は〝恋愛だけ〟ではないのだから、生徒さんの最もプライベートゾーンにあえて触れる必要はなかったのではないか？

本人が自伝として書くならば別だが、たとえどんなに親しい人でも（伝言ゲームのように）受け取るニュアンスが少しでも違えば全く違う話にもなりうるし、「そういうつもりで言ったのではなかった」ということが出てくるリスクはあるから。

「お母さんが、コムギちゃんを返してくれなかった」と書いてあるが、超多忙で家にいない彼はトイレのしつけもできなかったし気性の激しい種類の子だけど、お母さんは引き取ってくれて今も可愛がってくれており、コムギとの雑誌撮影の時はわざわざ実家から届けてくれたそうだ。

それから〈リアリティを追求するために実際に万引きした〉という話は??だった。全ての役を実際に体験なんて無理だし、殺人犯の役をするからといって人を殺さない。そこは想像力と演技の技術で演じるものだ。

そのハリウッドスターさんは万引きをしなくてはならないくらいのそこに至るまでの辛い過程があったのだろう。そこを考えるべきで、ただ万引きしてもそれは追い詰められた者の最終的な行動にすぎず、全ての物事は〝表面〟だけなぞれば、その内面を理解できるわけではない。

……例えば、いじめを受けた我が子に「いじめられて、辛かっただろうけど、この経験があなたを強くしてくれたわね」と言う母親が時にいるが、親とはいえその経験をしていない人は言ってはいけない言葉だ。

それは〝強くなるしかなかった〟からの悲しい結果であり、心に深い傷を負ういじめなんて経験しないほうがいい。そう簡単に言える人は、いじめの本当の辛さをわかってないから言えるのだ……。

歌うことを繊細なレベルまで追求した軌跡の記録

……などなど、と頭をLOOPLOOPさせながらも、三浦さんが信頼していた先生なのだから、先入観や否定的な気持ちを持たずに、この記事を書くために読み進めていった。

〝音域を広めるために楽器としての人間の身体の構造を知ることからはじめた〟というレッスンは、ピアノの鍵盤を見ながら同じ音域の声を出して肋骨（ろっこつ）にも鍵盤を書くことから始めたという。

彼の力を伸ばそうと、全力でとことんこだわったレッスンを積んできた努力の日々がそこにあった。

ローラ役で10センチヒールを履こうとする彼には「普段スニーカーを履いてる人がいきなりは無理」と骨格のイラストで骨の関節や重心のかかり方を説明し、足の負担は膝を経て骨盤と腰椎、さらに頸椎にまで影響すると伝えて、3センチのお家スリッパから始めて5センチ、8センチと高く。30分以上は履き続けず脱いだら足指を広げる指導をボイストレーナーの先生なのにしてくれたのは、本当にありがたかっただろう。自己責任の国アメリカだが、ブーツは各自の脚に合わせて怪我しないように細心の注意を払って作られた軽量のブーツだそう。

日本を離れ一般人になったボストンで、楽しくはしゃぐ様子が微笑ましいページではチャールズ川で歌って踊り、近所のおじさんと仲良くなり、リスに餌をあげたり（アメリカの野生のリスは大きくてかわいい）。

お母さんがファンだった郷ひろみさんとの素晴らしいコラボデュエット「言えないよ」は、〝郷さんのメロディラインを引き立て、その世界観を壊さないようにビブラートの位置を合わせて、バラード構成は絵画的に〟と工夫した様子が描かれていた。

そして、バイクやカメラ、アンティークなど、三浦さんの趣味の世界の知識を広げる手助けもしてくれていたようで、彼にとって頼りになる人生の先輩だったのだろう。ただ、最後の主演作で彼が入れ込んだ『天外者』は〝当初別の方が候補に上がり〟とあり、それは通常あるらしいが、報道には初めから田中監督は「春馬くんしかいない！」と熱いオファーだったとありました。

芸術作品の域といえる〈Night Diver〉

前奏をあえて省き言葉選びのセンスが光る自作の曲〈You & I〉。寂しがりやなのに、おそらく誰にも心の奥は開かなかった彼が求めた理想の愛の形は〝一体感〟。

度肝を抜かれた〈Night Diver〉についても本に書かれていたが、その完成度の高さが、彼の不在をより残念に思わせ何回見ても飽きない芸術作品だった。歌い手やダンサーがショックさえ受けたのは、俳優を本業とする彼が、ここまでダンスと歌を突き詰め〝超えた〟からだ。

出口のない孤独と、束縛感が暗く冷たく蔓延っていて……。それが水という〝形のない表現者〟によって、より際立ち、飾り気のない白いシャツをしっとりと濡らし、それは体に張り付くしがらみとなり、ＬＯＯＰ ＬＯＯＰしてその魂を縛り付け、抑えつけ抜け出たいのに想いは凍る。なのに、同時にものすごい大きな自由と解放のエネルギーも満ちていた。

それを指先10センチのオーラまで、神経が行き渡る美しすぎる繊細なダンスで表現し、その静かで激しい波動が、しなやかなその体から芳しく匂い立っていた。

カオスのようで、計算しつくされていて、舞とダンスと歌が絶妙なバランスで混在し、美しく豪華な贅を極めた料亭が作る幕の内弁当のよう。お能の静けさ、太極拳のゆとり、バレエの可憐さ、ベリーダンスの迫力、フラメンコの勢い。

そこに俳優三浦春馬の抑えているのに多弁な演技が加わって、観る者の胸に刺さるように、染みるように届く。儚さの中にある芯は、侘び寂びをもった瞑想的な響きを持ち、いつまでも心に残る、歴史的な一曲。

……ついつい、熱く絶賛してしまったが、本には〈芸歴24年の春馬くんにしか映し出せない素晴らしいMV〉とあり、まさに！　まさに！と頷いた。

最後の最後まで全力を尽くした人

この本で一番私が心を動かされたことは、彼の最後の舞台となりコロナで11回のみ上映されて、中止になった『ホイッスルダウンザウインド』で……。

「演劇という仕事はとても血の通った仕事であると自負している」「最高のエンターテイメントをお届けできるように一生懸命いろんなスキルを身につけて皆さんに感動を届けられたらいい」の彼の挨拶は有名だが、その日の彼の行動に驚いた！　ななんと！　〝舞台最終日〟にもかかわらず、幕が開く2時間前にまだ、歌のレッスンをしていたらしいのだ！　1時間16分も。

《千秋楽の日に発声練習ではなく稽古に来た人は教師人生の中で、春馬くんだけ》だそうで、そりゃそーでしょーーー!!!!

公演ラスト1回になっても…いえ、ラスト1回だからこそ「もっと上を目指そう」と、彼がこだわった孤独な男、ザ・マンの祈りの歌。

〝だけど、俺にはない祈りの言葉を〟の部分を、心の叫びとして伝えつつ、聞こえやすく歌うための追求と強い強い想い（それを詳しくここに書くことは著者に失礼なのでしませんが）。その5ページは、私がこの本でもっとも心を動かされ、彼がいかに有言実行の人だったかを知る価値あるエピソードだった。この章のタイトルは〈自粛期間のはじまり〉だったが、〈美しき言葉は美しき魂の人の口に宿る〉と、私は勝手に脳内変換して何回も読んだのだった。

それは、読むのが悪いような居心地悪い気持ちになる私的な恋の話よりも、よほど素敵なエピソードとして〝宣伝する価値〟があり、ファンも快く受け入れてくれただろうに、と思った。

そして。その、彼の本気の情熱と努力に、頭が下がり手を合わせたいような気持ちになった私は、三浦さんのごく親しい方にそのことを話したら「本であえて読まなくても、そういう人だってことはみんな知ってるでしょ」と言っていた。

努力家で負けず嫌いで、自分より優れた才能を認める謙虚さが才能を伸ばしただろうし、ローラの本番中に殺陣の稽古に通っていたエピソードもあるけれど、それを直に見ていた人が書いたものを読むことは、説得力があった。

いろいろあるけど keep smiling!

先生と彼との会話も今、目の前で喋ってるみたいに、リアルな雰囲気で書かれていて「春馬くん」を身近に感じられて嬉しいと思う人もいると思う。それでもやはり、わざわざ〈恋人と寝起きの喉で話さないで〉と書かなくても〈「喉のために、うがいで潤すか、飲み物を摂取するまでは会話はしないでね」と、アドバイスした〉とそのまま書けばいいし、タイトルも「恋人との朝」ではなく「朝の喉のケア」とかストレートに書けばよかったのではとは思った。

ただ、目次からイメージするほどの〝暴露本〟と呼ぶほどの突っ込んだことは書いてはないとも思えて「あの目次はもしかしたら、斉藤さんご自身ではなく、出すからには売りたいと思うのは出版社なら当然だから、編集者の方が読者の興味を引くための販売促進のためにつけたタイトルかもしれない?」

歌手の山口百恵さんは、必ずワースト3にもベスト3にも入っていて、褒め言葉だけより、批判もあってこそ世間の関心を集めるらしいから、叩かれることを想定してこの目次を作ったのかもしれない、などとも思ったが、まだ変更がきく発売前からこんなに叩かれ、傷ついている人も多かったのだから、「この本は勉強と成長の記録」とうたってるし、読んでみたら、確かに大部分はそこを書いているのだから、やはり目次は書き直せばよかったとは思った。

〈名前を語らなければ怒り、語ったら語ったで怒る、何をしても怒る春馬ファン〉と世の中で言われているが、この『創』もそうだが、〝唯一無二の表現者〟の彼のことを語り続けることは必要だと思うので、この本の存在も悪い面だけではないとも思った。

彼のことを少しでも感じたいという人と、「彼を使ってビジネスしないで。生徒の私生活を暴露してお金儲けなんてしていいのか」と賛否両論に分かれたけれど、お金儲けうんぬんをおいておけば三浦さんの真摯に努力する姿が書かれていた本だった。

2年経ってもここまで話題になる人はそうはいない。それは、彼自身がオンとオフで全く違う人になっていたし、対極の人格が一人の中に内在したような人だったからかもしれない。

柔軟さと頑固さ。強さと脆さ。無邪気な笑顔の下に潜んでいた孤独な陰。真っ直ぐな強い視線と自信のなさ。夢を語る情熱とお酒に逃げる寂しさ。ローラの華やかさとトモや裕之の行き場のない涙。どこまでも追求する勉強熱心さと突然全てを手放す無謀さ。執着と投げやりさ。カサブランカとスミレ。夏の日差しの強い浜辺も、凍えるような雨の中も似合う人。

23歳でやった性格判断の結果は斉藤さんの思っていた彼とは違ったそうだが「診断は当たっていて僕にはそういう部分が多分にあります」と答えたという。彼には強いメンタルはなく、正義感に溢れた人でも、生きていくバランスの取れた人でもなかったと。今までも私は『創』に、彼の笑顔に潜むもろさについて書いてきたが、今これが、彼の師によってここに明かされたことは大きい。

夢見た明るい未来を信じたくて不安の暗闇に飲み込まれないようにと、必死に自分の背中を押し、鼓舞しながら、みんなを「keep smiling」と勇気づけた人。

それが彼という人だったと思う。

私のようなあの日以来のファンでも彼のうつむいたまつ毛の先の涙を見た気になる、儚く美しい人。

あーだこーだ言いながら彼から学び続ける私たち

そんな、光と陰の両極を身をかわして生きてきた彼だから、私たちが今、彼を取り巻くいろんなこと（キンキーブーツの円盤化のことや、ローラ役のことや、納骨のことや、今回の本のことなどなど）で、同意したり反対意見を持ったり、悲しがったり、頷いたり、嬉しがったり、怒ったり、戸惑ったり、懐かしがったり、虚しくなったり、切なくなったり、温かな気持ちになったり、寂しくなったりするのはきっと、仕方ないことなんだろうなと思う。

私たちが、あーだこーだ、思ったり言ったりしつつ、それについてみんなで考えたり悩んだり怒ったりすることこそが必要なことなのかもしれない。

彼の不在の原因も「自ら」と考える人、「他の誰かに」と疑う人、そして生存説も陰謀説もあるけれど「なぜ、そんなふうに自分は考えるのか?」「なぜ、こんなに動揺するのか?」を自分の心の中を見ていくことでミエルモノが、きっとあるし、それが三浦さんが内観してきた「見えないものを見るチカラ」を養うことだと思う。彼は日本文化の侘び寂びに惹かれていた人で「和紙のような人になりたい」なんて、ふつーの青年の言う言葉ではないですもの。形のない目に見えないものや、その先にある想いや、念から学ぼうとしていた人。

〝春馬と一緒に遊んでいた時に被っていた帽子〟をずっと被って稽古しているエンジェルスの遠山裕介さんが「わたしが死んだら責任取ってね」と、注意しても止まない中傷コメントに対して書いていた。三浦さんと仲良しだった彼でも同じ舞台に立つ城田優さんを応援するのは当然だし、仲間が亡くなってどんなに辛いかを肌で感じている彼なのに、ここまで書かなくてはならないほど、というのは、よほどだとも思う。

三浦春馬という稀有な存在を通して私たちは、自分と違う意見を持つ人へのネット社会におけるリスクとの向かい合い方や……光と闇、表と裏、夢と絶望、生と死、笑顔と憂い、孤独と一体感、を学ぶ機会を天から授かったのかもしれない。それぞれの人にそれぞれの役割があるとしたら、この世での彼の役割は、《死を超えて生きる人》。

彼を道先案内人にして、私たちは「この先」の未来に向かって歩いていくのだ。そして、彼自身は、面倒な世の中の全てから解放された場所で、達観して笑っているのかもしれない。

自分の名声のためではなく

9月17日の「ミュージックフェア」にローラ役の城田優さんが（なぜかW主役の小池徹平さんはいない）出演されていてエンジェルスと共に一曲歌った。

私はロングヘアの春馬ローラに心を奪われたので、ブーツは履いたが男性の姿で歌ったことや、ダンスがほとんどなかったことにがっかりしたが、もっと違和感があったのは、番組サイドの指示なのか？〈大活躍の初代ローラがあったからこそのキンキーブーツの人気〉なのにその三浦さんの名前がただの一度も、城田さんからも「ごくせん」で共演した司会の仲間由紀恵さんからも不自然なほど出なかったことだ。三浦春馬という名前は、危険な放送禁止用語になってしまったのかしら？「三浦さんのローラも素敵でしたが、城田さんのローラも楽しみにしてます」くらいのことは言ってもいいのでは？一部の過激なファンの行為がその原因とも言われているけど、ほとんどの三浦さんのファンは節度ある心優しき良識者なのに、「春馬ファンは危険」と十把一絡げで、決めつけないでほしい。

それから、この時城田さんが話した内容は真実ではないという声があがり、映画『ブレイブ』の本広監督さんが「同感です」とツイートした。

『ブレイブ』に徳川家康役で出演していた三浦さんのセリフは、はじめはもっと多かったらしいが、自分が目立つことより作品をいかにいいものにするかだけを考えて、自らセリフを削った彼の役者魂を、その時監督は強く感じて三浦春馬という人を信頼していたと思うので、大御所の監督の発言をきっかけに何か動きが出てくるかもしれない。

（ただ城田さんは「2016、19年と日本でも実際上演されて、そっちの方も観に行きました」と言っていたから〝両方に行った〟とは言ってないとも受け取れる）

また番組にはシンガーでミュージカル俳優のエリアンナさんがヘアスプレーのキャストで出演していた。三浦さんは、エリアンナさんの圧倒的な歌唱力とパワフルなパフォーマンスをリスペクトし、いつか共演できたらいいなと願っていたので、この組み合わせも偶然ではないと思う。三浦さんもスタジオに来ていたのでは？エリアンナさんeliana0514の2020／7／23のインスタには、三浦さんへの温かなメッセージがある。

〈貴方はいつもどうすればもっと上手くなるか、追求し、試し、学び、表現してきました。それは決して自分の名声の為ではなく、自分を通して作品や作品のメッセージが一人でも観て下さる人に届くようにと。

全身全霊を込めて表現した作品たちは私も含め多くの人々に感動、笑顔、元気、生きていく活力をくれました。初めて会った時、私のファンだって言ってくれたのを昨日のように覚えてるよ。私と共演することが目標とか言ってくれて。

その日から会う度いつか共演する日まで頑張ろうねって励ましあってたね。

残念ながらその目標はこの世では実現できなくなっちゃったけど、春馬、これからも見ててね。

私が歌うといつも屈託のない笑顔で見ててくれたから、その笑顔を絶やさないように頑張るからね。

そしていつか私がそっちのステージに立った時は念願の共演をしようね。

急遽、彼の今世でのステージの幕は閉じることとなりましたが、彼の愛とエネルギーは一生存在し続けます。

なので、感謝しましょう。讃えましょう。拍手を送りましょう。出逢ってくれてありがとう、春馬。

I'll always love you. またね。〉

……夏休みに帰省した娘が遠方の大学に帰った後、寂しくなって「最も手頃な気分転換の手段」として即効性のある韓ドラに逃げ込んだ私だが、不動の人気の『愛の不時着』は、一度見たが、わかりやすいストーリーとヒョンビン演じるリさんの忠犬みたいな献身的な愛が寂しいハートに沁みると思って再び見てみた。

愛する女性を守るカッコいいアクションシーンがあるのだが、この時の彼は、〝自分をかっこよく魅せよう〟とは全く思わず、作品のことだけを考え、ただ、ただ純粋に役を演じていた。〈自分の名声のためではない〉無私の人故に本当のスターになれたのだ。それは三浦さんもそうだから元康があんなにかっこよかったのね。

そして遠くにいる愛しい人を想う気持ちに、娘を重ねて共感しまくり温かな涙を流しリセットしたので、三浦さんが遠くに行って寂しい人もおすすめ。

キンキーブーツ3がいよいよ開幕

さて、さて。いよいよキンキーブーツ3が、開幕しますね。私が行く理由は記事を書くための取材ですが、いろんなことでドキドキします。

春馬ファンは……再びローラに会えるのが楽しみで行く人も、こんな気持ちのままではとても行きたくなれない人も、どんなローラになるのか見届けるために行く人も、ローラは春馬くんだけだから見たくない人も、こんなに大騒ぎになってるのに一度も会見しない城田さんにムカってしながらもキンキーブーツファンだから行く人も、複雑な気持ちを抱えながらも三浦さんの愛したキンキーブーツだから出演を決め、春馬ローラとの日々がフラッシュバックしながら練習してきたであろう他のキャストの応援に行く人も…それぞれの人がそれぞれの想いを抱えながらも、三浦さんのことを好きな気持ちはみんな同じなんだと思う。切なくて恋しくて寂しくて。

でも、こんなふうな賛否両論が起きるってこと、そのこと自体が三浦さんが、それだけすっごい素敵なローラという伝説を作ってくれたという証なんだから！そんな圧倒的なローラだったからこそ、城田さんもその輝くバトンを受け取りたくなったのだと思う。

大好きなキャストと共に舞台にいるであろう三浦さんが、微笑んでくれるような舞台になりますように。

空羽ファティマ

［初出：『創』２０２２年11月号］

キンキー伝説を日本にもたらした春馬ローラに捧ぐ

――〝他人を受け入れ〟つつWe miss you so much♡

空羽(くう)ファティマ［絵本作家］

キンキーブーツの振付師ラスティ(Rusty Mowery) さんが来日し呟(つぶや)いた優しさとLOVEが胸にしみる…

As we open the 3rd season of
@kinky bootsjp tonight
My thoughts are of my brother
@haruma_miura_info
I love you and miss you.
This KINKY is for you!
LET LOVE SHINE!
◇◆。o*゜゜*o。◇◆。o*゜゜*o。◇◆

選び抜いた言葉で書いただろうそのメッセージを〝空羽ファティマ流〟に訳してみた。

【3回目の幕開けの今夜は、今もずっと、私のかけがえのない愛しい片われのハルマを想わずにはいられない、切なく、恋しい夜です。

貴方を心から愛してます。会いたくて寂しくてたまりません。

今回の公演は、キンキーを日本にもたらし、みんなの心に愛を輝かせた、ハルマ……貴方に捧げます。

天国で輝く愛に包まれていますように。】

………………

カーテンコールではジェリー・ミッチェルさんが、たくさんの方にお礼を伝えた時、アミューズの社長さんも「立役者」と称えた三浦さんの名前を待ち、「最後になりますが」にドキッとした。

観客は春馬ファンだけではないが、実際に彼が人気に火をつけた事実はあるから、

「日本にキンキーブーツをもたらしてくれたハルマミウラにも感謝します」ってさらっとでいいから言ってほしかった。

「〝私たちが一緒に耐え忍んだこの2年間〟の後にこの作品で元気づける（Raise everybody up）ことができて嬉しい」の言葉は温かい。

そんな想いを抱えながらついに。

10月6日、篠田さんとフェルト作家のピッピさんと、全身真っ赤なローラ色に身を包んだキャメルンスタッフたちと、息子が熱を出したスタッフのチケットを手にした春友Mさんと、御一行様7人でキンキーブーツへ。篠田さんには私が持参した赤い馬のロディとピッピ作「とちおとめではなく〝あまおう〟」のイチゴブローチを胸につけてもらい、イザ出陣！

例の疑惑の件がなければ、ここまで騒ぎにならなかっただろうが、そこをおけば私は〝アンチ城田優さん〟というわけではない（そこをおけないからモヤモヤしてるだろうけど、記事は舞台のみを語ることをお許し下さい）。

悲しみの慟哭と深い葛藤をそれぞれがやっと超え、大好きな仲間、春馬が愛したキンキーの継承を選んだキャストたちのけして簡単ではなかっただろう想い。城田さんが批判覚悟で新ローラに挑む舞台。それを正面から受け取ろうと、敬意を込め全身ローラ一色に身を包んだ……服、ピアス、ネックレス、指輪、バッグ、ジャケット、靴。そしてメイクは初代ローラの紫色のアイシャドウ。

投稿報告ができなかったのは、想いはあふれるのに、一つずつのパズルのピースのまま文にまとまらずにフワフワ浮いたままだったから。

今もどんな想いがスマホを打つ指から紡がれるのか？　わからないけれどただ春馬ローラファンの一人が書いたファンレターとして正直な想いを書かせてください。

もっこの観た景色…わかっているはずなのに

キャメルンスタッフのピアニストもっこの投稿。「三浦さんと城田さんを重ねて見た以外」は私と同じ感想。

《春馬くんがローラをしなければ私たちキャメルンスタッフがこんなに深く、彼のことを考え続け、果てには空羽ファティマが三浦さんの創作物語を書き、BGMとダンスも入れた朗読コンサートまでやらなかったから、ローラは私たちが春馬ファンになった原点だ。

ゲネプロと春馬ローラの動画を何回も見て本番を迎えドキドキしていた。幕が開きローラがあの赤い衣装で登場した時〝わかってるはずなのに〟脳裏に焼きついているのとは違うローラが歌い踊っていることに心がついていかず、固まった。ダンスはゲネよりもずっと上手く城田さん故に表現できるドラァグクイーンの迫力があった。会場は手拍子で盛り上がり、キンキーそのものを愛する人が集まっていて舞台装置をキャストが自在に操るのも楽しかった。

「Not my father's son」はローラの痛みと悲しみを込めチャーリーと目を合わ

せ歌うシーン。「Hold me in your heart」では春馬くんを思わず重ねている自分がいた。「Raise you up」では理由もわからず、ずっと泣いていた。何回この歌をCDで聴き動画で見て泣いただろう。舞台のローラは春馬くんとは間違いなくちがう。どっちが上手いとか、足りないとか比べることじゃなくて圧倒的事実として、2人のローラは「ちがう」。

でもどちらのローラも唯一無二のものだった。「Just be」に移行したときには、春馬くんへの感謝の気持ちでいっぱいになっていた。初代ローラがいなかったら、春馬くんが主人公の「もしもあの日に戻れるならば」を作り、作曲を何カ月もかけ、舞台成功へあんなに全力で向かうことはできなかったから。城田さんにもプレッシャーやピンヒールの扱い、たくさんのダンスナンバーを乗り越えてありがとうって思った。春馬くんへの想いが痛くて、舞台を見れない人や複雑な気持ちの人はいると思うけど、私は行ってよかったです。

〝もっこ@mokko0513インスタより〟》

（三浦さんの創作物語〝もしもあの日に戻れるならば〟はYouTube無料配信中）

空羽ファティマの観た景色…
不在の痛み

楽しみのような怖いような切ないような、観劇の日がついにきた。

「♪ロぉぉぉーラぁぁぁ～!!」のアノ登場場面をついに生で目の当たりにする自分を何度も何度も想像していた。春馬ローラの生の舞台を喉（のど）から手が出るほど欲しても叶わぬ夢だし(T_T)、毎回その部分のCDを聞き、鳥肌が立ち胸躍る私なので新ローラの姿をお借りして、幻の春馬ローラに脳内変換して味わいたかった。その思い入れあるシーンを、ワクワクしながらオペラグラスを抱えて前のめりになりながら迎えた。

「ロぉぉおーラ～ぁぁぁ!!!」

で、でたーっっあ！　暗闇の中、赤く浮かび上がる三浦さんよりずっと大きい輝く新ローラの姿!!　ゆ、夢にまで見たこの瞬間!!

【体中に鳥肌が……!　立つっっ!】はず、だった。

なのに？

え？　なんで!?　鳥肌も、涙もナイ。

城田さんがどーのこーのではなく、迫力がないとか、下手とかそういうのでは、決してなく。

脳内変換できないことにただ固まり、戸惑い落ち込んだ。たとえ、妄想でも春馬ローラを一瞬でも感じようとそりゃあ、楽しみにしてたから。結局、私は最後まで2人を重ねて観られなかった。

「なぜ彼だけがいないのだろう？　他のみんなはいるのに」という不在の痛みが心を締め付けて、寂しくて、虚しくて、残念で悲しくて。いろんな色の気持ちが、ぐるぐると言葉にできない想いの迷路の中に入り込み、newローラはいいけどoldローラとは呼びたくなかった。

偶然全員横並びの席の3階席からも2メートルを超える新ローラはど迫力あり、〝男性が女装するドラァグクイーン〟としては、バター、ケチャップ、デミグラスソース的な整った濃いルックスが合っていた。各国のローラもそれぞれ良さがあるけれど、指先から魂までローラそのものになろうとした三浦さんにしかできない、こだわりの表情と醸し出す圧倒的なオーラと存在感は完璧で可憐で繊細（字数許すならばいくらでもずっと地球の果てまで絶賛し続けるわ）。

そして、想う。人間離れした静寂な包容力に包まれた、その微笑みに浮かぶ如来やマリアにも見える温かな〝母性〟こそがスターでありながらずっと孤独だった彼が（多くを欲しなかった彼自身が）……【何よりも求め続け、つかめなかった唯一の愛そのもの】だった気がした。

だからこそ。その微笑みはこんなにも切なく私たちの胸をつかみ、揺さぶり、惹きつけるのではないか?と。

……………………

春馬ローラをイメージできぬまま第1幕の最後のシーンがきた。

が。ベルトコンベアーに念願の赤いキンキーブーツがみんなの夢を載せて キラキラと輝きながら流れてきたとたん、急にあふれるものが、うっと胸を襲って涙が止まらなくなったのだ!

「三浦さんが今、履いてそこにいるのか?」と思ったほど存在感を放ち赤く輝くブーツ。彼はブーツに魂を宿し〈ブーツそのもの〉になったのか?

ならば、「これから先、誰がローラをやろうとも、春馬ローラはずっとブーツに姿を替えて、舞台に立ち続けられるのだ」って思ったら、泣けた。泣けた。泣けた。うううううううう。

そしてチャーリーの「さようならローラ。そして、ありがとう」は、信頼する相棒を失った小池さんがセリフ以上の想いを込めたことがしっかりと伝わってきたのだった。今回チャーリーの歌が格段に上手くなっていたのはキンキーのバトンを未来に続けるため&2人のローラへの賛辞のための彼の精一杯の応援だったにちがいない。

また「僕の人生が靴しかないのなら、今頃パイプにネクタイを縛って首を吊ってるね」と、今聞いたらきついハリーの台詞を「今頃高いビルの屋上でぼうっと空を眺めているよ」と配慮して変えて下さったことに感謝。

言葉の一部を切り取らないで

8／29ぴあより。城田さんの言葉。

《今回は初演、再演とやって来たキャストがほぼ揃っていて、その中に僕が入っていくので、積み上げて来たものを壊しちゃいけないという思いと、いい意味でぶっ壊してやろうという気持ちがあります。いつも通り、僕は自分を奮い立たせるためにビッグマウスになって（笑）、一番輝きますよ!と言っています。（小池）徹平も含め、初演、再演とやって来たメンバーは皆きっと3回目もメチャクチャ頑張ると思うけど、そこもぶっち切って、「やっぱり城田すげえな!」と絶対に思わせるしかない。だってローラはそういう役だから。出て来た瞬間、圧倒的な華を見せつけて、皆を巻き込む突風になる、そこを目指してやっていきます。》

「やっぱり三浦すげえな!」と絶対思わせるとは三浦さんは決して言わないし、〝いい意味としても〟せっかく積み上げてきたものだから「ぶっ壊す」ではなく

「より良いものにしたい」の方が聞こえは良かっただろうけど、「優はガラスのハート」と小池さんも言ったし「自分はコンプレックスの塊」とパンフにもあったし、この強気な言葉は、不安を吹き飛ばし自分を鼓舞するための発言とは察する。

それと「壊してはいけないという思いもある」と断ってるのに、「ぶっ壊す」の過激な言葉だけ切り取って広められ、責められたのは気の毒だ。そういうやり込め方はフェアではないし、相手を落とさなくても春馬ローラが充分素晴らしいのはみんな知ってるから。

城田ローラは初めのメイクより上品で綺麗で歌も踊りも素晴らしかったが、みんなが言うようにヒールに慣れてない感はやはりあり、「踊りながら歌う歌」より「ダンスのない歌」……チャーリーと男性の姿で歌うシーンや、白ドレスの熱唱は、歌だけに集中できるせいか想いを歌詞にしっかりと載せていてとてもよかった。

解説文〝細部までこだわり創り込まれた究極の表現〟

キャメルンスタッフのピアニスト&ギタリストで、学校改革のため校長先生をしている音楽専攻のロスこと樋口猛に「城田ローラの歌は音を下げているか?」と噂されてる件で（自分の声の高さに下げてもいいと思うが）聞いてみたら、専門的な見地からの褒め言葉で嬉しくなったので載せるね。

《確かに皆さんのコメントにあるように城田ローラの方がＫｅｙ（曲の調）を下げていますが、わずか半音だけです。カラオケならマイナス1左に下げただけですがそれ以上に「低く」感じるのは、春馬くんが「テノールに近い声質」（斉藤かおる氏の著者ではハイバリトンとある）に対して城田くんの声は「バリトン」（四部合唱の男声のテノールとバスの間の声域）で、実音以上に低く感じるかもしれません。声は「身体」自体が楽器でありミュージカル経験豊富な城田くんもいい声帯を持ち伸び伸びしたすばらしい声ですが、春馬くんは声もよい上に〝聴かせどころを魅せる歌い方〟を習得し、感情の込め方がハンパないので、心を揺さぶり感動させられるのでしょう。

このことは斉藤かおる氏の著書を読んで合点がいきましたが、春馬くんは〝表現したいイメージを明確に持ち〟、温め膨らませそれらを表現するのに最もふさわしい発声方法で、一音一音、一言一句を大切に、最高の表現を求め努力を惜しまなかったと読み解きました。音楽を表現する上で「フレージング」というものがあります。意味を持った音楽のまとまり（フレーズ）をどう表現するかで具体的にたとえると、「弱く優しく歌い出し、だんだん大きく力強く表現する」などです。当然、誰もが工夫する表現ですが、さらに豊かに歌うために欠かせないのが「アーティキュレーション」です。「フレージング」が音楽のひとまとまりの表現なのに対し「アーティキュレーション」は一音一音を表します。例えば、一音ごとにスタッカート（短く切る）、テヌート（十分保って）、スラー（なめらか

に）など。歌唱ではこの一音一音に歌詞（言葉の発音や発声）が加わりますから、さらに表現は複雑になります。これら無数の表現方法から何をイメージしてどんな技術でどう表現するかが、アーティストの魅せどころ・聴かせどころとなります。《春馬くんの歌の素晴らしさ》はこのようにして〝細部までこだわり創り込まれた究極の表現〟だからこそ、その歌は聴く者・観る者のハートを鷲づかみにし、一瞬で虜にしてしまうのでしょう。

その源は、春馬くんが誰も敵わないほどにローラにかける「情熱」と「思い入れの強さ」なのだとあらためて確信しました。》

……だそうで、彼の素晴らしさがヨリわかるこの説明を、7／18の朗読コンサートで真っ赤な花束を贈ってくれた投稿の常連かんなおさんに見せたら「春馬くんは身体全体が楽器のように、一音一音に反応するように表現しましたからね。指先や筋肉や血管のスジ、シルエット、喉仏の振動まで美しかった。天性のもの以上にやっぱり、ローラに対する向き合い方、姿勢がハンパなかった」と。（喉仏を褒めるのは新鮮！　ツーの意見だ！）

こんなふうに私たちは夜な夜な彼の喪失を嘆くが、「彼が生きていたらその魅力に気づけなかった者」だった。「自分のアンテナのポンコツさが悔しい」の言葉に頷（うなず）きながらも〈失わなければわからなかった宝〉〈失ってこそ気づく光〉がある。人生の7割は切なさでできているからこそ3割が輝く。

〈闇があってこそ光は輝く〉

そう…この〝痛み〟こそが彼が生きていた証なのだ。

全てを胸にぎゅっと抱きしめて、人は生きていく。私も。そしてこれを読んで涙するあなたも。

命を支えたローラ

動画を写メして2人を比べることはいかに春馬ローラが優れていたかの証拠にはなるが、舞台は「ナマモノ」ならではの価値があり、停止画面でジャッジするのは舞台の醍醐（だいご）味から外れてる。エンタメは、楽しむもので推しのすごさを証明し、誰かをダメと刻印を押すための道具に使っては、6ステップから外れ本末転倒になる。原点に帰り三浦さんが心から愛した作品だからこそ、みんなでそのメッセージを受け取る機会にしたい。

春馬ローラがいない寂しさはよくわかるけれど、それとこれは別のことだ。こう書くといつも「じゃあ、黒ローラのまま演じていいの?」ってなるが、もちろんそれを良いとは言わない。でも舞台は城田さんだけのものではなく舞台そのものには罪はない。罪を憎んで人を憎まず。ローラの役に罪はない。嫌なら見なければいい。感想はいいが感想の域を超えるべきではなく、もし語るならば理性と思いやりを持って。誰かを責めるためにSNSを使うのはもうやめにしたい。三浦さんの良さを分かる私たちだもの。

……ただ、春馬ローラが神業だったのだ。決して優ローラがダメではなく。三浦さんは役への作り込みの徹底さと熱量で超越し、水彩画に描いたような繊細な美が、完璧に日本人好みでさらに時にドスの効いた声でドラァグクイーンの妖艶(ようえん)さも醸し出していた。その魅力的なローラにもう二度と会えないのが悲しくて、観劇の夜、CDを聞くと、「ローラ〜!」のところで舞台では立たなかった鳥肌が立ったのだ。

チャーリーの歌は進化し、エンジェルスをはじめキャストたちも本当に輝き、舞台のエネルギーはパワフルだったのに、だ。「Raise you up」では、名前のつけられない涙がずっと流れたけれど。

ブーツ登場シーンで大泣きした以外は大きく心が震えることはなかった。あの人がいないキンキーブーツはタイトルは同じでも、〝別物〟だった。それ以上でもそれ以下でもなく…。でも誤解して欲しくないのは「受け入れない」というのでは決してなく、最後は立ち上がって素晴らしい舞台に拍手を送った。

ただ、その拍手は『天外者』のラストで4500の想いの光に贈った拍手とはやはり少し違ったのだ。「どっちも甲乙付け難く素晴らしかった」と言えれば、良識あるできた人間と思われるのも知ってる。

でも、私は立派な作家としてではなくただの春馬ローラファンライターでいたい。以下もそんな勝手な私のつぶやきだから読み流してほしいけど、2人のローラを「同じに」素晴らしかった、と称えられる人は、人間がデキテルか、他に推しができたか、悲しみが癒えつつある人かもしれない(それって良いことよ)。

春馬ローラがTop of topとマジで思ってる人はオトナゲなくてもやはりそうは言いたくない気がしちゃう。髪の毛一本でも春馬ローラの方がいいって、親バカの「うちの子一番」みたいにね。千秋楽見たら違うかもだけど、今の私は冷静に舞台を観れてないかもで、盲目的なファンの書いた呟きだと思ってもらっていいです(悩みつつ書いちゃった)。

……………………………………

……「あるがままの他人を受け入れて」と言われたドンが聞き返す。

「誰のことも?」

涼しげな顔でローラは応える。「誰のこともよ!」

……それは「疑惑があろうと、誰であろうと、舞台が開いたならば板に立つローラを受け入れて」と受け取るべきなんだろうな。

ただ、三浦さん自身まだ仏にはなれてないだろうから、現世に置いてきた未練や、やり残したことも彼の心をまだ引っ張っているのかもしれない。今は全てから解放されたとも思いたいが、城田さんオフィシャルスタッフのインスタに載っていた写真で、城田さんの影が、うつむいた三浦さんの影に見え、霊感ある友人に見せたら、これは彼だと言っていた。「全てを置いて彼は逝った」と言う人もいるが、苦しみつつも生きて夢を叶えたい気持ちもあっただろうし。

特にローラの役は（城田さんでなくてもどんなに優れた人にでも）他の誰かに託したくはなかったと思う。絶対絶対に自分がやりたかったと思う！　ずっとずっと何回でもね！　「生まれ変わってもローラをやりたい」「年取ってもやりたい」は心からの言葉だった。２０１９のキンキーのパンフにも「もし僕の希望が叶うならばこの後も再演を続けて2年か3年に一度、夢をつかみたいと思う自分を見つめ返せる場所になったらよいなと思います」ともあった。愛する作品だから今回の舞台も見に来ていて応援しているだろうけれど。

会場と一体になるカーテンコール。春馬ローラが嬉しくてたまらない笑顔で受け取っていた、割れるような拍手の中に、私も今回身を置いてみて感じたのは……。

ファンからのこの〈賛美の声〉こそが26歳から4年間、あなたの生命を支えてくれていた〝命綱〟だったのだろうということ。

お仕事としてやるローラと、その重さは違って当然。30歳まで生きてこられたのは、ローラに支えられたからだと思う。

満場のスタンディングオベーション。歓喜した皆の笑顔。流した汗と涙に送られるこの景色を見るために、あなたは命の炎を燃やした。それは、ローラを通したファンからの愛と感動の贈り物……。

彼を生かしてくれたのは、自身のローラへの熱き想い。そして、春馬くんを応援してきたビフォーファンの皆さんだったと思えた。

彼の闇こそが作品の光となる

はっきり言おう。結局、やはり、どうしても、私は春馬ローラの方が断然比べ物にならないくらいに大好きでした。それは一言で言えば《思い入れ》の違いで、その三浦さんの、ローラへの大きすぎる愛は、とてつもない温かな微笑みになってあふれ出て、それがエネルギーや波動になり、結果的に技術を超えた領域でダンスや歌に影響した。

故に上書きも不可能だし、脳内変換すら、できないのだと思い知った。

だからこそ生前に春馬ローラを知らなかったことが悔やまれるということにいつも行き着くけど、でもそこも含めて受け入れるしかないと思う。過去も未来も、これからずっと、永遠にそのローラを見ることはできないのだ。

その私の無念と乾きは癒やされることなく、どんなに手を伸ばしても叶わぬ夢として〈三浦さんへの届かないラブレターとしての記事〉は永遠に書き続けられる気がする。無念さこそが、執筆のエネルギーになり、そもそも「芸術」ってそういうものだ。イバラの中に手を伸ばしても求めたい渇望や飢えが心の中でフツフツと熟成し、文章や絵や音楽やダンスなどに姿を変えて昇天する。〈ものを創る〉〈作品を生む〉とは、たまりうごめく抑圧された想いや力がそこで燃やすしか行き場がない大きなエネルギーの花火になったものなのだ。

　言葉を紡ぐ物書きの私にとっての使命と役割は、ほしいものでお腹を一杯にして満たされることではなく、ずっと無念で、ずっと切なくてずっと春馬ローラへの片思いを引きずっていく過程でこそ生まれる言葉の結晶を文章にすること。温かな幸せの中では〈孤独に氷の宮殿にいた三浦さんの心にある雪の結晶〉は融けてしまうから…。彼の持つ孤独や切なさこそが作品から放つ輝きとなり、観る者をここまで惹きつけるに違いない。6ステップの、「自分を受け入れる」ということは表現者の私にとってはここだった。だから。今は、城田さんに感謝できる私もいる。全て含めて大きな学びのきっかけを作ってくれたのは城田さんの勇気ある決断。3回目があったから世の中も私もこんなに春馬ローラを熱く語りつくせる。皆さんアツッ！　アチチアチチ。ただ、その中には、城田さんやそのファンやミュージカルファンを傷つける黒い言葉もあったことは本当に残念で、同じ春馬ファンとして悲しく申し訳ない。ラスティさんを「ファック以上の言葉が必要」とまで激怒させたのは城田さんのクオリティではなく心ない中傷のことだと思う。

♫風が吹く今日も赤い大地に。
乾いた砂丘の上を。
燃え盛る炎も
引き裂く心の痛みも。
全て何もなかったように　優しい風が吹く♫

　……未来のローラが誰であろうと、その人なりのローラとして否定せず舞台に出向き拍手します。「受け入れる」という深い意味においては「全てのローラを愛する」までにならないとだめなのだろうけど、そこは今は「感謝する」でお許し頂こう。

　永遠に叶わぬ夢を追いかけていくのもオツと呟く秋の夜。

「♫やるしかないのさ。苦境に立っても。狙っていこうぜ。計画を変えても。やるしかないさ」

「♫やるしかないのさ。
（彼を失い）苦境に立っても。
（ローラが代わって）計画を変えても。
やるしかないさ」

「僕を見るより作品を見て」とエンタメを広め、生涯をかけて愛したローラの6ステップが世界に羽ばたくために。

　4回目が誰であろうと
〈やるしかないさ〉

空羽ファティマ

［初出：『創』2022年12月号］

（切り絵：海扉アラジン）

自分へのメンタルケア

2年半経っても彼の不在を受け入れたくない人へ

――日常の中に、三浦春馬さんを感じる方法

空羽(くう)ファティマ［絵本作家］

作り手の込めた想いを紐解く

京都・大徳寺の国宝、方丈の屋根裏から約４００年前の長さ23センチ、柄(え)はカシの木のノミが見つかり「大工の忘れ物か」と新聞に出ていた。

鉄のアーティストをしている友人、中川大さんは、「簡単に忘れ物と決めつけて欲しくない。わざと道具を置くことで〝未完成〟を意味する」と言っていて、その心は?と聞いたら、「完成した時から老朽化が始まるからじゃないかな」と。鉄のサビを美として表現するアーティストならではの視点だと思った。

亡くなった後に遺言のように出版された、日本中の職人の熱き想いを込めた作品を読み解く三浦春馬さんの著書『日本製』にも表れているが、職人さんの想いには三浦さんも関心を持つだろうし、真相を調べたいだろうと、彼のやりたかっただろうことを代わりに調べてみると〈完璧な建物を建ててしまうと、〝完璧なもの〟には〝魔が寄ってくる〟と考えられているから、大工はわざと屋根裏に小さな傷をつけたり、物を置いた〉という説を見つけた。

職人さんたちは日々修練を重ね、より良いものを作ろうと、技を磨き努力を重ねているだろうに、あえて最後に「完璧なものを崩す」という。うーん。深いっていうか、理屈ではなく感覚的に理解する世界で〝侘(わ)び寂(さ)び〟の奥深い感性を持

つ日本人の、深い難解な美学を見る気がした。〈わずか五七五の短い言葉の中に、溢れる想いの全てを込めて表現する〉みたいなものに、共通するものをね。

　職人気質が求める〝技術的な完成度〟とは別に、人々や地域を自然の脅威や邪悪な念から守るという、〝魔除け〟という角度から作品を作り上げるという職人魂には、胸を打たれる。

　医療も未発達な時代、貧しさや災害から日々を生き抜く苦しさから少しでも人々を守ろうと、他の人の目が届かぬ屋根裏で祈りを込める寡黙な職人気質の浪漫の美学と呼べる、深淵な静寂な願いのようなものを、そこに感じずにはいられない。

　そして、想う。

　これは、まさに役者という、職人として「そこまでするか?」のレベルまでにプロフェッショナルに技を磨き、完璧さを追求した春馬イズムといえる。

　三浦春馬という、究極の表現を求めた職人は、こんな境地に辿り着くことを目指していたのではないか?

　大工道具の歴史に詳しい建築技術史研究所の渡辺晶所長は「当時は鉄が貴重で、道具は研いで使い続けるものであり、これは工事を無事に終えるためのお供えだったのでは?」と指摘(毎日新聞10／18)。

　誇り高き彼らが大事な道具を忘れたと、安易に現代の考えで決めつけてしまうのはあまりにも失礼だし、三浦さんならば「きっと他に目的があったはず」と考えただろう。

　遺した作品だけに彼を感じるだけではなく、こんなふうに彼の考えそうなことを感じること。

　職人さんをリスペクトし、日本の文化に想いを寄せた三浦さんの目ならば、どうこれを観るだろうか?と寄り添う時、そこに彼は確かに「存在する」。過去形ではなく現在形で。

脳を騙す メンタルケア

　彼だけではなく【会いたい人】を、実際に目の前にはいなくても、〝感じる〟ことができる方法がある。

　それは《脳を騙して寂しさを癒やす》という実践的な手段。

　なぜなら脳は私たちが思っているよりもずっと単純で、騙されやすい面も持っているそうだ。

　たとえば、誰かを褒めると脳には「褒めた」という情報だけが伝わるらしい。つまり、自分が褒められなくても誰かを褒めると、自分が褒められたのと同じに嬉しくなり癒やされるのだ。「褒められた」と「褒めた」は、同じものなのだ。「全ては一つ」という宇宙の法則は、ここにも当てはまっていた。

　これを使えば「春馬くんがもういない」のが辛いならば、「元気に生きてる」と脳を騙してしまえば少しは楽になる。気休めでいい。気が休まればいい。

　実際に私も、このやり方を使い効果を実感している。娘の成長を心から喜びつつも進学して家にいないのが寂しくて、まだここにいると脳には思い込ませている。そうはいっても実際「いない」ってことも、頭では分かっているのだけれど、それでも完全にいないって悲しむよりは本当に気持ちが楽になるから不思議だ。

服や靴やお弁当箱、制服も彼女が暮らした風景のままだ。19時14分には駅にお迎えに行きたくなる。ご飯を作る時は「ホラお手伝いして。じゃがいもの芽をとって」とか「今日は餃子よ」とか、まるでそこに彼女がいるように話しかけている。他の人が見たら頭がおかしくなったと思われるだろうが、こうやっているとなんか楽なのだ。そしてそのうち、「いない」ってことを、だんだん時間をかけて脳が理解し受け取るようになっていくのだと思う。でも、それまでにはじっくり時間をかける方が心のケアに必要だと思う。18年間も全身全霊で自分の命より大事にずっと守ってきた存在がいきなりいなくなって、脳も体も心も戸惑わないわけはないから。

推しを失ったファンも、大切な方を亡くした人も、ペットロスの人も、騙されたと思ってこのやり方を試してみたらどうかしら？　辛くて受け入れたくないなら、受け入れられるようになるまで、待ってあげていいのだ。

あの夏の日から2年半が経ち、彼から卒業する人も更に多くなった。でも今、『創』を読み続けて、月に一度のこの本を心の支えにしてくれている方はまだ心が痛くて、彼の不在を受け止めたくない人なのだろうから。

初代ローラを語り継ぐために

キンキーブーツ東京公演はコロナで中止になることもなく無事に終わってよかった。三浦さんが見守ってくれていたのだろう。

東京ラストのカーテンコールでは、キンキーを日本にもたらし、その人気に火をつけた永遠のローラを魂で演じた三浦さんの名前を、尊敬と感謝を込めてキャストたちが口にしていた。三浦さんにとって大きな誇りと喜びの舞台を共に支えてきた相棒、小池徹平さんは「春馬をはじめ初演から繋いできたメンバー、最強のカンパニーとスタッフ、そしてこうして観に来て下さる皆様のおかげで全34公演、誰一人欠けることなくここまで来ることができました」と、三浦さんの名前をまずあげた。

3代目ローラとして、緊張の中、本気を出してくれた城田優さんは「先代ローラの春馬と共に毎公演、一緒にステージに立ってるつもりでやってきました。いろいろな想いもありますが、まだ大阪公演もありますので、思いの丈はまた大阪でお話しできればと思います」と語った。城田さんも彼なりに本当に苦労しただろうから。いろいろあったけど、やってくれてよかったたって、今は心から思える私です。だって三浦さんが心から愛した舞台だし、これから上演の度に、初代ローラの可愛さと美しさと人生に対する本気さを、皆が熱く語るためには、キンキーブーツの継続は必要だったと思うから。その一番重たい一番難しいバトンを受け取ってくれた城田さんは、疑惑問題があったから余計にファンの目は厳しく向けられても仕方ないところもあり、「大阪公演が終わったらあの問題は、なんの謝罪も説明もなくこのまま何事もなかったように、闇に葬られるのか？」とため息をつく人もいるだろうが、バトンを繋ぐというところだけを見れば、3代目が誕生したことは次に繫がる道ができてよかったと思うことにする。

　これだけの騒ぎになったローラのキャスティングだから、4代目ローラになる人は、大きなプレッシャーの中で生まれるのだろうが、その時は大きく腕を広げてニューローラを迎え入れる私たちでありたい。

　東京最後の夜の公演でも、頑固一徹な従業員だったが心の扉を開ける勇気を出してくれたドン役の勝矢さんが毎回やっていたように、春馬くんを指すように天を指差した。また、青ローラの時に最上階にいたチャーリーが取った靴型が、誰もいないのに突然バサリと落ちたらしく皆驚いていたという。彼が「舞台にいるよ」という合図をしたのかもね。

　ローラの魂の底の底まで感じ切り、その生き方を受け止め抱きしめ、ローラそのものになり切った役。心から愛しずっと続けたいと思っていた、いえ、今もきっと思っているだろう舞台。キンキーブーツを繫いでくれた〝全て〟のキャストに、拍手を送らせてください。

死が彼との出会いをもたらしてくれた

　これから、『創』の中で私はこんな感じで、今世の中で起きていることの中に「三浦さん的」なものを探しだして、そこを私なりの言葉で表現して皆さんと分かち合っていきたいと思っている。彼が遺した作品の感想とかもね。そして、願わくばそれは「過去」を語る口調ではなく、目には見えないけど「今も」共に私たちといるであろう彼を感じながら書いていきたい。

　全てのものは完全に無くなることはないのだ。〝エネルギー不変の法則〟のように、水たまりは消えてなくなったように見えても水蒸気として上っていっただけで、また地上に降りてくるように、体は見えなくても、彼の魂も無くなったわけではない。

　『創』1月号は12月7日に発売されるからこれをみなさんが読む時は2022年がもうすぐ終わろうとしていますね。50歳を過ぎた頃から1年があっという間に過ぎる気がするのは気のせいなのかしら？　1週間なんて、3日間くらいの感覚で終わってしまう。

　そうやって、全ての人は限りある生を生きて、魂の乗り物である体を降りて、元いた場所に還っていくのだ。

　だから、私たちの誰もが三浦さんにもいつか必ず会えるのだ。あっちの世界は私たちが思っているよりずっとこの世に近いものなのかもしれない。

　そんなことを、命に関する本を書いているご縁で出会ったたくさんのご遺族と接すると感じていたけど、三浦さんの記事を2年半書いてきてみて、常に彼にチャンネルを合わせながら毎月記事を執筆していると、もともと芸能人である彼とは会っていたわけではないから、いないことが当たり前の生活だったから、今も「いない」という気はしない。彼が生きていた時よりも今の方がよほど彼を身近に感じている。

　〈死をもって、彼が私の中に生き始めた〉という感じだ。私のような7月18日以降のファンの方は、たくさんいる。そういう方は「亡くなった」という事実にスポットを当てすぎると辛いけれど、あの7月18日がなかったら、ファンにならなかった人なのだ。

アフターファン（後からファン）の私たちが彼の魅力に気づくには、皮肉にもあのことがなければ、今も三浦春馬という名前だけを知っている程度の関心だったのだろうから。

そう考えてみると、本当に三浦さんって稀有な運命を背負ったスターだ。その存在感は死してなお、どころか、死してますますどんどん大きく深くなっていく。

ローラのことにしても、三浦さんの存在感は、本当にすごかった。姿はなく、声は聞けないのに、こんなにも私たちの前にその、オーラを感じさせ続けるって一体全くどんな人なんだろう。

『創』は長年の読者との板挟みもあったろうに、春友さんを元気づけるためにずっと三浦さんの表紙を続けさせてくれている。篠田さんには感謝である。三浦春馬という名前を…存在を…毎月欠かさずに伝え続ける本が存在することに価値があるのだ。

命のろうそく

生きること。死ぬこと。

その全てを含めて人生と呼ぶ。

私の大事な家族の一員であるわんこのヨーキーのポロンも12歳になった。

〈おやつを遠くに投げると走って拾ってくる遊び〉が大好きなのに、鼻と耳の老化現象か、おやつを探すのに時間がかかるようになってきた。

人も犬も、歳をとるということは、「今までできていたことが、少しずつできなくなり、それを受け入れていくこと」なのだと寂しくなる。

けれどできなくなった分、できることも増えてくることを知ろう。今までは、こだわってしまったことや人を、「まっいっか」と流せるようになれる。なったほうがいい。そういう寛容さがあるほうが、楽に生きられるから。

私たちはいつか天に還る。誰もが皆、平等に必ず、この命を終える日がくるのだ。どの国の人も。どんなにお金があっても。どんなに悪者でも、どんなに人徳者で愛があっても、だ。

その長さは、人それぞれでも、命の終わりが来るということは、誰にも必ず訪れるこの世の一番の平等な掟なのだろう。

そして、三浦さんは、自らでもそうでなくても、彼の命のキャンドルは30年だったのかもしれない。

〈命の長さは、生まれた時に決まっている〉という天命を私が信じているのは、そう考えないと、神様は残酷だと思うほどに耐えられない悲しい死が現実には起きるから。

だから、正しいか間違ってるかは知らないが、天命という考えに逃げることを自分に許している。人間にはどうにもできなかった命の短さを悔やみ、「あの時自分がなんとかしたら」と自責の念を持ってしまったら最後。それは永遠の十字架になり、その人の人生を泥沼に引きずっていく。それは、天に上ってから神様の元で、ゆっくり話し合えばいいと思う。

だから、これから先、配偶者や親や、友だちなどとの悲しい別れが来た時に、心の片隅にお守りとして持っておくといいと思って書く。「命の長さは生まれた時から決まっていて、それが終わるのがその時だったのだ」と。

それは、人間だけではなく、〃この子がいなくなったらと想像するだけで泣けてくる〃家族同様のワンコやニャンコにも言えると思う。

「この命は、天命を生き切って天に還ったのだ」と思えたならば、残された人の気持ちも少しは軽くなるかもしれない。もしかすると、自死さえも決まっていた命の長さなのかもしれないと、夢を叶えるためにあんなに頑張った三浦さんを知ってからは想う。

命や死は繊細な話題だから、それを知ってる人だけが頷き、頷けない人はそのままスルーしてくださいね。

私は今までは『創』に「死」という言葉を使わないで書いてきた。でも、今はあえてその言葉を使って書く。

三浦さんの死を知ってから自分でもびっくりするくらい苦しくなった私は、調べれば調べるほどこんなに真摯に生きてきた人がなぜ?と。そんな世の中が嫌になったし、そして、名前しか知らなかった三浦さんなのに、亡くなった途端になぜここまで私は落ち込むのか?と、戸惑い続けた。そして、そういう人が自分だけではなく、たくさんの人が同じ気持ちを抱えてモヤモヤしていると知り、この死には、なにか大きな意味があるのだと思った。そうでなければ、ここまでの社会現象にはならないから。

そして、彼の死に反応する人としない人は、大きく分かれる。心を痛めるのはある程度年齢がいっている女性が一番多い。今は、誰かと知り合うと「あのぉ。三浦春馬さんのファンだったりしますか?」と必ず聞いてしまう私になった。自己紹介の中に「三浦さんのローラファン」と書き込まれた。

私の人生に三浦さんが消えないタトゥーのように彫り込まれた。きっと、2年経っても『創』を買い続けてくれている貴方も同じだと思う。私たちの体の中に胃や腸や血管があるように、三浦春馬という存在が臓器のように、この体の中にあるのだ。こんな感覚は初めてだった。その不思議さ、その意味を追求するためにこの記事を書き続けているとも言える。その旅を心ある方と、行けるところまで続けていけたらいいと思う。

〈お知らせ〉

@coofatimaのインスタ読者の「春馬くんを絵本にしてほしい」の声を形に三浦さんを「春の男……ハルマン」として絵本の中に登場させたキャメルンシリーズの新作《「言葉」「夢の続き」「誇り」の三部作15・16・17》年内に出版!

1年頑張った自分へのクリスマスプレゼントにしてほしい。

2022年。今年もお付き合いいただきありがとうございました。来年も彼の息遣いを感じる活動を心ある皆さまと共に創れていけたらな、と願っています。

良いお年を。

［初出:『創』2023年1月号］

half of me

春馬さんファンに贈りたい一曲

♪人はどうして叶えられぬものを引きずりながら生きていくのだろう?

空羽(くう)ファティマ
[絵本作家]

三浦さんそっくりなサッカー選手

三浦春馬さんが、上の世界に旅立ってから2年半が経とうとしている。城田優さん演じるキンキーブーツのローラの中に、12/11に再上映された『天外者』スクリーンの中に、日常にふと見つける馬や、桜のモチーフの中に……人々は彼の影を探す。

そして…勝ち負けに関心がない私は普段は熱心にスポーツは見ないので知らなかったが、春馬さんファンの間で話題なのが、サッカーワールドカップの日本代表選手の中に「春馬くんにお顔がそっくりな選手がいる」と知り、骨格やホクロの位置、雰囲気、仲間を気遣う感じまでそっくりだというので、見てみたらびっくりするくらい似ていた!

彼の名前は谷口彰悟選手(31)。知らない人はぜひ検索してほしい。

クロアチアに敗れ泣き崩れる浅野選手をポンポンして慰めていたのも谷口選手で、三浦さんもそういうことしそうだなあ、と思った。

彼らの活躍は素晴らしく、「ベスト8にはなれなかった」ではなく「ベスト8に限りなく近づき感動を与えてくれた」と絶賛したいし、目標達成以上のものを与えてくれたことに心から感謝したいし、勝ち負けを超えたものを見せてくれたのが、最後のクロアチア戦だった。

彼らが目標に向かい、がむしゃらに突

き進む姿は、三浦さんが海外で活躍する夢を叶えようと殺陣(たて)や日本舞踊や、日本の所作を学び英語に磨きをかけて、ブロードウェイを目指した姿と被り、30年間選手交代もなく芸能界というピッチを走り続けた三浦さんそのものだと思えたのだった。

逆転し勝利をつかんだ強豪ドイツ戦で絶賛された彼らが、勝てると言われたコスタリカ戦で負けた時、「日本に帰ってくるな」の心無い批判に流されずにスペインに勝ったのはすごい。

芸能人もスポーツ選手も、いい時だけ絶賛され、悪ければ手のひらを返したようにけなされるSNSの在り方は血も涙もなく、ただ、ただ恐ろしく、それまでに流した涙や汗は結果の前になんの力も持たないのだろうか?

オリンピックでも、命懸けでやっと摑み取った金メダルを胸にかける選手に「次も金を目指しますか?」と、畳み掛けるようなインタビューは本当にやめてほしい。芸能人も選手も〝心がある生の人間〟で、ゲームの中の作り物のキャラクターではないし、期待が裏切られたと言って攻撃する人はファンとは呼べない。

勝ち負け以上に森保監督の選手に対する思いやりや、優しさに関心を持ちたい。

勝負をかけたPK戦の一人目、無念にもキーパーに止められ嘆く南野選手に「一番に蹴ってくれてありがとう」と伝えた監督は試合後、一人ひとりにハグをして、チームが解散してそれぞれの国に、いろんな便で帰る時、全ての選手を見送ってくれたという。この強い絆があったからこその今回の進撃だろうし、三浦さんにも、身近にそういう人がついていてくれたらあんな結果にはならなかったのではないかと、思った。

あと一歩だったからこそ、日本のためではなく選手自身のために勝って欲しかったけど、この大会の熱さは、三浦さんが語り続けられているように、ずっと皆の記憶に残るだろう。

強く心に残る辛い幕引きだったことも含めてその〝切ない痛み〟と共にね。結局、この世界で起きる全ての出来事は、諸刃の剣であり、その両面がある。それが人生。セラヴィ。

悲しみの底

「死別の悲しみは消えることがない。不在という刻印は時間がたつにつれ、存在すること以上に大きな意味を持ってくるように思う」と〈〝あー、風〟自死した子の親たち〉で上毛新聞10/3に若林一美さんは綴っていた。

12歳の一人っ子を自死で亡くした作家の高史明さんは「後悔とはこの身をなんと残酷に焼きつくすものでしょう」と何度も死のうとし、古希を迎えた時、こう記した。「つくづくと生の不思議を思うのである。一切の希望が潰えた時、姿なき身となった亡き子が私の手を取ったのである。あるいは悲しみが私の手をとったと言うべきか」……息子の死から47年の月日が流れ90歳を過ぎた彼は言う。「死者によって生かされているという実感は、ある意味、死別の現実との和解であり自分の生を認めることにもつながっていくように思う」

……死の悲しみと、命のギリギリの所で向かい合い、とことん味わった人は、生という魔物をより深く濃く理解できるのだろう。

〝一切の希望が潰えた時〟とはおそらく彼の生に対する欲望がなくなって、息子の所に行こうと想ってしまった瞬間だったのかもしれない。

その時に、「まだ死ねない」と思わせる何かが起きたのだろうか。そのメッセージをくれたのは、息子だと普通の人なら思うだろうに「悲しみが私の手を取った」と感じたという、この文を読んだ時……

「私の孤独」というシャンソンに「もう一人じゃない。孤独と二人だから」という、とてつもなく深く重い歌詞があり、20代にバイトしていた赤坂のセラヴィというシャンソニエでママが歌っているのを聴いた時の衝撃は忘れられない。その発想は若かった私にはなかったからだ。でも、ここを理解しなくては人生という怪物を制することは、一生できないことも分かった。

そして、それから、いろんな人生の道を歩いてきて還暦を迎えた今の私ならわかる。「悲しみ」そのものが彼に寄り添ってくれたという描き方の意味が。

そここそが、〝悲しみの底〟であり、〝悲しみを友にする〟しか術のない、本当に、とことん追い込まれた人間だけがやっとたどり着いた、腰を下ろすための木の切り株であるのだろう。

けして、それはフワフワの温かなソファーではないが、木の温（ぬく）もりとその香りが、長い人生をやっと歩き続けてきた旅人には少しは救いとなったのかもしれない。その立場に立たされ、そこと逃げずに向かい合った者だけに辿り着ける境地があるようだ。

大切な人を亡くした痛みは相当なものだろうが、守るべき存在の我が子を助けてあげられなかった親の無念は、三浦さんのお母さんもそうだが、その中で一番辛いように思えるし、春馬さんファンの中でも、彼が亡くなったことで悲しみを人一番強く感じる人は、彼を我が子のようにも感じている人が多いから、時間が経っても、その辛さがずっと続いてしまうのだろう。

春馬さんファンに聴いてほしい歌

平井堅さんの《half of me》という、人生の切なさや恋する痛さが、平井さんにしかできない絶妙な言葉で表現されている美しい曲。

特別な何かをこの曲に感じたので、ここに紹介したい。曲について平井さんはこう語っている。

「決して一つにはなれないけれど、だからこそ一つになりたいと願う。生きるということは空白の半分を、欠損の半分を探す旅なのかもしれない。そんな思いを書きました」

half of me

作詞：平井　堅　作曲：平井　堅
編曲：亀田誠治

（前略）
あたりまえは　いつももろい

君がいない世界が待ってる
いつものような　僕でいられるけど
誰にも気づかれずに泣いていた

何を見ても　何に触れていても
二人で分け合った事に気づく
窮屈だった夜ほど愛しくて
痛みだけがそばにいた

新しいキスをいくつもして
塗り替えたつもりでも
君という空白は埋まらない
あの日からずっと

（中略）
抱えた傷は形を変え
いつしか体の一部になる
人はどうして　叶えられぬものを
引きずりながら生きて行くのだろう？

何を見ても　何を感じてても
二人で分け合った事に気づく
僕はこれからも探すのだろう
失われた半分を

何を残し　何を捨てればいい？
何を忘れ　何を願えばいい？
誰もが迷い探し続けてる
壊れやすい永遠を
失われた半分を

09年に生まれたこの歌は10年間、ライブのみで歌われ、そこに行かないと聞けない〝神曲〟だったというから、平井さんにとって特別思い入れのある曲のようだが、私はそういう歌の背景を後から知り、何も知らずに初めて聞いた時から、ものすごくこの曲には惹かれたので、作り手の強い想いが、歌に染み込んでいるんだろうなと想う。

静かな美しいメロディの上に、そおっと置くように託された歌詞の中には、「君がいない世界」「誰にも気づかれずに泣いていた」「君という空白は埋まらない　あの日からずっと」「人はどうして叶えられぬものを引きずりながら生きていくのだろう?」とあり、それは三浦さんを失ったファンの方の心に響く気がした。

私が唸ったのは〈抱えた傷は形を変えいつしか体の一部になる〉という一節だ。これは、本当に痛みを体験した者にしか書けない産物であり、〝悲しみ〟と〝言葉〟と〝想い〟を三位一体にまとめられる才能がないと、こんなふうには表現はできない。

この歌詞を、私流には、こう読み解いた。

〈春馬さんファンがあの日受けてしまった深い傷は、泣いたり落ち込む姿はしなくなり外から見たら日常に戻ったように見えるかもしれないが、その悲しみはもっと心の深いところの痛みに姿を変え〝哀しみという臓器〟のようになり、身体の中に一体化して今も常に共に在るのだ〉

そして、〈もう一度生きた彼の姿をみたい〉という〝叶えられぬ願望〟を、これからも人知れず〝引きずりながら生きていく〟のだ。

今も三浦さんを想ってる人にとっては、彼という存在は確かに「失われた半分」であり、それでもこの世を生きていく上で私たちは、〝何かを捨てて〟いかなくてはならない。それは「彼にはもっと生きてほしかった」という望みか。

その時、〝何を残す〟べきなのか？

それこそが、彼が遺した作品であり、笑顔や、言葉やしぐさ……記憶の中の思い出なのだろう。

そして。〝願うこと〟は、〝死を超えて生きる人〟であってほしいということ。

この曲が、こんなに弱った心に沁みるのは、子どもの頃からコンプレックスに悩んでいたという繊細な心の持ち主だった平井さんの「深い心の闇」の香りがするからだ。

それは、海の底の光の届かぬ冷たさや、音のない閉ざされた闇のようで、まともに向かい合うと息苦しくもなる。

だが、その闇や心の痛みを彼が持っていたからこそ、こんな深い言葉を書ける世界に彼を導いたとも言える。

痛みを伴う喪失があるからこそ、産まれる世界がある。

紡げる言葉がある。

世の中にはたくさんの歌があるけれど、私はこれこそ三浦さんファンに捧げたい一曲、と言いたい。

叶えられない願いを抱えつつ

深く大きな悲しみは、そう簡単には癒せないものではあることは知っている。けれど、その悲しみの色や質を、できるだけ的確に表現できる言葉や、歌や絵などに出会うことで、抱えているその悲しみの色は、ほんの少しずつでも、変化していくような気がする。だから、音楽や絵画などにその心情を描くことを、人は求めるのではないか？

この歌を知った時の私はまさに「叶えられぬものを引きずりながら生きていた」。そして、その歌詞を聴いているうちに、その状況自体は何も変わりないのに、それに巻き込まれずに、距離を置けるようになっていった。

それでも。生きてることは大変なことで、次から次へと神様ってこんなに多くの宿題を人間に出すものなのか？

だから、当たり前の日常に感謝し過ごそう。

谷口選手はホクロの位置、笑い方、しわの感じまで同じで、口元なんてびっくりするほど三浦さんに似ている。こんな人が元気にサッカーしていることを嬉しがろう。

「かなり前から三浦春馬に似てると話題だったらしく、骨格が似てるせいか、どことなく声の抑揚とか、喋り方、視線の動き方まで似てる気がします。

試合中の佇まいとか、在り方とか、雰囲気ありますね。

内に秘めている情熱を露わにせず日本が点を入れようが失点しようが、激しく喜んだりガックリしない控えめで冷静な在り方、佇まいがまた素敵で春馬くんを彷彿とさせる。これは、春馬ファンならわかる感覚だと思う。でも。彼は春馬くんではないんだけど、春馬くんがサッカー選手なら、こんな感じでピッチに立っていたのかなぁ、と少し重ねて観ていました」

と『創』でお馴染みのかんなおさんからのメッセージにあった。似てるから嬉しくなるし、でも似てても違う人だと哀しくもなる、切ないファン心だね。

さて。これは、2月号だけれど、実際にこれを皆さんが手にするのは2023年の年明け1月7日なので、世の中的には「あけましておめでとうございます」ですね。

他の国ではしてないマスクを屋外でもつける日本では、人との距離が変わってしまった。キャメルンスタッフはそれぞれ2品ずつ持ち寄ったおかずで一緒に週に5日夕飯を食べているが、ソーシャルディスタンスで2メートルの大きなテーブルにはパーティションを置き距離を取ったり、ワンルームのダイニングとリビングに分かれて食べるようになった。もう仕方ないからそうやって適応してるけど、コロナ前には、何も心配せず、友だちやビジターを夕食に気楽に呼び、皆でワイワイ話しながら食べていたことがとても懐かしい。それは、これからもずっと在ると思っていた。贅沢とは思わないただの日常の風景だと信じていた。が。まさに、あの歌にあるように〈あたりまえはいつももろい〉だったのだ。

それをなくしてみて、訪ねてきた人に「一緒にご飯食べて行って！」と声をかけられることって、なんて楽しいことだったのだと懐かしくなる。

子どもたちへの影響はもっと深刻で、入学した時からマスク生活の子どもたちは、お友達の半分の顔しか知らないから笑った口元を見たことがないのだ。大声で歌うお顔も。まさにこれは歌の最後の「失われた半分」だった。

そんな時代だからこそ今まで以上に、今あるものに感謝して、小さな喜びを見つける力を開花させようと、前にも書いたが、11月に行った京都で「10月桜」という桜が紅葉に混じって咲いているのを見つけた。皆さんにシェアしようとインスタ@coofatimaに投稿した。今年も三浦さん的なものを、そのお名前と共に皆さんにお届けできたらいいなと思ってます。

空羽ファティマ

追伸。今、熱心に春活をしていたある春友さんから連絡が来た。離婚するつもりの不仲の夫がガンらしい。「こうなってみて春活していた時は平和だったと知るわ」としみじみと言う。人生は時に過酷で誰にとっても明日は何が起こるかわからない。推しの不在は悲しいが、嘆けることも生活にゆとりがあってこそなのだと、いきなり試練を突きつけられた彼女は語る。「デモしてる人もチラシ配っている人も怒っている人も、みんな健康でお金と時間がある、幸せな人たちだって、今は思うの」

［初出：『創』2023年2月号］

春友さん世代要注意！

ストレスやワクチンで免疫力低下、帯状疱疹 痛すぎる病の闘病記

50歳以上の3人に1人！かかる人が続出

空羽（くう）ファティマ［絵本作家］

還暦の年が終わる2022年末26日から発症した帯状疱疹（たいじょうほうしん）。年が明け今日は1月22日になり、もうすぐ1カ月。夜も眠れない経験したことのない壮絶な闘病生活が今も続いています。

帯状疱疹は痛いとは聞いていたが、ここまでだったとは!? そしてここまで長引くとは!! 想像を超えた苦しみが続いているので、春友さん世代にもっともかかりやすいという、この恐ろしい病について私自身の体験をシェアしたいと思います。免疫が落ちたり、ストレスがたまると一度かかった人も、またかかるそうですし、三浦さんを失った哀しみのストレスも溜まっているでしょうから、これを読み参考にしてくださると幸せです。

左半身のお尻、太もも、ふくらはぎ、足の甲と裏の、耐えがたい焼けるような、痺（しび）れるような、切り裂かれるような…寝ることすらほとんどできず、もがいて泣く痛みが今も続き、時々寝落ちするほんの短いうたた寝以外はまとまった睡眠はもう1カ月近く取れてない。お腹壊してるうえに痛みのストレスに、食欲なくし、消化力も落ちて、42キロだった体重は、40キロを切った。愛犬ポロン一世を見送る看病の時以外ここまで痩せたことはなく、「献血するには40キロ必要」とは、よく言ったものだ。常にフラフラ、気持ちが悪く力が入らない。

でも、不思議なことに、目だけはどんどん、異様に光を帯びてきて、迫力が増して魔女っぽくなり、肌は一番大きな臓

器で、体調が最も現れると言われているが、調子が良く、この闘病期は、私の60歳の人生に必要なデトックスと、リセット期間なのではないか?

そして、ここまで、眠らせないことで意識が異様に敏感に繊細に研ぎ澄まされて、厳しい難行の修行をしてるお坊さんのような精神状態になってきてる気がする。〈人生には必要なことしか起こらない〉と信じているが、天は私に何を求めているのか? 魂の修行とかいいから、とにかく早く楽にしてくれと懇願する。

顔に出ると失明の危険もあり、体のどこに出るか?でその痛さや後遺症が全然違い、〈帯状疱疹は、必ず半身だけに出るものだ〉が一般論だが、敏感体質や、神経の痛みは帯状疱疹の痛さを感じて他の場所が、その影響として、痛みを感じることがある。ということも、知っておいた方がいい。

私は帯状疱疹の薬を飲んで2日後に左半身だけではなく、右の胸の下あたりがチリチリと痛く、ドクターも「体の中心を痛みが超えたら帯状疱疹ではない」と言っていたので、広範囲の痛みは帯状疱疹ではないと判断して、薬を中止した。が、その5日後に、足の甲と裏にごく軽い発疹ができ、水疱もくぼみもないので、薬用入浴剤でかぶれた?と思える位だったが、もし、これが帯状疱疹の発疹ならば、薬は初期に飲まないと大変なことになると思い、「今からまた、飲み出してもいいですか?」と、病院に確認した後、残りの5日分を飲んだ。なので、初めの2日間、菌を抑えたことが影響して発疹がひどくならなかった可能性あり。その分、体の奥に菌が作用して痛みが長いのか?

症状と経過

２０２２年12月26日、左のお尻に強いコリ。

27日。太ももにもチリチリズキズキ痺れと痛みに帯状疱疹?と疑い、年末の最後の日に内科に駆け込む。痛む範囲が広く発疹もないが、アメナリーフ２００錠一粒１４００円の薬。一回朝飲み２錠を7日分。痛み止めのロキソニン全く効かず。

２０２３年1月2日、アラジンの弟さんの伊勢崎整体院へ。

3日、鍼(はり)、合計で4回

5日、ヘルニアを疑い整形外科へ。ＭＲＩを撮ったが神経の圧迫なし。メンタルからくる痛みが、体の痛みとして出ているとも言える。睡眠用ルネスタ1ミリ。気持ちをやわらげるレスリン50と神経の痛み止めリリカｏｄ75も全く効かず。

7日、痛みのクリニックにて一晩でも眠りたいと、勇気出して神経ブロック注射。血液検査では悪性腫瘍(しゅよう)や、炎症はない。

一度痛みをなくすと、血流が良くなり、痛みの元になるものを流してくれて、痛みが消えるという。太ももも注射は稲妻のように地獄の拷問のような鋭い痛みが何回も走り、気絶しそう。足の指の間にも打って怖かった。腰に痛み止めの注射のあと、神経ブロック注射。

薬は、食欲も消化力も弱くなった人向けに漢方43番六君子湯。注射した直後は、痛みは7割くらい減ったけど、夕方になるとぶり返し眠れず。ストレスと強い薬のせいか1日に5回もお腹を壊し、3週間以上、今も続く。

9日、「水疱もない湿疹(しっしん)でも帯状疱疹なのか?」を専門家の皮膚科で診てもらった方がいいという、スタッフの産科医ドクターのすすめで受診したが、帯状疱疹らしい。炎症抑えるプレドニゾロン2・5np。末梢神経の痛みにメコバラミン500ko。痛みとしびれにノトロトロピン2錠。

眠るためのフルボキサミンマレイン25も今までの薬同様、全く効かず。足裏の感覚がなくなり、杖がないとうまく歩けないので、その影響でふくらはぎが攣(つ)りそうで痛い。ストレスで、1日中、口が苦く、何を食べてもまずい。

11日、睡眠不足で体力が落ちて、少し食べると心臓バクバクし、足全体の皮膚が敏感になりすぎ、唯一の逃げ場のお風呂以外は温めても痛く、やわらかい靴下も痛い。足先は氷水につけてる感覚と凍傷の人の足みたいにズキズキジリジリヒリヒリして、焼けた棒を付けられた痛み。

皆さんからの応援に感謝

帯状疱疹後の神経はビニールで保護された電気のコードが剝(む)き出しになった状態で、少しの刺激で脳に伝わる鋭い痛み。投稿する気力が湧かなかったインスタを2週間以上ぶりに気持ちを落ち着かせるために投稿したインスタには体験談や温かなメッセージが来て、体に良いものを届けてくださる優しさが励みになっている。スタッフや友人の献身的な協力には感謝はもちろんだが、会ったこともない方たちが本気で心配し祈ってくださるなんて。三浦さんが繋いでくれた心ある皆さんとのご縁に心から感謝しています。

《今、苦しんでいる方々に向けて頑張ってインスタ発信してくれている様子に泣けてきます。

痛みも肉体も、とうに限界を超えていると思いますが、キャメルンスタッフの心ある方々に囲まれているファティマさんは幸せですね…これはファティマさんが生きて来た道、歩いて培い携わって来た方々の心がカタチとなって、返って来ているんだね。ファティマさん自身が心ある方だから、周りも心ある方が集まる。素晴らしい人生です。》

……「死ぬ前に1人だけでも本当の理解者に出会いたい」と思っていた小学生の頃の私だったから、キャメルンスタッフとの出会いは、たしかに天からの贈り物だった。そしてこんな温かいメッセージをくださる皆様とのご縁も、また宝物だ。

少し良くなったかな、と希望持っては、また痛みがぶり返し落ち込む日々……。〝2年間の執筆のストレスが出てるのでは?〟とも言われたが、でもこれは執筆のストレスと、帯状疱疹のせいだけではなく、60年間の体に詰まった疲れや悲しみがリセットするために吹き出しているのか?とも思う。

体験者の言葉の重さ

〈メニエールで寝たきりでお風呂も歯磨きもせず24時間音も光も遮断して過ごした日々を送っていた〉と、『創』でお馴(な)

染みの看護師さんのかんなおさんはメッセージをくれた。
《出口が見えずこのまま生きてる意味あるのだろか？　もう普通の生活には戻れない、と思った。3カ月後、ようやくベッドから起き上がると筋力がなく体を支えられず。持続的な痛みはとにかく辛くファティマさんも今は嵐が過ぎ去るのをジッと耐えているのだと思う。砂漠の嵐も体験しているファティマさんなら、きっと耐えられる。嵐の後の美しい景色を知っているでしょう？》
　と自らの壮絶な体験を語ってくれたが、よくぞ生き抜いてくれたと思う。地獄から耐えて生き抜いてくれた体験者の言葉だからこそ、こんなに説得力がある。神は試練を超えた人に特別な力を与え、その壁が高いほど力もまた強くなる。人は人に救われ、そこから抜き出た人の言葉ほど人に深く響く。

生き様をさらす

痩せてお尻の骨が出て痛くてジェルクッションや低反発枕をいろいろ試したが、お尻には肉が本当に必要だと思う。4回目の鍼をしてきた夜。好転反応か、いつにもまして痛みで一睡もできず。真夜中3時に痛みにもだえ、冷静になるために、投稿する。

　痛い痛い痛い痛い痛い痛い痛い痛い痛い痛い痛い痛い痛い痛い痛い痛いっっ(；_；)

(T_T)

　なんなん？　何十年前の水疱瘡の菌のくせに。痛みと沈む気持ちを癒すために1日中新作の「夢の続き」の朗読CDを聴いて自分の朗読に力をもらってる。この本を嘘にしたくない。ここに書いてある、私が紡いだ言葉たちを口先だけの聞こえのいい言葉で終わらせたくないと、強く想う。

……「これでもう、ワシはスーパー魔女だあああ！」と笑い踊り、その長き人生を祝福し「生きているってなんて素敵なことなんだろう」と笑うおばばの弾む声を聞き、私もこの試練を終えたらスーパー魔女にでも、ヨーダにでも、なれるかもしれんと思う。


バイオリン、チェロ、ピアノなどの多彩な美しいオリジナル音楽と物語が、こんな美しい痛みの中も心に染みて、まさに今、私が求めてる言葉を魔女のオババが語りかける。「必要なことしか起こらん」と。

　韓ドラ見るには目が疲れて真夜中は眩しくて暗くしたまま、声と音楽だけが流れる朗読CDが一番いい。朗読してる自分の声にすがりつくように聞き続ける。

「ファティマさんにはいつも力をもらってます」なんて言ってもらえた7月18日の朗読コンサートをYouTubeで動画で見たら、別人のような空羽ファティマという人がそこにいた。人生って、いきなり転げ落ちるものなのだな。

　それでも。今辛い方がいたら、ともになんとかここを乗り越えて笑い合える日が来ることを祈ります。

「明けない夜はない」と呟きながら、朝を待つ。たとえ、状況は変わらなくても太陽が昇っただけで、人は救われた気がするから。

　真夜中過ぎの投稿に優しいコメントを頂き、返事をする。

〈ここが、私の勝負所。余命を宣告される方もいる中で、私は痛みだけで命の危険はない。

「ないもの」ではなく、「あるものを数えてね」と、学校での講演で、生徒たちに話してる自分が、それを口だけではなく、できるか?を天に試されているのかもしれない。

　この痛みは、きっと自分の脳が、より強く作り出してる魔物。感覚が敏感すぎる私。でも、だからこそ、紡げる物語がある諸刃の剣。

　この、痛さを感じる感性が私の才能だと思うしかない。負けるな、わたし。グリーフケアなんてうたって記事を書いてる自分が、自らの心のケアもできなくては恥ずかしい。

　この人間の生き様を曝け出せ。一進一退だけど、もう少し、もう少し、もう少しで、必ず折り返すはず。〉

演技を超えたリスク

菌が筋肉を壊したらしく足の裏の感覚がなくなり、筋肉に力が入らなくなり、麻痺してるのに痛みを強く感じ、『僕のいた時間』の拓人を想った。難病ＡＬＳにかかり体が動かなくなる恐怖は想像を絶する。

　それをあの、三浦さんだから、ただ演じたのではなく、拓人そのものになりきったに違いない。その時、彼が自らの体で感じた恐怖は、私たちの想像以上に大きなダメージを、俳優三浦春馬の体と心に与えたに違いないと、自分の足が思うように動かなくなってみて思うのは、そこまでリアルになりきってしまったことはとても危険。生身の人間が踏み入れてはいけない領域だった。

　体になんの力も入れずに車椅子から倒れることは普通の人はできないから。あの作品は「演技」ではなく、一人の俳優が命の危険をかけた挑戦。

　だからこそ拓人の生き様はこれからも多くの学びを与え続けるだろう。

　東日本大震災３・11の地獄をみた時「当たり前のことなんて何一つない」と、心から知った。そして今また、体という乗り物が元気でいられることが、どんなに奇跡かを学んでいる。

　正直、学びなんていいからこんな辛い試練を与えられたくないと思ってしまう自分がいるが、人間には選択権はなく、人生は厳しい。

　この命が尽きる日まで、与えられた道を私たちは生きなければならない。帯状疱疹は幼いときにかかった水疱瘡が体内で生き続け、ストレスや年齢的に免疫力が弱くなった時に、ここぞとばかりところ構わず出現する。しかも帯状疱疹後神経痛という後遺症が残ったら、長期にわたり痛みが消えない。体のどこに出るかで苦痛が違い、顔に出たら失明のリスクがありロシアンルーレットのような恐ろしさだ。

　ここまでのことを年末年始にしたら、２０２３年の邪気払いは全て終わったに違いない。

　1月21日、もうすぐ発病から1カ月。今もろくに眠れず、昼に珍しく20分寝れて夢を見た。グループを去っていったスタッフに夢の中で私は「何かあったら力になるから言ってね」と言っていて、起きてから唖然とした。

生きてるのがやっとの自分がだ。「この人きっと大丈夫だわ」と思えて笑えてベッドから起き出して執筆を続けた。彼女に電話してみると、実際コロナで療養中だった。

私には書くことが生きること。三浦さんには演じることが生きることそのものだったように。

今の私だから伝えたいメッセージ

ラストに……。壮絶な闘病生活してみて、本当なら締切前に治して最後は綺麗(きれい)にまとめられればよかったけど、現実は厳しく、今も私は痛みに耐えながらコレを書いていて試練はまだ続いている。でもそんな今の私だからこそ伝えられるメッセージがあるのかもしれない。

生きていくことは本当に大変。ちゃんと食べて寝られるだけで人は幸せだったのだ。病にいきなり襲われ途方にくれ、病院行きまくり、痛みから逃れようとしても、効く薬はひとつもなかった。

辛いときは辛いと言おう。私のように冷静になるために、インスタで言葉を紡ごう。弱音を嘆こう。

きっと、どこからか誰かが手を差し伸べてくれる。友達でも、知り合いでもない人からもらう優しさに「ああ、人間っていいな。一人じゃないんだな」と、思わせてもらえる。眠れぬ夜に自分を想ってくれる見知らぬ人がいると知ることで、世界を信じられるようになる。

私の母は武士のような人で、決して弱音を吐かず一人で耐える娘の私が泣き言いうことを嫌った。でも私はどんな気持ちも人とシェアする生き方を選び、皆さんとも出会えた。

だって人は皆弱い。だから寄り添い助け合おう。痛みを曝け出し辛いと言っていいのだ。それは三浦さんが、最後までできなかったこと。全てを一人抱え、彼は旅立った。誰のことも責めず何も打ち明けず綺麗に旅立った。でも私たちはかっこ悪くてもどんなにぶざまでも生きていくのだ。

陣痛時のように四つん這(ば)いになり、気が狂いそうな痛さと戦いながら、うめいて泣いてるボロボロの音声を真夜中に載せてみたことで、あの日何かがふっきれた。みんなが求めるいつも元気なファティマサンはそこには居なく惨めな自分を曝け出し、それを少し遠くから、もう一人の自分が見つめ言葉として紡ぎ出す。

すると「大丈夫です。あなたは空羽ファティマですから」と言ってくれる人がいた。

そう、こんな私が今の私。泥の中、必死にもがきながら生き抜いてこその命。

スターの三浦さんには最後まで許されなかったカッコ悪い生き方を、私たちはしていいのだ。美しくなくていいのだ。ただ生きる為に。

社会復帰も不安になり、泣きながら悶えながらもそれでも生きていく。

どんな嵐の中も、雨の中も唸るあなたの命の声が聞きたい。

明日の風は今日より少し温かいと信じ、互いの命の息吹に耳を立てよう。

［初出：『創』2023年3月号］

帯状疱疹闘病記2

三浦さんを想う皆さんに救われた日々

「寝られて、食べられること」それだけを長い眠れぬ夜に願った。

空羽ファティマ［絵本作家］

年末から年が明け2月後半になった今も、お尻から足先の帯状疱疹神経痛で、まだ寝込んでいる空羽ファティマのその後の闘病報告2を、強い薬の影響で、ボオッとして集中力がないのですが、なんとか書いてみます。

「ファティマさんの言葉には本当に救われてきたのでお礼の気持ちです」と、食べ物や栄養剤、痛みに効く入浴剤やシールや本を送って下さる、インスタや『創』の読者の皆様からの温かい応援やお見舞い品に、元気づけられ支えられ、眠れずに痛みにもがいていた日々も耐えられ、心から感謝です。

　また「キャメルンスタッフの中には医療者もおられるので、差し出がましいかもと悩みましたが、何か力になれることはありますか?」と、帯状疱疹の専門医の皮膚科のドクター、薬の専門家の薬剤師さん、多くの患者さんを診てきた看護婦のかんなおさんが、相談に乗って下さり、「チームファティマだね」と言われました。おかげで、わからないことばかりの迷路の中から救われました。

　三浦さんが困った人には手を差し伸べてきたから、その彼の記事を書いていた私だから頂けた恩恵。

　優しい三浦さんの魂は、こんな形で今も生きている。これは、三浦さんからのお礼と受け取らせて頂いてもいいのだろうか?　もし、そうなら嬉しい。

人生はいつ何があるかわからない

突然、昨日まで出来ていたことが出来なくなりベッドが世界の全てになった。お尻のしびれがひどくなると、同時に腸も刺激され下痢になり、1日に5回以上も水ぴーで、下着を汚した時は凹み、朗読コンサートどころか、オムツなしで外出も出来なくなるのか?と。ウイルスがもう少しずれていたら便漏になっていたというから恐ろしい。

痩せた体になんとか栄養を取ろうとエンシュアという、食事できないお年寄りが飲む栄養ドリンクを、お湯に薄めて飲んでも下痢。尿検査は栄養失調でなくてもフラフラで点滴したが、よくならない。インドやエジプトで病気になった時よりこんなに体に力が入らず気持ち悪いのは初めて。全く寝られなかったら倒れるだろうから、知らない間に5分とかの寝落ちは時々しているのだろうが、眠れたという感覚が全然ない。

それが3月号に書いた後の1週間。

次の日。1／29の夜。救急車を呼ばないと耐えられないほど、お尻の骨が割れる激痛に襲われた。スタッフの医療者に相談すると「大病院の麻酔科へ」と。でも日曜は担当の医者不在。翌日朝イチでMRIを撮った整形外科の紹介状をもらい、群馬大学病院の麻酔科に。痺(しび)れて痛い足を抱え、車椅子で押してもらいながらの3時間半待ち。大病院には街の病院では手に負えない重症故に行くのに初診の待ち時間が長すぎ緊急の初診枠が欲しい。まさか自分がガンの緩和ケアなどの人の麻酔科に行くとは……。

やっと来た診察は、いい先生でホッとする。「たとえるならモグラがお尻から神経を食いちぎりながら足先まで進んでいき、最後に辿り着いた足先に発疹がでてきた帯状疱疹」との説明はまさにそれ!そして「神経の回復は、1日1ミリ。お尻から足先までは、3年かかります」にはゾッとした。1カ月間の痛みが痛みを呼び、どんどん痛くなったらしい。あのままだったら失神し倒れて救急車で運ばれていたとか。

それほどの痛みを抑えるには痛み止めの中で一番強い薬トアラセットとタリージェ。うつ病ではないが、脳が過剰に痛みを感じているのを抑える抗うつ薬のトリプタノール。離脱は大変だが、もう「薬は嫌い」と言ってる余裕はなく、合計7種の薬。でも、痛み止めを6時間あけ頓服の服用では痛みは収まらず、2回目の受診で、朝昼晩と寝る前の1日4回飲んだら痛みが減った。その日弟から長毛のふわふわムートンをもらって、痩せて骨があたるお尻の下に敷いたらやっと眠れ、食べられるようになった。痛くなく寝れる夜! 嬉しい! 幸せ! お腹のぴーも治り、40キロを切った体重も戻ってきてついにUターンできた。みなさんの応援のおかげです。

そしてキャメルンスタッフには日々本当にお世話になった。寝たきりの私に夕食を運んで一緒に食べてくれ、マッサージや差し入れ。アラジンは、わんこのポロンが痛い私の足の上で寝るからと、毎日預かりにきてくれ、「春に88歳になるファティマのパパはコロナ前は毎年カナダにスキーに行き、今は一冬で3回目の北海道へ滑りに行ってるんだから、その遺伝子が入ったファティマの足なんだから、大丈夫だよ！」と言ってくれたから、それを信じよう。そんな強い痛み止めを飲んでるせいで、その後、歯医者では麻酔注射せずに虫歯を削れ、びっくり。

それでも、きっと…

麻酔科に辿り着く1カ月以上の間は、内科、整体、整形外科、鍼、痛みのクリニックの神経ブロック注射、皮膚科に助けを求めても「医学が発達してる現代になぜ私の痛みを抑える薬はなく耐えるしかないの!?」と絶望的な気持ちになった時も、インスタに「いつも祈ってます」の応援に支えられた。その中には7／18に「春馬くんに何かできたのではないか?」の悔いを私に示してくれた人もいた。

先月3月号は三浦さんのことをあまり書けなかったが、「確かにはじめは、春馬くんのことを書いてほしくてファティマさんの記事を読んでいましたが、はっきり言って春馬くんのことだけでは読んでいて飽きてしまったと思う。ファティマさん自身の言葉や、考え方や想いを聞きたくて知りたくて、今は『創』を読んでいます。なので、春馬くんのことが書いてなくてもファティマさんの言葉を読みたいと思ってます」という言葉に癒され、三浦さんのことも「スターでなくても、あなたのままでいい」と、ファンの方は思ってくれたのだと思った。「もう僕はみんなの求めるかっこいい春馬くんではいられなくなってしまった」と泣きついても、みんなは、こうして受け入れてくれただろうにと。

闘病中に、無理やり三浦さんのことを記事に書くのはわざとらしく思えたが、時間薬にも癒されない方たちに伝えたいのは、自分だけ取り残されたように感じてしまっても、それでもきっと、そこから出られる日はいつかくるから、どんな道も閉ざされてはいないから、ということ。

「夜が来て眠りにつけて、食べられたら他は何もいらない」と眠れぬ長い夜にそれだけを願った。歩くことさえままならず、洗い物も洗濯も料理も日常の家事ができなかった。食べながら疲れてすぐに横たわり、1日中パジャマ姿のお家入院生活でその日をなんとか生き繋いだ、どん底だった私も復活の一歩を踏み出せたのだから。

かなしむ ちから

「〝どう足を置いたら少しでも痛くないか?〟を試行錯誤しなくても寝れる」それだけですごい幸せなことだと知る。

靴下を履くのも神経過敏の足には刺さるようで、束の間ウトウトできても、一晩に何度も痛みで起こされて、立ち上がって体を振って痺(しび)れを誤魔化(ごまか)した。

今、あなたが、何気なくできていること全て、健康だからできることだったのだ。

知ってほしい。

寝て、食べられるあなただから、三浦さんのことを想い悲しめること。

誰かを、悲しみ愛おしみ慮(おもんばか)れるのは、最低限の生きる力を、あなたが持っているということ、なのだと。
再び。やっと。
生命を吹き返せた今の私だから
オモウノデス。

〝生命〟という字は
〝命を生きる〟と書くのですね。

あの空の向こうをみていた目

……ネットフリックスで『太陽の子』が観られるようになり、こうして作品の中で彼は生きている。その撮影をしていた時の彼はもう、すでにきっと眠れなかったのだろうと思う。

　私が観た夜の深さや、暗さや痛さを、きっとその時の彼も観ていたのだろうと、インタビューのその目を見るとわかる。

　斬るような痛みが待つ夜が来るのが怖かった。私のそれは肉体的だったけれど、彼は精神的な痛みに覆われて何かに飲み込まれそうな力がそういう夜にはある。その夜の波に自分の精神が吸い込まれ、どっかに連れていかれそうな恐怖を彼は、一人で耐え忍んでいたのだろうか。

　いつ終わるかわからない人生は、暗い果てしない道のりに感じてしまったのだろうか。

　裕之のさわやかで優しく透き通って、でも消えいりそうな儚(はかな)さを持った温かい氷のようなあの笑顔は、どんな闇を超えてきた彼が創り出したものなのだろうか。だから。再び、あの映画を見るのは、勇気がいる。裕之の笑顔を見るのが怖い。

　映画の中で笑う彼から痛みを感じるのが辛い。裕之はずっと、寂しい目をしていたなと思う。

　ただ一人の愛する人さえ抱きしめられない哀しさ。3人で遊ぶ楽しいシーンでも彼の目の奥には冷たい風が吹いていた。

　どこか遠くを見ていた目。

　あの空の向こう。あの雲の向こう。あの風の向こうを、

　裕之と共に三浦さんの目は観ていたのだろう。

　そう想うと……骨の奥を焼けた金棒で叩くようなあの痛みが。荒い縄で締め付けられるようなあの痺れが。またうずいてきた気がする。

　裕之の痛み。三浦さんの痛み。空に消えた少年兵たちの痛み。それは、けして消えることのない永遠の痛み。

　それを演じ切った、監督が称えた〝役者としての体幹〟。

　三浦春馬として、裕之として、〝散ることを見据えて残された日々を〟。

　その背に背負った全てを受け止めた覚悟を。

ただ、心の中で称えたい。
勲章は欲しがらない貴方だから。

空羽ファティマ

今は裕之と同じ空にいる、
あなたの心が平穏であることが、
私たちの、ただひとつの願いです。

［初出：『創』2023年4月号］

桜咲く季節にもう一度観てほしい作品

三浦春馬さん渾身の演技再び『太陽の子』

命の長さというものは、その人の身体がこの世に存在した長さではない。

空羽(くう)ファティマ［絵本作家］

三浦さんが柳楽優弥さんと壮絶な演技をぶつけ合った映画『太陽の子』がネットフリックスで配信開始された。気楽に観られる映画ではなく三浦さん演じる裕之が死への恐怖を隠した押し込めた笑顔は、演技とは思えず辛くなる。

この時はもう限界に達していただろうし、頑張って「三浦春馬」を演じ生き繋いできた役者人生が、千秋楽に近づいてきた時にこの役が来たのは偶然には思えない。

『太陽の子』は『創』2021年9月号(『三浦春馬死を超えて生きる人 Part2』に収録)に熱く書いた。バックナンバーを読んでくださると嬉しいが、再び観てみると一時戦地から帰ってきたシーンには!!となってしまった。こんなふうに帰ってきて欲しいと、ファンは心をズキンとしながら観るのだろうな。痩せたと、心配する母に「大丈夫や」と笑う作り笑顔に、役と現実が混じり合う。

太平洋戦争末期の日本。京都大学の物理学研究室。原子の核分裂を研究する柳楽優弥演じる修は、海軍から命じられた核エネルギーを使った新型爆弾開発のための実験にいそしむ。

そのナレーションは〈答えなど最初からないのだ。正しいか過ちかもなければ善悪もない。ただ真理があるだけ〉。

今も彼の不在の答えは見つからない。

裕之が軍隊に帰ることを告げるシーン。

「いつ戻るかずっと考えていた。今がその時なんや」

それは、こんな言葉に聞こえてしまう。

「いつ空に戻るか、ずっと考えていた。今がその時なんや」

……ああ、どんなシーンも7／18に続いてしまう。

空に響く慟哭

そしてあのシーン。赤くメラメラと命を表すような炎の直後に弟が消える。燃える赤とは逆の真っ暗な山の中を探し回る修と世津の目に飛び込んできたのは、夜明け前の海に吸い込まれるように入っていく裕之の姿。必死に止める兄。荒波に倒される2人。

浜に打ち上げられた裕之が、初めて明かす本心。「こわいよぉ……！」

それが演技ではなかったのだと、後に私たちは知る。

「俺だけ死なんわけにはいかん」は「俺は死にたくない」と聞こえる。でも、このまま生きていくのは、もっと怖かったのだろう。

恐怖に震え、本音を吐き出し兄にしがみついた弟が、その後一瞬だけ開けたその目を見た時、鳥肌が立った。あの目は、役を超えた絶望した者の目。

巻き戻しして確かめたが、やはりこの目にはいろんな答えのかけらが詰まっていて、演技ではない。だがその後、目を閉じて、再び開けた目は裕之の目に戻っていた。

3人とも演技ではなかったあの時間。その冷たさを共にした者だけがわかる何かが、あったと思う。

その後は、空だけの映像になる。夜明け前の怖いくらいに美しい空に、裕之の〝嗚咽（おえつ）だけ〟が響く。

あまりに弱さをさらけだした姿だから、それをみんなに見せないようにしてあげた配慮のようにも思えた、空のシーン。

そこには慟哭（どうこく）する裕之の姿は映ってないのに、ここがこの映画の、一番のどん底の悲しみを表現したシーンだったのだ。

「美しい映画にしたかった」という黒崎監督の言葉も蘇（よみがえ）る。人間がその本心を曝（さら）け出し、弱さも痛みも曝け出した瞬間が、本当は何よりも美しいのだ。

当時はわからなかったことが、今見ると染（し）みるようにわかる。きっと三浦さんの演技も、そういうところがいっぱいあり、多くを語らない演技の中に、後からみると「ああ！ ここは、こういうことを伝えていたのだなあ」という、隠し玉がちょこんと隠れている気がする。

故に遺してくれた作品を観れば、彼は「死を超えて」観るたびにいろんなメッセージや感動や学びをくれる。噛むほどに味が出るスルメのような役者さんで、彼はそういう役者を目指していたと思う。

だから、彼の人生の長さを30年と考えるのではなく、そのプラスアルファを各自が見つけていけばいいのではないか？

「命の長さ」というものは、その人の「身体がこの世に存在した長さ」ではなく、本当はもっと違うところで測るものなのだと思う。

そういう目で、この世のいろんなことを観ると、世界は全く違うものに見えてきて、それができる人は「幸せな人」と呼ばれる。幸せとは外の環境や概念ではなく、〝自分の見方をいかに持つか？〟

だけなのだ。そういうことを考えさせてくれたきっかけが、あの7月18日だとしたら。それは三浦さんが遺してくれた贈り物と思っていい。

辛いシーンの後、もっとも優しく温かな光あふれる縁側の散髪シーン。

親子2人だけの最後の特別な時間。

「痛あない?」

「ん」

たったこれだけの短いやり取りの中に、役者も作り手もどれだけのものを込めたのだろうか。

ここには今まで親子が過ごした時間や、思い出や、愛が丸ごと含まれている。

……なのに、以前に書いた時、この親子の幸せなセリフを「痛くない?」と、つい標準語で書いてしまったことをずっと悔いていた。

田中裕子さんがこだわってこだわって発した台詞なのに。なので、謹んでここに「いたあない」と書き直させて下さい。m(_ _)m それが、できてとても嬉しい。

それから。裕之が戦地に戻る前夜。世津に「裕之さんは、無事に帰ってくることや。ケガなんかしたら承知しませんよ!」と怒られ、戦争が終わった時のことを考えないとダメと諭された後、

「そやな、いっぱい未来の話しよう」と笑った裕之は、本当に真っ直ぐな純粋な目をしていた。笑った口元も、上がった口角も、この時の三浦さんは演技ではなく、ほんの一瞬でも心から明るい未来を信じられたのではないか? そして、この時3人で繋いだ手の感触を柳楽さんも有村さんも、これからも、ずっとずっと忘れないだろうと思った。

あの夏の日。この時間を分かち合った2人が受けたショックを想うと言葉が出ない。特に子役の時から戦友として共に芸能界で生きてきた柳楽さんには、心にぽっかりと穴が空いた焦燥感と、もう会えない恋しさを想像するとたまらない。

ついに原子爆弾が広島に落とされた場面で、「日本は真珠湾の空爆で戦争を始めた、その報いを受けたゆえ」とあり、ずっと前の記憶を蘇らせた。その時私は20代でアメリカ留学していた時のこと。アメリカ人の男子生徒に「ケイコは、パールハーバーをどう思う?」と聞かれ、私は焦った。それはテストのために覚えた教科書の中のものでしかなかったから、日本が卑怯なマネをして先に仕掛けたと責められても、それをやったのは昔の日本人だからと罪悪感を感じることもできなくて、「パールハーバーについて、そんなに深く考えたことは正直ないの」と言うと「まじかよ!? 信じられない!」という顔をされたことがすごく強く印象に残っていた。アメリカ人の友だちも韓国人の友だちも、過去の戦争に今も怒りを強く持っていて、「すぐに水に流す日本人」の私とは明らかに違っていた。自国がやったことを「過去のこと」と無関心でいることはダメだと反省し「平和ボケ」している無知な自分を恥じた。

そのパールハーバーが、原爆を広島、長崎に落とされた地獄に繋がっていたのだから。

母親の視線から観た『太陽の子』

映画の中では女生徒が「早く結婚して

ぎょうさん子供産んで〝お国のために〟捧げます」と誇らしげに言うシーンがあるが、「お国の為」という恐ろしい合言葉が力を持ち、それに国民みんなが洗脳されて（洗脳されるしかなくて）贅沢は敵とし全てのものを差し出し、夫だけではなく、最愛の息子までもを「くにをまもる」というマントラを心に言い聞かせて、送り出さなくてはならなかった時代。でも。母親たちの本音は、違っていたと思う。

誰も言葉には出せないけれど、もしも、息子が「母さん、僕は戦地に行って死にたくない」と呟いたなら、非国民と言われようと、処刑されようと息子を遠くの地へ逃したりしたのではないだろうか？

だが、おそらくそんなことを言う息子はいなかっただろうし、「自分のせいで、愛する家族を危険な目にあわせるくらいならば、喜んでこの命を差し出そう」と決意を持って旅立ったに違いない。

裕之と同じ目をして、裕之と同じ葛藤を持って。三浦さんが裕之と一心同体になった重さを感じる。

俳優三浦春馬さんが何をしても護りたかったものは、今まで作り上げてきたイメージ。

それは戦時中の彼らと変わらないほどの重たいものだったのではないだろうか？

だからこそ。三浦さんのお母さんは芸能界に三浦さんを取られた気になったのでは？　我が子が遠い世界で大きな見えないものに巻かれていくのを、見守るしかなかった気持ちは、戦禍の母たちと同じ心情だったと思う。

田中裕子さん演じる寡黙で温かな母像は、あの時代の日本の母のイメージそのもの。強く凛として誇り高いのに、みんなが寝静まった部屋の隅では声を殺して唇噛んで泣いている姿が、目に浮かぶような。

そして。ついに。裕之の命が散った時。その寡黙な母が初めて見せた怒りと虚しさと哀しみ。

「なんであの子が!?」と我が子を奪われた母の無念を強くぶつけられた修は、心をえぐられたことだろう。それは「なんで、養子のあなたはここにいるのに、私の子だけが死ななくてはならなかったの!?」と、聞こえたに違いない。同じ大切な息子として２人を育ててきたはずなのに、いざ（お腹を痛めた）実の息子が亡くなってしまうと、決して口に出せない腹の底に渦巻く、どうしようもない想いが湧き出てしまったのでは？

私は初めての子を41歳で産んだ。子宮口が全然開かず、陣痛だけが起きて丸２日苦しみに苦しんで、何回も失神しながらやっと生み出した２５７６グラムの小さくて大きな命を胸に抱いたあの瞬間から、母親の「何をかえてもこの子を護る」というボタンは押され、そこには理屈が入り込む隙間はない。

お腹を蹴る命を感じながら過ごした１年間。赤い血。羊水。へその緒で繋がった親子の母としての本能。そう、ほんのう。

そこには、何者も入ることができない。

その時、それを兄は見てしまったのだ。だから彼は、比叡山に登ったのかもしれない。科学者としての誇りだけを糧に。「命なんて惜しくない」と戦地に行った学生を、引き戻した教授が言った。

「わしは、どんな手を使っても君らを戦場には行かせん。生きるんや！」

本当は、それこそが母親たちが言いたい言葉なのに、国家権力が後ろについている立場の教授ならそれが通る不平等さもここで観るポイントだ。

帯状疱疹神経痛 闘病記3

前回、前々回と、帯状疱疹（たいじょうほうしん）の闘病体験記を書いて4月号には2月末までの、病状を書いたその後の報告です。

遠方に進学した娘の引っ越しが、近づいてきたので、「寝てるわけにはいかないわっ！」と、母親の底力を出して、高級鍋のセットを娘に分けてあげるために、まだ、しびれが残る足だったが、汗をかきながらピカピカに磨き続けた。悩みがある時とかは、一心不乱に何も考えず、ただ、お鍋を磨くのがいいと思っていたが、この時すごい勢いで集中して、磨き続けていたら、だんだんしびれを感じなくなり、鍋磨きをまる2日やり切ったあとには、薬の副作用で眠くてたまらなかった眠気がなくなっていたっ！　おお母は強し！　そのあとは、ドクターもびっくりするほどに回復し、シビレは少し残り、足の裏の感覚はまだ戻らないが、3／11には引っ越しに行けて、片付けに奮闘！

そして、3／19には、代役を頼んでいた朗読コンサートも、自分で朗読！

車椅子に乗らず、杖をつかず、自分の足で歩いて会場に行けて、みんなで楽しく朗読コンサートできる喜び。

何よりもその日、朗読した本は痛みで眠れず孤独だった長い夜に、自分を元気づける為にこれだけを繰り返してずーっと聴きまくっていた【夢の続き】の朗読ＣＤ。

そのお話のなかで、魔女のオババが〝ベットから起き上がり、全てのものを綺麗（きれい）に洗って〟「これでワシはもうスーパー魔女だあああ!!」と叫び笑い踊るところは、痛みにうめきながらも、そのセリフを一緒に声にして言って、「絶対私もそう言えるようになる！」と強く心に誓っていた。

気が狂いそうに痛くてたまらない時は「全ては必要なことしか起こらない」というオババの言葉に勇気付けられた。

「今のこの痛みも、試練も自分に必要なことで、これを超えたら新しい扉が開く」と、信じようと。そして本当に扉は開き、またこの記事を書けるようになった。

今回、帯状疱疹と、帯状疱疹そのものよりも痛い帯状疱疹神経痛を経験してみて……学んだことはたくさんあった。7つの病院や鍼（はり）や整体などに行き、どの薬もどの治療も効かなかった私が、最後に行き着いた群大病院の麻酔科で、出された薬は強い痛み止めのトアラセットと、タリージェと漢方などの他に、トリプラノールという抗うつ薬だったのだが、「長い間、抑えられなかった痛みは、さらに、強い痛みを呼び、痛み物質も出る。そうなると、どんどん強くなった痛みに反応して脳が必要以上に強く痛みを感じてしまう」ということには、本当に驚いた。そして、その脳の過剰反応を抑えるための薬が、うつ病の人が飲む抗うつ薬だというのだ。

もし、その時に「痛すぎるために、うつ

病になっているから、抗うつ薬を飲んでください」と言われたら、「いいえ、私は鬱にはなってません」と言ったと思うが、そこは先生の説明の仕方が、よかったと思う。

抗うつ薬は、薬嫌いな私にはハードルが高く、離脱も大変だろうし、もっとも避けたい部類の薬だったが、その時はあまりの痛みで、「頼むから助けてください!!」と駆け込んだ麻酔科なので、先生を信頼して飲むことにして、実際にその処方のおかげで痛みが引いていって助かった。

…………

何が言いたいかというと、その戦禍の時代。人々は「お国のため」という洗脳をかけられていた。

もし、正常な神経だったら、我が子を戦場へ「バンザイ」と言って送り出すことはできるわけなく、教授のように「どんな手を使っても戦場には、行かせない！」と、どの母親も言っただろう。それが言えない時代。それが言えない洗脳をかけられた時代。それが言えない洗脳を自らにかけた時代。これこそが「脳の暴走」を使ったマインドコントロールだ。

私の場合は、脳が実際の痛み以上の痛みを感じ、戦禍では息子を送り出すことが名誉だと信じ込ませた。

もう、けっして私たちは、そんな洗脳を自らにかけてはいけない。この映画に三浦さんが込めた願いは〈二度と戦争繰り返してはいけない〉という祈りなのだから。

ホラ、耳をすませて

再び戦地に旅立つ裕之を見送る場面。母は抱きしめようとして、躊躇(ちゅうちょ)し、その耳を愛おしそうに撫でた。

他のどの体ではなく「耳」を。

この繊細さは日本人ならではの感性が創り上げた美しいシーンなので、抑えた和紙の色味の切り絵にして表紙を飾った。

7／18のニュースを聴いた田中裕子さんは、二度も裕之を失ったショックに崩れ落ちたことだろう。

耳を触ったことについて私は監督にインタビューして、尋ねたのだが、「田中さんは三浦さんを、ぶれさせたくなかったから」と言っていたらしい。もしあのとき、母に抱きしめられていたら息子も気丈にはいられないだろうから、あえて耳だけに触れたのだと。

最後に母に敬礼した裕之の指の震えは、演技ではなかった。

彼は〝役を演じる役者〟ではなく、毎回、その者になりきり、役に乗っ取られ、役を乗っ取っていたのだろう。

あの夏の日。ローラに一目惚れして以来、彼の記事を書き続けたのは……〈命と希望と愛をテーマ〉にしたキャメルンシリーズを描き、その朗読コンサートを続けてきた私だからだったのだと、今はわかる。

「生と死」に深く関わる役を多くした彼。彼の死は彼の生でもあり、その命は尽きることがなく、あなたが彼を忘れない限り、あなたの中で生き続け、ホラ！　笑い、踊り……唄い続けてている。

空羽(くう)ファティマ

［初出：『創』2023年5月号］

“One for all All for one”

三浦春馬さんの作りたかった優しさ溢れる社会を作るために

――子供たちを守る活動をしていた彼の想いを繋ごう

空羽（くう）ファティマ

「幻の11月号」と呼ばれ、驚く高額な値がついた号が、今はメルカリで300円で売られていたのを見つけたのは、11月号を必死に探し、やっとゲットした春友さん。「2時間ですぐ売れたのが救いだけど、春馬離れは進んでいる」と、寂しがっていた。

「でも捨てずに送料かけて利益もないのに誰かに渡そうとしてくれるのは〝この号を今も欲しい人がきっといる〟と思って手間をかけてくれただろうからありがたい」と私は答えた。

衝撃と悲しみに沈んだあの日から2年10カ月。〝時薬〟が効き、三浦さんを卒業していく人が増えても不思議ではない（卒業という言葉は、この場合、なんかしっくりこないけれど）。その1号を手放す人も三浦さんをすっかり忘れたわけではないと思う。でも、あまりに悲しかったその日々と、一区切りつけたいと思ったのかもしれない。

これを読んでいるみなさんも、かつての恋人のことを、すっかり忘れたわけではなく、今は結婚して違う人と暮らしていても心のどこかには幸せを願う気持ちもあるだろう。疎遠になってしまった友人も元気かな?と、時々は想ったりするように。

ただ、日々は忙しく過ぎ、過去に心を置きざりにしてる違和感を感じたり、次のステップに行くのは悪いことではないし、変わらずにハルマくんを想い続けている人もいて、それはいいとか悪いとかではない。いいのだ、やりたいようにやれば。どっちの人も、三浦さんは責めないし、もう全てから解き放たれて自由になった彼は、ただ微笑んでいると思う。

……と書いていたら、10代の熱いファンから嬉しい愛読者カードが届いた。

《空羽ファティマ様のお言葉にはいつも本当に助けられているので、お礼と応援の気持ちを伝えたくてこの葉書を書かせて頂きます》と始まる、想い溢れる高校3年生からのお手紙に感動した。特に、闘病生活の中での執筆に感謝と書かれていた後の、この文は嬉しい。

《私は空羽ファティマ様がお書きになる、温かみあふれる文章が本当に大好きで、特にコンフィデンスマンJP英雄編で、小説や映画では書かれていなかったジェシーの物語を、ファティマさまの素晴らしい想像力や感性あふれる物語にして書かれていたところは、本当に素敵で何度も読み返しています。そこでは、目を閉じれば活き活きとした春馬さんが現れてくれるのです。（略）

私は、大学で学び人や動物の命を救う人になりたいです。ファティマ様が1日でも早く回復されますことを心からお祈りしています。どうかお身体を大切にしてください。応援してます。》

……なんというまっすぐなラブレターだろう！　電話番号も書いてあったので、ちゃんとお礼を言いたいから電話しよう。

……本に記事を書いていると、芸能人ぽく?見られてしまうらしいのだが、私はフツー?の絵本作家の魔女なのだ。魔女と書くと「それがフツーじゃないし」と笑われるが、たいていの女性は魔女なのだ。それを自覚しているか、どうかの違いだけでね。ここで言う魔女とは、黒魔術を使って人を惑わす魔女ではなく、自分を信じて直観を使い、日々生きることを学びにして力にする者のことだ。なので、彼のことを『三浦春馬　死を超えて生きる人Part4』を手に取るほど、ずっと熱く想い続けられる貴方はかなり強力な力を持つ魔女さんだからできることだと思います。皆さんが想い続けてくれる限り、『死を超えて生きる人Part5』も可能かもしれない。

今、ここを生きる

2022年末からの3カ月間。どっぷりと帯状疱疹神経痛（春友さん世代がかかりやすい病）で24時間痛みが生活の全てを覆い尽くしていて不安で鬱を発症しても不思議ではなかったと、今、振り返ると思うのだが、なぜならなかったのかを考えてみると、これまでの人生で、追い込まれるような状況がいくつもあったことで、心の免疫力みたいなものがついたのかもしれない。

その時の記憶があまりなくてキリスト誕生前と後がBCとADで変わるように、帯状疱疹前と後で〝BTとAT〟と、キャメルンスタッフ間では呼んでいる。

【※BC“Before Christ(キリスト以前)”は紀元前のこと。ADはラテン語で“Anno Domini(主の年)”で西暦を指し、このAはアフターのAではない】

そのくらい発病前と後では何かが確実に変わった。その時の願望は3つのみ「痛みをなくす」「寝たい」「食べたい」。

そーいえばこの同じ状態を20代、瞑想をインドに習いに行き体験した。「who is in?」という泊まりで丸3日間の禅問答講習でその間、私語一切禁止。ただ「今、何を感じるか?」だけを答えていくというもの。誰もが初めは自分の性格や夢、趣味などを語るが、どんどん疲れ、話す気力もなくなっていくと「疲れた」とか「肩が凝った」とか「○○を食べたい」とか、原始的なシンプルな感情しかなくなり3日目には頭が真っ白になる。〝人間というものは追い込められるとこうなる〟を実体験として感じる。それは「学ぶ」というより、もっと動物的感覚を「得る」という感じ。

今回の闘病体験はまさにそれで、あまりの痛みに、孤独や不安という高尚な感情は感じる余裕がなかった。

「この痛みが治らなかったらどうしよう?」という不安は、初めはあったが、睡眠不足で食べれない状態が続いてくると、先を心配する余裕はなく、ただ「今ここ」「Be here now」で、「今」痛いことしかなくなる。それこそが、禅の修行僧が行き着く場所だ。

「タイムリミットの3カ月に間に合い帯状疱疹後神経痛にならないで済んだ」と安心できた今、「この闘病は、まさにインドでの二度とやるまいと思ってた禅問答を、究極のリアルな体験として3カ月のフルコースで、習得したのだなあ」と、理解した。

だから。つまり…何が言いたいかと言うとね。

「春馬くんのことばかり考えていた日々」を過ごした皆さんは、私のその状況に似てると思う。こんなに物や情報があふれる現代に生きる私たち人間が、〝他のことを考えずに、一つのことだけに心を奪われ、そこにのみ集中する〟っていうことは、ある意味すごい貴重な体験だと言える。

〈そこまで一人の人に夢中になれたこと。そこまでの人に人生で出会ったこと〉は、すごい奇跡で、幸せなことだと思う。

もちろん。彼がいきなり亡くなってしまったことは、ものすごく悲しく辛いことには違いないけれど、そことは、違う角度から見てみると、全く違う世界が広がっている。そしてその「死」の世界には全ての人間が行き着くから、いつかは絶対また彼に会えるのだから。

「学びなんて何もなくていいから! とにかく! この痛みをなんとかしたい!」と、初めは思っていたが、そのままだと頭がどうかなりそーだから「ここまでの体験は、そうはないから、せっかくならば、これを何とか人のために活かしたい」と思うことにした。

例えば薬の飲み方について…。〝一般的な〟ドクターは、薬をたくさん出す傾向にある。なので、患者本人がはっきりと「痛みさえなんとかなった後は、できるだけ薬は飲みたくないと思っているので、どういう状態になったらどの程度減らしてもいいか?を教えてください」と、ちゃんと、ドクターに伝えるといいと思う。薬は全て副作用や、薬害は、あるものだから。

が、そんな薬嫌いな私も、今回という今回は、西洋医学に感謝。「あのままなら痛みで失神していた」とドクターに言われたから。

魔女のホウキでかっ飛ばし　完治時間を大幅に短縮

　4月3日は群馬大学病院、麻酔科の5回目の受診日だった。「神経の回復には3年かかる」と言われた、お尻から足先の広範囲で、痛み重度の帯状疱疹だったが、今、3カ月経過時点で、痛みも痺（しび）れもなくなるという、予想を上回るあまりの早い順調な回復ぶりに、先生もびっくりしていた♡

　そして。こんなに早く回復できたのは、《気持ちの持ち方》が大きく影響していると言われた。

「先生にはもちろん応援してくれた周りの人にも、インスタの読者さんも本当にありがたいのです」などといつも私が言っているのを聞いていた先生が「そういうふうに、感謝の気持ちを持てることが、この回復の速さに影響してるのでしょうね」と言ってくださり、病は気から、というが、実際に考え方が体に大きく影響するのだと実感した。

お尻付近の神経をやられた故の尿漏れや便漏の体になる恐れがあり、実際におしっこや、水ぴーの下痢で下着を汚した時には、「ずっとこのままだったら、外出や、朗読コンサートどうしよう⁉」と青くなった。

　闘病後初めての3／19にやった朗読コンサートでは、魔女の黒い衣装の下は、念の為に大きなオムツを当てていて、それを、朗読する前に観客にもぶっちゃけトークし、「それでも車椅子も使わず、杖も使わずに、今、自分の足で立ってステージに立てるありがたみを語り、帯状疱疹には本当に気をつけてくださいね」と話した。

　この世を離れたら灰になるこの体を、生きてる間は魂の乗り物として使い、自分に与えられた役割をこなせたら、それでいい。もはや、それしかしたくない。する必要がない。人からの賛辞は私を癒さない。それは私の心を満たさない。私は、ただ私自身に認められたいのだ。

　病気になる前は「天」に認められたかったように思う。宇宙とか、天とか、そういう大きな存在に、この命の価値をほめられたかった。

　でも、今はそれさえも、いらない。もう半分以上生きたこの体は、どうせ死ぬし、残りの時間は今までのように自由がきくわけではないだろう。ならば。〝一番身近な大切な存在〟のために生きたい。今までは、それは我が子だったが、今は、この〝自分自身〟のために。

　もう欲しいものもない。夢もない。望みもない。「こうなったら楽しいだろうな」と妄想するのはワクワクするけど、それは脳の遊びで終わってもいい。実現してもしなくてもどっちでもいい。昨日起きたことは、それは本当に起きたか？　夢か？　は、もう過ぎたことならそんなに変わらないと思えてきた。「今この時」だけが現実。

　……食べること、寝ること。日常生活が思うようにいかないことが、どんなに大変かを思い知ったが、治ったから言えることだろうが、あの経験は、物書きの私には肥やしになったと思える。もう二度とやりたくないけど、おかげで違う角度から世の中が見られたから。

三浦さんがこの世から身を引いたあの日。逃げたのではなく。だって、あれだけ努力して、練習重ねて、それでもまだ、努力してきた人だから、やっと「もう十分だ」と思えたことで自分を自分で認めてあげられたことで、終わりにできたのかもしれない。彼もあの日、今までとは違う角度から自分を見られ、この世を卒業できたのかもしれない。

何も言わずに幕を引いたことが、ずっと引っかかっていたけど、そうしてくれてよかったと思えてきた。私も何も語らないで去りたい。もう語る必要がなく、ただありがとうとだけ言って逝きたい。

転んでもただでは起きん

前回の受診は1カ月前で、三浦さんのシンボルの花✿桜は咲いてなかった。季節は足早に進み、4／3の今日は早くもその花びらが落ちて、葉桜になろうとしている。杖なしで自分の足で歩ける幸せ踏み締める薄紅色の桜のじゅうたん✿✿✿

美しいブルーの抗うつ薬、トリプタノールの離脱を3錠から2に減らした初めの1週間は悪夢を見たり、寝付けなかったが、受診後薬をもらいに行った薬剤師さんが、お薬手帳を見て「ずいぶん、早い回復ですね!」と驚いたのは、痛みは消えても、しびれは、けっこーひどく、残る人がとても多いらしいから。

『創』でおなじみの看護婦のかんなおさんや春友さんの薬剤師のNさん、皮膚科医さんが、〝チームファティマ〟として力になってくれたことはすごく心強く、感謝しかない。かんなおさんは、闘病はじめからラインでずっとアドバイスをしてくれて、「私達医療者の、文献や現場で得た知識より実際の当事者の生の体験談は、何ものにも代えられません。これからも帯状疱疹体験談を発信続けて、啓蒙活動をしてくださいませ♡」と言ってくれている。

幸か不幸か、どっぷりとこの3カ月間、闘病に浸かる日々を過ごしてきて、その苦しみも治ってくる喜びもよーく感じたこの経験は、転んでもただでは起きたくない!ので、これから帯状疱疹になる人のためになる情報を残すために、とことん最後まで向かい合いあうことにした。

あ、ついこの前までは、「不幸」でしかなかった日々だったのに今、「幸か不幸か」って、書いたんだわ…。そう、書けるようになったのは、本当にたくさんの皆さんの支えや応援や祈りがあってこそだ。

だから。今もまだ彼を恋しくて、その不在が胸に痛い人に言いたい。その心の痛みさえ、「彼を強く想えた証だった」と思える日が必ずくると。

彼が打ちのめされた社会のままではいけない

私は自分は一種のHSP（生まれつき「非常に感受性が強く敏感な気質をもった人」）だと感じていたが、ここまで強く痛みを感じたことで、自分の感受性がどれだけ強いのかを思い知った。痛みも感動も他の人が3感じることを私は10感じる。だから、この世界で生きていくことはけして楽ではなかった。戦争や殺人は道徳的にいけないというより、意味がわからず理解ができなすぎるので、「歴史」の勉強は〝何とかの乱〟などの戦争の記録で無理だった。

いじめでこんなにたくさんの子供たちが自死するほどに追い詰められている社会なのに、学校や教育委員会は本気で向かい合わず保身にばかり走るのをニュースで見るたびに、子供たちが大人を信頼できず人間不信になっていくことがたまらなく悔しくて悲しくなる。

繊細な三浦さんも、この世は彼にとって生きるのが大変な場所だっただろうし、世の中に絶望していたと思う。だからこそ、子どもの幸せを願った人だった。

彼の33歳の誕生日に出たＭＢＳのラインニュースによると、いじめを止めようとした京都市に住む大里芽生さん(13)に担任は「見て見ぬ振りをしろ」と彼女の勇気や優しさを置き去りにして、大人や学校や社会に対する信頼を失わせた。「社会で生きるためには我慢しないといけない」「他の学校でもあること」の言葉で不登校になった。

「人が死んだらわかる。死なないとわからないんだろうなと思ってしまう」

「自分がこの世界からいない方がよかったのかなと思います」

(……と言う彼女の絶望の深さは、三浦さんを自死で失ったみなさんならわかると思う。)

お母さんは優しく見守っているが大人や学校に対する不信感は今も拭えず、自分を責め、消えてしまいたい、と思ったこともあるという。

「自分の気持ちは、世の中に通用しないと車に飛び込もうとしたときもありました。そのときは、自分じゃないみたいな。もう嫌だなという感じ」と。

そんな彼女が、必死に力を振り絞って岸田首相にＳＯＳの手紙を書いたのが去年の9月。１６００文字に想いを込めた。

「助けてください。他人事にしないでください。未来を照らしてください。この世界を変えてください。お願いします」

ここまで頑張っている13歳の子がいるのだ。私たち大人が援護射撃をしなくてどうする?と思う。

ただ、同情しているだけでは何も変わらない。私たちキャメルンスタッフは今までもいじめや自死をなくす活動をしてきたが、「帯状疱疹の痛みを治してくれたら今まで以上に世の中にご奉仕しますから!」と神に祈っていたら、3年かかると言われた帯状疱疹後神経痛が3カ月で治ったので、天との約束を守るために、天国の三浦さんの力も借りて頑張りたい。

心ある三浦さんのファンの方、まずは子どもたちが、追い込まれているこの現状にどうか関心を持ってください。

4/8お釈迦さまのお誕生日。
ワンフォーオール
オールフォーワン
一人はみんなのために。
みんなは一人のために。
あなたの力を貸してください。

空羽（くう）ファティマ

[初出:『創』２０２３年6月号]

編集後記

▼『三浦春馬 死を超えて生きる人』第4弾の本書、当初の予定より発売が遅れて、春友さんたちにご心配をおかけしましたが、無事刊行となりました。このPart4の特徴は、カラーページを大幅に増やしたことです。春友さんたちから毎月、春馬さんをイメージした様々な作品や、春活を撮った写真などをたくさん送っていただくようになり、できるだけそれをカラーページで紹介したいと考えました。春友さんたちの思いに支えられて作られているのが本書です。

▼dekoさんやRikosaramamaさんなど、以前からクオリティの高い作品に並んで、京都在住のノコノコさんの陶磁器も、この1年ほどかなりスキルをあげてきました。3月に高校を卒業した三早希（みさき）さんの作品も、なかなかの腕前です。人形作家の月乃光さんの作品も含めて、カラーページできちんと取り上げようと考えました。

▼また春馬さんゆかりの様々な場所を訪れた春活の記録も、月刊『創』ではモノクロページですが、本書ではカラーで紹介することにしました。ご自身の春活がこんなふうにカラー写真で全国発売の書籍に残されるというのは良い思い出になるはずです。春馬さんの映画やドラマのロケ地めぐりなど、ぜひ今後も写真とレポートを編集部にお送りください。撮影はお持ちのスマホで大丈夫です。

▼本書は6月下旬発売となり、間もなく7月18日が訪れます。4月5日の春馬さんの誕生日と7月18日の命日は、春友さんたちにとっては大切な日です。その4月と7月に春馬さんを偲ぶどういう春活を行ったか、ぜひ写真と報告をお寄せください。本書のPart5も秋ごろには刊行したいと考えています。

（篠田博之）

三浦春馬　死を超えて生きる人 Part4

2023年６月26日　初版第１刷発行

月刊『創』編集部編

編集発行人……篠田博之

発　行　所……㈲創出版

〒160-0004 東京都新宿区四谷2-13-27 KC四谷ビル4F

電話　03-3225-1413　FAX　03-3225-0898

http://www.tsukuru.co.jp

mail@tsukuru.co.jp

印　刷　所……モリモト印刷㈱

切　り　絵……海扉アラジン

ISBN 978-4-904795-76-7